DANIEL CHIDIAC

「できない人」って誰が言った？

あなたの成長促進ガイダンス

ダニエル・チディアック

WH
SAYS
YOU
CAN'T?
YOU DO

Who Says You Can't? You Do
by Daniel Chidiac

目次

はじめに

あなたの中にはさまざまな力が眠っている。もしそれを見いだして使うことができれば、あなたはそうなりたいと夢見たどんなものにでもなれる（オリソン・スウェット・マーデン）

私たちはなぜ、いつも同じように行動してしまうのか？　何事にも意欲的な人がいる一方で、立ち上がってテレビのリモコンを探すのさえ面倒だと思う人がいるのはなぜなのか？　このような生き方の違いはどこからくるのか？　自分を取り囲む世界が崩れ落ちてゆくように思えるとき、それまでのものの見方や態度をどう変えていけばいいのか？　どうしたら自分が望むような人生を創り出すことができるのか？　歴史上の成功者たちはどのような戦略を用いていたのか？　自分を信じ、物事を最後までやり遂げられるようになるにはどうすればいいのか？

こうした疑問に対する答えを何としても見つけたい。燃えるような思いに駆られて、私はひたすら探究を続けた。その結果わかってきたのは、すべての人の中には知性と叡知の尽きることのない泉があって、いつか見いだされる日を辛抱強く待っているということだ。しかし現実には、きわめて多くの人が、困難や挫折や失望によって疲弊し、日ごとに闘う気力を失いつつある。そのような人たちに、人生に立ち向かう力を取り戻す方法があると知らせること、それが私の仕事であり、私の願いだ。

人はそれぞれ、理想の人生を思い描いているはずだ。しかし、実際にそれを体験できる人はとても少ない。それはなぜだろうか。深く探求しようとしないからだろうか？　それとも、ただ方法を知らないだけだろうか？　あるいは思い込みや恐れといった心の壁が、真の力を発揮するのを妨げているのだろうか？　悲しいことだが、ほとんどの人が、手の届かない別の人生を夢見ながら生きているのが現実だ。日々の生活からくるストレスや心配のせいで、自分の能力に対する希望や信頼が、光を失ってしまっているのだ。

幻がなければ民は堕落する（旧約聖書「箴言」29章18節）

少し前まで、私は人生を完全に見失っていた。部屋に籠もって、ドラッグの快楽に身も心も任せきっていた。仕事もなく、目的もなく、運命を切り拓いてゆく力が自分にあるとはとても思えない状態だった。自分自身に対しても世界に対しても、私という人間は価値がないのだと感じていた。同時に、誰もがそうであるように、本当は自分の人生が何か意味のあるものであってほしいと願ってもいた。人々の人生に影響を与え、しっかりとした目的意識を持って行動できるような人生。願望を実現し、社会に貢献し、毎朝、今日は何が起きるだろうかとわくわくしながら目覚めるような、そんな人生であってほしかった。

自分を人生の敗北者のように感じたこのときから、私の探究の旅は始まった。並外れて素晴らしい人生を送る人がいる一方で、どうしても願いをかなえることができない人がいるのはなぜなのか？　この問いの答えを探す旅に出ようと決心したのだ。成功者として知られる人たちの生き方を学び、強い精神力を持つリーダーたちに会うためにさまざまな国に出かけていった。偉業を成し遂げた人たちと直に交流する一方で、プロのアスリートからテレビタレントまで、世界中の人にコーチングをしてきた。なかでも私が重視したのは、人間の思考と感情について深く掘り下げることだった。そして私が出会った人生の達人たちはみな、ある共通の性質を持っていると確信するようになった。

あなたはこれまで、こんなふうに思ったことはないだろうか。なぜごく少数の人だけが人生の夢をかなえ、その他大勢の人はそうできないのかと。実は、豊かで充実した人生を送っている人たちは、ある特定の考え方・感じ方をし、そのパターンに従って行動しているのだ。たしかに彼らは多くの点で異なってはいる。だが、その存在の核をなす性質においては非常に似通ったものを持っているのだ。そして驚いたことに、彼らもまた、そうした思考パターンや行動原則を、努力や学習によって身につけたことがわかってきたのだ。それはつまり、そのパターンや原則が、少数の選ばれた人たちだけでなく、万人に適用可能だということを意味している。

私が学んだ重要な真理のひとつは、私たちが経験するあらゆる出来事は、あるひとつの目的のために、私たちを決断へと導くために起こっているということだ。そしてその決断によって残りの人生をどう生きていくかが決まるのだ。あなたが今、人生のどの段階にいようと、これまでに何を成し遂げていようと、この先、何を手に入れたいと思っていようと、今この本を読んでいるあなたの目的は、まさにこの決断をすることだ。それによって、存在さえ知らなかった充実の人生が開け、到達したいと望んでいたレベルへと導かれ、夢見ていた健康的なライフスタイルを手に入れ、ずっと探し続けてきた人を引き寄せ、あるいはすでに存在する関係をより確かなものにできるような、そんな決断をすることだ。その決断によってあなたは、不可能だと思っていたことを成し遂げ、経済的な安定を得ることができる。その決断によってあなたは、感情をコントロールし、永遠に続くと思っていた恐れに打ち勝ち、日々はっきりとした展望をもって目覚め、確実に人生を歩んでいくことができる。その決断によってあなたは、狙った目標を確実に射止めることができるのだ。

本書は、そうした重要な決断をする方法についての本であると同時に、あなたの人生の方向づけをするための本でもある。これからあなたは、あなたを他人の手本となれるレベルにまで確実に高めてくれる、そんな知識と戦略をもとに、あらゆる決断をしていくことになるだろう。今あなたがどのレベルにいると感じているかは問題ではない。誰にでも、常に成長の余地はあるのだ。

探究の旅へ

あらゆる探究の旅がそうであるように、本書もいくつかのステップを踏んで進んでいく。

ステップ1　自己発見

まさにタイトルのとおり、自己発見の方法について述べる。自己発見に興味はあるがどこから始めればよいかわからないという人は多い。このステップであなたは、自分自身をしっかりと理解し、ただちに変化を起こすことができる力を身につける。

ステップ2　エネルギー

このステップでは、あなたという存在の中にある莫大なエネルギーを正しく使う方法について説明する。私たちはみな、何かにエネルギーを注げば注ぐほど、その実現を早めることができるということを知っている。だがほとんどの人が、人生を豊かにすることよりむしろ破壊するようなことにエネルギーを費やしてしまっている。このステップでは、この２つを見分ける決定的な方法を示し、あなたが二度と選択を誤ることのないよう導く。

ステップ３　目標達成

このステップでは、目標の達成に向けて動き出すための基礎となる作業を行う。私が本書に書いたことはすべて、自分自身で実際に行ったこと、コーチングで用いたこと、歴史上の偉人たちの実践から学んだことのいずれかだ。このステップで述べた詳細な戦略はどれも、あなたが抜きん出た存在になるための強力な武器となるだろう。仕事上の困難を乗り越える方法を示し、あなたが本当に目指すべき目標を探す手助けをする。さらに成功するために必要な明晰さとやる気をいかに生み出すかについても考える。

ステップ４　人間関係

このステップでは、あなたの人間関係をただちに整える方法を示す。あなたの人生の航海はスムーズに進んでいるだろうか。すでに暗礁に乗り上げてしまっているだろうか。それとも、まだ出航してさえいないだろうか。あなたが今まさに人間関係で悩んでいるなら、あきらめて手放そうとしているにせよ、改善に向けた努力をしようとしているにせよ、このステップが良き導きとなるだろう。このステップはまた、理想のパートナーを探しているが、どうすればその人を惹きつけることができるかわからないという人にも、ぜひ読んでもらいたい。

ステップ5　健康な体

このステップでは、健康を維持するためのマインドセット（心の持ち方）と具体的方法を示す。健康であることが人生の最も重要な要件のひとつであることは誰もが認めるだろう。もしそう思わない人がいたら、そういう人こそ、このステップを読む必要がある。健康な肉体がなければ、あなたの人生がうまくいくことはあり得ない。ここでは、多くのクライアントにパーソナルトレーニングをしてきた経験から得た知識をもとに、あなたが望む体を手に入れるための最も効果的な方法について述べる。しかし何より大切なのは、あなた自身が健康であると感じることだ。このステップではまた、心が体に及ぼす影響についても、考えられるかぎり詳しく説明する。

ステップ6　精神の目覚め

このステップでは、意識の目覚めと己を知ること、そして自分を取り巻く世界に目を開くことの大切さについて述べる。このステップに示した道程を、あなたにも心理的に体験してもらうことで、人は本質的にひとつであるということを、科学と哲学の両方から明らかにする。さらに、あなたの行為があなた自身だけでなく、広く世界全体に影響を及ぼすということについても述べる。このステップの中で、あなたは私と一緒にタイに行き、霊的探究の旅をし、タイで最も尊敬される僧侶のひとりと出会い、共に時を過ごす。このステップを通して、あなたは私たちが若い世代（自分の子供から甥や姪、街の子供たちまで）に与える影響の大きさに気づくだろう。自分がこの世界で果たす役割に目覚めることほど、あなたを奮い立たせるものはない。

ステップ7　心の充足

満たされた心は、人が手に入れることのできる最大の強みだ。心の充足なしに人生の成功はあり得ない。誤解しないでほしいのは、偉業を達成した人が必ずしも心の充足を得ているとは限らないことだ。真の成功とは、心が満たされることだ。本当の幸せをもたらすものを見つけ出し、偽りの幸せを信じこませる社会通念を打ち破ろう。歴史上の多くの人が誤った通念の犠牲になってきた。だが、あなたは騙されてはならない。本当の幸せ、本当の充足はたしかに存在するのだ！

あなたの人生を変える力を持つ本書の膨大な内容を、このわずかな紙幅に要約することはとてもできそうにない。本書に示した道程のすべての局面は、どれも大切なものだ。いくつかの段落の中に本書のパワーを閉じ込めようとするこの序文が、本書全体を損なうことがないように願う。著者の私と対話するように楽しく読んでもらえる本を目指したが、内容については一切手加減しなかった。真実を生々しく、ダイレクトに伝えたつもりだ。本書は、あなたが常に内面に持ち続けている素晴らしい特性の数々を引き出す力を持っている。さあ、魅了され、夢中になり、歓びの声をあげる準備をしてほしい。本書によってではなく、あなた自身が持っている力によって。

ひとたび新しい考えや感覚によって広がった心は、決して元の大きさに戻ることはない（オリバー・ウェンデル・ホームズ・ジュニア）

私が人生の方向転換を果たすまで

本当の人間の価値は、好調なときではなく、困難や逆境に立ち向かっているときにわかる（マーティン・ルーサー・キング・ジュニア）

子供のころ、私は常にもっと良い生活がしたいと夢見ていた。特に不幸だったわけではないが、誰もが望むように、自分が知っている世界や毎日見ているものから逃げ出したいと思っていたのだ。幼いころから夢は大きかったが、それがいつか現実になると信じることに抵抗を感じてもいた。ほとんどの子供たちと同じように、私もテレビで見る人たちに憧れた。画面に登場する歌手や実業家を見ては、私も彼らのように何かを達成できたらいいのにと思った。両親は常に私のために幸せな環境を整えるよう努力し、私の味方になってくれた。だが子供というものは、時には親が望むのとは違ったものの見方をするものだ。

父には2つの面があった。極端に厳しい面がある一方で、私が知るかぎり最も愛情深い人でもあった。厳しいほうの父からは多くのことを教わった。特に、あきらめることは許されないということを。何事も二番手では満足してもらえず、取り組むと決めたことには最高の成果をあげることを期待された。その要求に応じるのがつらいこともあったが、今になって父の教えが私に与えた影響の大きさがよくわかる。父の絶対にあきらめない姿勢は今も私の中にしっかりと根付いている。母はいつも私を信じてくれた。私を疑ったり問い正したりしたことは一度もなかった。両親は私を育てていたころはあまり裕福ではなかったが、私にはそんな素振りは少しも見せなかった。

ふたりとも私に無条件の愛を注いでくれた。私はそのことに心から感謝している。それでも私は、家にとどまって両親の決めたルールに従って暮らしたいとは思わなかった。

大切なのは、お前がこの世で何を持っているかではなくて、お前が死ぬときに何を遺していくかだよ（私の母の言葉）

私は次第に、祖父や叔母と一緒にいるのを好むようになった。両親が祖父母の家から出て引っ越すことになったとき、私は両親についていかず、そのまま祖父母の家に残ることにした。私にとって祖父は理想の人だった。祖父は家族をとても大切にしていたし、裕福で人々から尊敬されてもいたが、何より素晴らしかったと私が思うのは、常に満ち足りた心を持っていたことだ。祖父は世界全体と穏やかな関係を保っているように見えたし、持ち前の強い心で家族全員の問題に対処していた。そしてほぼ毎日、地元の教会に出かけていき、ミサの侍者としての奉仕を生涯続けた。金でも名誉でもなく教会でのこの活動こそが、祖父の充足感のもとであったのだと、ずっと後になって私は気づいた。

その祖父ががんと診断されたときは、私の人生で最もつらい時期のひとつだった。12歳だった私はシャワーを浴びながら大声で泣き、祖父を治してくれるよう神に祈った。当時は気づかなかったが、私はそうすることで、自分が耐えなければならない悲しみや苦しみを取り除こうとしていたのだ。3年にわたる闘病の後、祖父はついにがんとの戦いに敗れた。一方、私の人生の戦いはまだ始まったばかりだった。祖父の死で、周囲の世界が粉々に砕け散ったように思えた。家族の柱を失った深い喪失感は、その後何年も私につきまとった。

メルボルン郊外の労働者階級が暮らす地域で生活していた私は、自分には限られた機会しかないと思っていた。世界に対する怒りが湧いてきて、私はその怒りと向き合う代わりに逃げるほうを選んだ。すっかり目的を失った私は、あちこちでもめ事を起こすようになる。退学になりかけたり、ひどいケンカをしたり、世界に対して無礼に振る舞ったりするのが私の生き方になった。

そんなときでも、友人たちは私に優しくしてくれた。夜通し一緒に裏町をうろついては、次に何を笑い飛ばそうかとそればかり考えていた。私たちは何でもかんでも見境なく、どんな権威あるものでも笑いものにした。そのころの私は破滅への道をひた走っていた。その間ずっと、自分のしていることが本当の私自身の反映ではないこともわかっていた。だが、私はそんなふうにしか生きられなかった。それは注目され、受け入れられ、誉められ、認められるため、自己満足のため、その他、不幸へとつながるあらゆる感情を満たすためだったのだと思う。

信じることとしていることが違うとき、そこに幸福はあり得ない（フレヤ・スターク）

子供のころ、家の窓から近くにある大きな橋をよく眺めていた。私はまだ14歳くらいだったが、車が通るたびにあれこれ分析したり考えたりしていた。車の中の人たちは、それぞれの世界を持っていて、それぞれの目的地へと向かっていく。でも、僕らはみんな同じひとつの大きな世界の一部でもある……そんなことを夢中になって考えていた。メルセデス・ベンツの後をいつも古びたトヨタが追いかけていくのを見て、なぜ必ずこの順番なのか、どうして形勢が逆転することがないのだろうかと考えた。なぜあの人はあんないい車を運転できて、この人はできないのか。たまたまそうなっただけだろうか。でも、と私は思った。でも僕らはみんな同じ世界にいるんだ。またこんなことも考えた。ベンツに乗っている人はトヨタに乗っている人より幸せだろうか？

私は人の感情や、それぞれに異なる生活の仕方に興味があったが、私の中に湧いてくるさまざまな問いに対する答えにはもっと興味があった。僕らの生活は、どんなふうに僕らの感情に影響を与えているのだろう？　当時はただぼんやり考えていたにすぎなかったが、この問題についての興味はその後もずっと続いた。私はいつも、自分は世界に影響を与えるために生まれてきたのだと感じていた。とは言っても実際に自分の行為が常にいたるところで世界に影響を与えているなどということは、当時はまったく知らなかったのだが。良かれ悪しかれ、人が自分の力に気づかないのはよくあることだ。

その後は大した変化もないまま数年がたち、私はひとりの少女と出会った。彼女とはそれから３年

なった。初めのうちはすべてがうまくいっていたが、やがてほころびが見え始め、私の人生も色褪せていった。私たちはケンカし、ふたりの関係は悲劇そのものになった。そして私は、彼女が浮気をしたことを知る。すでに関係がうまくいっていなかったとはいえ、彼女の裏切りによって、私は自分が空っぽになったように感じた。

食べることも眠ることもできなくなり、自分が経験した深い心の痛みについて考えることに、すべてのエネルギーを使い果たした。彼女がまだ私の人生の中で生きているように感じて、私が生きるためには彼女が必要なのだと、自分で自分に言い聞かせた。そうして私たちはよりを戻したが、しばらくするとその感情は色褪せていった。彼女と再び付き合い始めたとき、私は自分を偽っていた。彼女がまだ私を愛していることを知って心を慰める必要があるのだと。思えば自己中心的な行いだった。私は自分を守ろうとしていたのだ。彼女と別れることは、私がそれまでに下した最もつらい決断であり、心の強さが試されるときでもあった。だが私は、人生にはどうしてもしなければならないことがあることも、それを自分でしなければならないことも知っていた。振り返ってみると、私は彼女という人を本当に愛していたのではなく、満たされない感情を彼女の存在で埋めようとしていたのだ。

彼女との関わりを断ってから、私はかつて幸福だと信じていたものとのつながりも失ってしまった。私は再び、自分を満たしてくれる何かを探し始めた。私は自分が何をしているのかわかっていなかった。だがもっと重要なのは、完全な幸せは自分自身の中にしか得られないという真理に私が気づいていなかったことだ。だから私は外の世界の幸せを求めて、また新たな旅に出たのだ。

私は日々パーティーに明け暮れるようになった。タバコを覚え、大酒を飲み、さまざまなドラッグを試した。当時はほぼ週末のためだけに生きていた。大学では商学を学んでいたが、それを一生やっていきたいとは思っていなかった。ある日、私は300人ほどの学生と一緒に講義に出席していたが、授業に集中できずにいた。考えられることはただ、どうやってこの学生たちと望んでもいない仕事を取り合うかということだけだった。そのとき2つの選択肢があると思った。このまま留まって決して幸せになれないとわかっている道を進み続けるか、それとも、何をしたいかのヒントさえないまま未知の世界に飛び込んでいくか。

私は立ち上がり、テキストを抱えて教室を出た。後ろは振り返らなかった。両親は卒業を望んだが、私は自分の人生を社会の期待どおりに生きたくないと思った。人生に何を求めるか、はっきりとしたビジョンがあったわけではない。ただそのままではいたくなかった。私はマーケティングの会社で働き、そこを辞めた後、セールスの仕事についた。どちらの仕事でも抜群の能力を発揮し、たった半年で、社内で最も若いセールスコーチに抜擢された。ただし、ひとつだけ問題があった。私はその仕事にも満足できなかったのだ！

私は、兄と組んで衣料品の輸入業を始めた。依然として本当にやりたいことがはっきりしていなかった私は、この仕事にも100パーセント打ち込むことはなかった。働いてはいたが、それはただ金を稼ぐためだった。金があれば幸せになれると思っていたのだ。これこそが幸せだと思っていたものをまたひとつ失って、私はどうしたらいいかわからなくなっていた。真理は再びすぐそこまで近づいていたが、このときはまだ神の慈悲を得られなかった。

19歳になるころ、私はイタリアへ行ったり、ビジネス交渉術の本を読んだりする日々を送っていた。

普通のティーンエイジャーの暮らしとはかけ離れていたが、後悔はなかった。飛行機の窓から外を見ながら、自分の人生の行く末について考えた。このすべては一体何なのだろう？ どんな意味があるのだろう？ 僕はここで何をしているのだろう？

だが、私はこうした疑問にあまりエネルギーを使いたくなかった。時間はもっと有効に使うべきだと思っていたからだ。この考えが真理から大きくかけ離れたものだったということが、今はよくわかる。だがそのときの私はこうした問いに答える代わりに、心の中で自分が考えたシナリオを再現するほうを選んだ。シナリオの中の私は、世界中のビジネスマンがいる会議室に入っていき、最高の商談を成立させようとしていた。私は不安と緊張を感じていたが、ものすごく興奮してもいた。自分の能力以上の人生を手に入れようとしているのだとわかっていた。私は誰にも指図されず、何としても夢のような人生を送るのだと心に決めていた。

21歳までに仕事でヨーロッパを5回訪れた。私はそのことをうれしそうに人に話しては、いくばくかの満足を感じていた。素晴らしい生活をしているように装うことで、幸福を見つけたと思っていたのだ。「調子はどう?」と訊かれるたびに「絶好調だよ」と答えた。その裏で、ドラッグに溺れ、人間関係は破綻し、ぼろぼろになり、精神的にも感情的にも、そして霊的にも疲れきっていたことは、誰も知らなかった。夜通しマリファナを吸いに出かけては、内なる自己の迷いを何とかごまかそうとしていた。それはまるで、できたばかりの傷に1000枚の絆創膏を貼り重ねるようなものだった。何枚重ねようと傷はそこにある。依然として生々しいままで。

他の人が真実を知らなくても、私自身が知っていた。私は自分に嘘をついていたのだ。だが、私には本当の自分を知る力があった。私たち全員に生まれつき備わっている力が。

自分を見失っているとわかっていた私は、「道を照らしてください、正しい方向を示してください」と神に呼びかけ続けた。実は神の存在を感じていなかったし、理解してもいなかったのだが。それまで私は神の存在を疑ったことがあっただろうか。もちろんあった。特に不幸のどん底にあるようなときには。だが、他の誰に助けを求めることができただろうか。もうすでに私は、自分を幸せにしてくれると思ったさまざまな物事に、持てるエネルギーのすべてを注ぎ込んでしまっていたのだから。

このころからさまざまな人が私の人生に入り込んでくるようになり、彼らが真の幸福について語るのが聞こえてくるようになった。思うに、そういった人たちはずっとそこにいたのだ。ただ、そのころになってようやく、私の心が彼らに注意を向けるようになったのだ。繰り返し言うが、彼らの話は聞こえていたのだ。だから、私が本当に興味を持っていれば、彼らの話を注意して聞いたはずだ。ところが、私はそうしなかった。私には、彼らが言うような人生の充足は想像できなかったのだ。だから私は、彼らを拒絶した。反論し、ありったけの言い訳を考え、彼らがこう質問して私のついた嘘を投げ返してきたとき、すっかり行き場を失ってしまった。「ところで、あなたは本当に幸せなのですか?」。滑稽にも私は「はい」と答えた。私は幸せだ、と言うたびに自分が嘘をついているとわかった。奇妙に聞こえるかもしれないが、私は自分の恐れの外へ踏み出すのが怖かったのだ。私は自分の真実が、内なる声が高まってくるのを感じていた。だが、その声に従わなかった。その声が私の人生を変えられるとは信じられなかったからだ。自分が内面の深いところでは良い人間だとわかってはいたが、それと反対のことをし続けた。そうした状況が余計に私を混乱させた。

その後もいろいろなことが起きて、私は自分のしていることのすべてに疑問を抱くようになった。最もつらかったのは、それまで無意識に行っていたことまで疑うようになったことだ。ある夜、私は最低の気分を味わっていた。週末にドラッグを何種類も服用した後、48時間一睡もしておらず、精神的にも肉体的にも疲れ切っていた。ドラッグが切れるとものすごく落ちた気分になるものだが、このときはいつもよりさらにひどかった。あの虚無感を言葉で表すことはできない。私は「これがそうか」と思った。何の希望も感じなかった。地面が口を開けて私を呑み込んでしまえばいいのに、と思った。寝室に立ち、周囲のものすべてに無感覚になり、死んだほうがましだと思いながら、どこにも帰るところがないと感じていた。

深い悲しみと恐れが襲ってきて、真っ暗な部屋に閉じ込められた子供のような、しかしその1000倍もひどい感情の中にいた。私は崩れ落ち、ひざまずいて神に向かって叫んだ。「あなたはどこにおられるのですか」と。あまりにも落ち込んでいたので、これ以上ないところまできたと感じていた。しゃくりあげ、涙でかすんだ眼で、立ち上がって鏡に映った自分自身と向き合った。涙の向こうに、私の姿が歪んで見えた。涙を拭った。するとその瞬間、自分の顔がはっきりと見えて、私はそれまで経験したことのない圧倒的な感覚に呑み込まれた。目覚めと霊的なきらめきに満ちたその素晴らしい体験は、私の人生を永久に変えてしまった。私は自分を見つめたまま20分も立ちつくしていた。ついに私は、それまでずっと探し続け、思い続けてきた人物が、鏡の中からまっすぐに私を見ていることに気づいたのだった。ここから私の、そして私たちの探究の旅が始まった。

あなたのための誓約書

私、　　　　　　　　　　は、私の人生を、そのすべての領域において自分の手に取り戻すことを誓います。これからの私は、自分にふさわしくない人生に甘んじません。そのような人生はもう十分に経験してきました。これからは私が輝くときです。私は私の人生の質を高めるための努力を惜しみません。どんなことがあっても本書の課題に忍耐強く取り組み、そこから人生に立ち向かう力と勇気を受け取ります。どの課題も絶対にやり残しません。そして、より力強くレベルの高い人生を目指して挑戦し続けます。

私は、人生を形づくる責任が私自身にあることを知っています。そして本書を最後まで読み通すことができると信じています。私は、真の成功を手にするには心の状態が何より大切であることを理解しています。そして、それをよりよく保つよう積極的に努めます。

私は、私自身の人生を生きて、常に成長し、私の中にある無限の力を活用していきます。

私は、燃えるような願望、魅力的なビジョン、何より人生に対する情熱を手に入れることを、ここに誓います。

署名：

日付：

ステップ ①

自己発見

人生の基礎となる知識

問いから生まれる絶大な力

愚かさとは、同じことを繰り返しながら違う結果を期待することだ（アルバート・アインシュタイン）

優れた問いは優れた答えを生む

あなたが何歳であろうと、生きているかぎり、いつでも人生を変えることができる。あなたが変えたいのはどんなことだろうか。人間関係、職業、長年の習慣、怒りっぽい性格、あるいは何かあなたの人生に大きく影響するようなことかもしれない。何でもいい、その中から1つを選んで、こう自分に問いかけてみてほしい。「これまでの人生で私が身につけてきたすべてのことが、今抱えているこの問題にどう影響しているだろうか。私はこのままで幸せだろうか。満足しているだろうか。それとも何かを失ったとか、こんなはずではなかったと感じているだろうか」と。

もしかしたら、あなたはこれと同じような質問を、今まで何度も自分に問いかけてきたのではないだろうか。そして、その答えは年月が経ってもほとんど変わっていないのではないだろうか。残念なことに、ほとんどの人が鉄道模型のように同じルートを回るばかりで、実際には何ひとつ変えることができないでいる。そもそも変えることができると信じていない。それどころか、変われない理由を探してばかりいるのだ。なかには何から始めればいいのかわからないという人もいるだろう。私たちはふだん知識を集めることばかり考えているが、知識を本当に身につけるには実際に行動してみなければならない。他の人がタイヤ交換するところを何度見ようと、自分で身をかがめたことがなければその知識が身につくことも試されることもない。また、きちんと適切に行動したのに結果が表れなかったことで、それが失敗だったと感じてしまっている人も多いようだ。だからこそ私たちは、持てるエネルギーを有効に使って一過性でない変化を起こす必要があるのだ。

　私たちの多くが、もし変わったら本来の自分でなくなってしまうと思っている。友人たちも「君は変わってしまったね」と、あなたを責めるような口調で言うかもしれない。だがこのような態度は、２つの真理を見逃している。ひとつは、変化すること自体が圧倒的なパワーを持っているということ。そしてもうひとつは、もっと大切なのだが、変化を避けることはできないということだ。何ものもずっと同じではいられない。一瞬ごとにあなたは新しいあなたになっている。肉体的な意味でもそうだ。あなたの体に、生まれたときから変化していない細胞はひとつとしてない。つまり、私たちは常に「何かになりつつある」のだ。だが、何になるかはあなた次第だ。問題は、ほとんどの人がその人の望むものになっていないということだ。

　成長するためには何かしら変えなければならないのは、当然だろう。望む変化が経済的なことであろうと、肉体的、感情的もしくは心理的なことであろうと、すべての場合にあてはまる重要なポイントがある。まず、適切な問いかけをすること。それによってどの方向に変化すればめざましい成長を遂げられるかを知ることができるからだ。適切な問いかけによって思考の幅が広がり、「道はひとつしかない」という誤った考えにとらわれるのを避けることができるのだ。

もちろん、あなたも自分自身に問いかけてはいるだろう。だが、その問いは適切な問いだろうか。もしかしたら、あなたから力を奪い、今までと同じ失敗を繰り返させる問いになってはいないだろうか。避けなければならないのは次のような問いだ。

- どうして私はそんなこともできないのか？
- どうして私はこんなに不運なのか？
- どうして私にはこんなことばかり起きるのか？
- なぜ女／男はみな同じなのか？
- なぜ私は他の人のように人生を楽しめないのか？
- なぜ私だけがこんなに多くの苦しみにあうのか？
- 金持ちはみな、他人を食いものにして来たのではないか？

考え方を変えれば感じ方が変わる。感じ方が変われば振る舞いが変わる。振る舞いが変われば人生が変わる。だとすれば、まず初めに何を変えればよいだろうか？

私は何者か？

問いかけのない心は苦しみに満ちている（バイロン・ケイティ）

私たちに必要なのは、自分自身を無意味で価値のないものだと感じさせるような問いではなく、成長を促すような問いだ。だが、その前にまず「私は何者か？」という問いについて、じっくり考えてみてほしい。いきなり厄介な質問だと感じるかもしれないが、この問いを深く掘り下げて考えれば真実が見えてくる。自分が何者かをしっかりと認識しないうちは、あなたの本当の望みは明らかにならないし、人生の素晴らしさを経験することもできないだろう。自分が本当はどんなタイプの人間なのか考えてみてほしい。過去にどのような行動や選択をしてきたかは関係ない。私はこれまで何度か「お前は何者か？」と問いかけられたことがある。しかし、自分に対してきちんと答えられるようになるまでは、他人に対してもはっきりと答えることはできなかった。

以下に挙げたのは、内省のプロセスを始めるにあたって、自分自身に問いかけてもらいたい質問だ。すべて、私が私自身に問いかけてきた質問だが、これらの質問に答えるとき忘れないでほしいのは、誰にでも本来の人格を現わせないときがあるということだ。例えば、もし自分が本当は愛情深い人間だと思っているなら、たとえ過去に意地悪だったり自己中心的だったりしたことがあったとしても、そのときのことにこだわらず質問に答えるようにしよう。ではしばらく時間をとって、次に挙げる質問をひとつひとつとおり考えてみてほしい。

- 私は愛情深い人間だろうか？
- 私は他人を尊重できる人間だろうか？

- 私は思いやりのある人間だろうか?
- 私は物惜しみせず自分のものを他人に分け与えることのできる人間だろうか?
- 私は正直な人間だろうか?
- 私は感謝の気持ちをもった人間だろうか?

これらの質問を見たときあなたは、反射的に「そういう人間でなかったとき」を思い出したのではないだろうか。もしそうなら、あなたの心はまだあなた自身を最もよくない状態で見る習慣から抜け切れていない。人間であるかぎり、良い性質が表面に出てこないときは必ずある。私自身そうだったし、そのときのことを心から後悔してもいる。しかし、だからと言って、あなたの本来の人間性が変わってしまったわけではない。もしあなたが、今までのすべての行動や選択に支配されてしまうのであれば、今この本を読んでさえいないだろう。だから、自分が不十分だと感じたときのことばかり考えるのはやめて、これらの良い性質を発揮できたときのことに注意を向けてほしい。ではもう一度、先ほどの質問に答えてみよう。ただし今回は、同時に次の問いも付け加えること。「私がこの性質を発揮できたのはいつだったか?」。答え終わったら戻ってきて、続きを読もう。

自分が良き人間であったときに注意を向ければ向けるほど、爽快な気分になり、力が湧いてくるのを感じたのではないだろうか。そのときのことを考えて自分を誇らしく感じたはずだ。良くない人間だったときのことばかり考えていたころと比べて、どうだろうか。こうした本質的な価値が自分にあると思い出すことで、それらをもっと使おうという気持ちが生まれてくる。そしてそれが、充実した人生へとつながってゆく。

もし自分が本当に良い人間でないと思うなら、自分にこう尋ねよう。「どうしたら良い人間になれるだろうか？」と。すぐにたくさんのアイデアが押し寄せてくるだろう。あるいは、あなたが良い人間になどなりたくないと思っているとしたら、その場合は残念だが、それこそが、あなたが本来の力を発揮できず人生の最良の部分を経験できない理由だ。それはとても悲しい人生だ。私なら世界中の富と引き換えにしてもそのような人生は送りたくない。そして本当に難しいのはあなたがどのような人間かを知ることではなく、あなたの本来の性質を行動に表す勇気を持つことだ。

私たちが「私」と呼んでいるものには2つの側面がある。ひとつは客体としての「私」であり、もうひとつは主体としての「私」だ。客体としての「私」は社会的役割のすべてを指す。例えば私は友人であり、息子であり、兄であり、著者であるというように社会においてさまざまな役割を負っている。時と場合に応じて、私はこのうちのどれでもあり得る。しかし、私が完全にひとりになってこうした役割から離れているとき、私はこれらのうちのどれでもなくなる。このときようやく私は、主体としての「私」が本当の私であると気づくのだ。私という人間は、その多様性と可能性を発揮して、さまざまな役割のすべてであったり、どれでもなかったりしているのだ。あなたは人と一緒にいても世界から疎外されていると感じたことはないだろうか。それは、一緒にいる人が必ずしもこの主体としての「私」を理解してくれるとは限らないからだ。だが、他人が理解してくれなくても、あなた自身は主体としての「私」を理解する必要がある。あなたが社会的役割ではない本来の自分の味方につくまでは、恒久的な幸せを手に入れることも、今この瞬間を積極的に生きることもできないだろう。

それは私が実際に体験したことだ。かつて私は、特別な何かにならなければとか、ひとつの人格や役割を選んでそれを保持しなければならないと思い込んでいた。自分は幸福な人間のはずだと思っていたので、悲しみを感じるたびに自分に失望した。体が弱ったときは常に強くなければと思い、無防備なときはしっかり備えをしなければと思った。そのような考え方がプレッシャーになり、私は次第に追い詰められていった。やがて私は、自分がひとりの人間であり、人生の場面に応じて感じ方や振る舞い方が変わるのは当然なのではないだろうかと考えるようになった。結局のところ、「私が何者か」についてわかった最も大切なことは、「私は人間だ！」ということだった。人間であるということは、私が私の内部に先ほど挙げた質問に出てきたような素晴らしい性質を持っていて、それを自分の意志で自由に使うことができるということなのだ。かつて私が目を向けていた悪い性質が私の人生を形づくったように、これらの素晴らしい性質が私の人生を形づくることも可能なはずだ。そう気づいたことで、私は人生の再スタートを切ることができた。

【課題】

ここでぜひ、次のエクササイズに取り組んでみてほしい。これは、あなたの人生を変えるエクササイズになるはずだ。

①今から5分かけて、先ほど挙げた「私は～だろうか」の問いについて考える。くれぐれもこのチャンスを逃さないでほしい。これは人生を変える力をもったエクササイズだ。しっかりと考えて

必ず答えを書き留めること。そしてこれをやり終えるまでは②に進まないこと。

②次に①の文を「私は～だ」に変える。そしてそれを書き写す。

③さらにもう何分か使って、②で書き出した新しいリストを読み、その内容についてよく考えてみる。目を閉じて心の中で、もしくは声に出して、リストの文を繰り返す。そのとき、あなたの人生を変える力を持つこれらの「良き性質」に全神経を集中すること。自分が何者かはっきりしていないと、大きな決断をするとき混乱を招くことになる。混乱や迷いが生じるのは自分が何者かあいまいだからだ。このエクササイズがあなたの自画像を明確にするだろう。

あなたが今、公共の場にいて、どうしても自分がどんなに素晴らしいかを叫びたくないなら、今のところは心の中で叫ぶだけでもいい。ただし、「私は～だ」の各文を読んだときの感覚に集中することだけは忘れないように。大切なのは、全神経を集中して感じることだ。それをＦＦＦ（Full Focus on Feeling）と呼ぼう。

これらの文を何度も唱えれば、あなたは本来の自分を味方につけることができる。これは、どの段階にいる人にとっても、幸福や成功を見つけるための重要なポイントだ。正しくやり遂げれば勇気と充足感が湧いてくるのを感じるはずだ。ひとたび全エネルギーを良い性質に集中すれば、いかにたやすく、その意識で自分自身を満たせるかがわかるだろう。これはどんな問題にも使えて、そのつど明確な意識を与えてくれるエクササイズだ。ぜひこれを習慣化することをお勧めする。特に、朝起きてすぐに行うと効果がある。私は、自分で試すか他の人々に実際にやってもらったこと以外は決して勧めない。このエクササイズも、成功して充足した人生を送っている多くの人々に実践してもらったものだが、ほとんどの人が人生の価値を大幅に高めることができたと報告してくれた。

先に挙げたものは、良い性質のいくつかの例にすぎない。あなたには他にも良い性質があるはずだ。「私は」で始めて、自分が思う良い性質をその後に続けてみよう。こうして本来のあなたを表す良い性質を確認しておけば、あなたは何かを決断するとき、それに照らして判断できる。

私がたどり着いた結論は他にもある。それは、人はみな本質において同じであるということだ。宗教的背景も、社会的地位も、過去の行いも関係ない。私はこれまでさまざまな人生を歩んできた人と話をしてきた。その中には犯罪常習者もいたが、十分に話し合った後では、結局全員が、内面の深いところにこうした良き性質を持っていると自覚してくれた。私たちはみな人間であり、良き性質は生まれつき私たちに備わっている。だから赤ちゃんは、周囲の人をあれほど喜ばせるのだ。赤ちゃんのいる家に行くと、誰もがわれ先に抱きあげようとする。赤ちゃんの存在がこれほど素晴らしく感じられるのは、彼らがその本質のままだから、つまり愛そのものだからだ。彼らはまだ社会的通念に縛られていないし、自我の支配も及んでいないから自然に人間の本質を表すことができるのだ。その本質は、あなたが大人になってもどこかに消えてしまったりはしない。常にそこにいて、あなたがその本質に逆らった感じ方をしたときには正してくれる。このことをしっかりと理解しておこう。あなたの本質は成長や学びにも役立てることができる。つまり、どんな状況や決断に際しても本来の自分を思い出して対処することができるのだ。

私はここであなたに問わなければならない。「あなたは今、本当のあなたですか?」と。こう質問すると、誰もがむきになって「もちろんですよ、決まっているじゃないですか」と答える。だが、私の経験からすると、人はほとんどの場合本当にしたいことをせず、すべきだと思うことをしている。私たちはいつも、他人が自分をどう思うかを考えている。これをしたらどう思われるだろう？　こんなことをしたら笑われるだろうか？　人と仲良くしたり、良い印象を与えたりするにはどうすればいいだろう？　そしていつもこんなふうに考えている。「どうしよう？　みなが私を見ている。うつむかずに胸を張らなくては。前を向いて、落ち着いて見えるようにしよう」。道を歩きながら、ランニングしながら、海岸で、パーティーで、ずっとこんなふうに考えているのだ。これまでの人生でずっとこれを繰り返してきたので、今ではほぼ無意識の反応になっている。もしあなたが、他人の思惑や他人があなたの人生に及ぼす影響をまったく気にしていないと言うなら、それは嘘だ。もし他人がどう思うか気にしないなら、裸で街を歩き回れるはずだ。私はときどき、自分の葬式はどんなふうだろうと考えることがある。そのとき人は自分のことを何と言うだろうか、私を失ったことを悲しんでくれるだろうか、どんなふうに私のことを思い出すだろうかと。あなたも似たようなことを考えた経験があるのではないだろうか。

他人がどう思うかを気にかけるのは、人間なら自然なことだ。人は私たちが遺した物語によって私たちを記憶するだろう。だが物語を遺すには、私たちが今、自分の物語を生きていなければならない。そして私たちが遺すことのできる最高の物語は、本来の自分を生きることだ。そのときこそ、あなたの真の運命が花開く。もし自分が何者であるか知らなければ、どうやって自分の物語を生きるというのだろうか。

ここでもう一度、質問しよう。今、あなたは本来のあなたでいるだろうか、それとも、そうあるべきだと感じるあなたでいるだろうか。この2つの違いは紙一重だが、少し考えればあなたにも区別することができるし、それができればあなたは飛躍的な進歩を遂げられるはずだ。

人はあなたが何を持っていたかでなく、何者であったかを思い出すだろう。

探究し続けること

人はそれぞれ人生から問いを投げかけられる。そして人は、その人の人生を引き受けることでその問いに答える。責任を引き受けることでしか、人生に答えることはできない（ヴィクトール・フランクル）

他にも重要な問いかけがいくつかある。あなたがふだんどのように行動することを選んでいるかに関する質問だ。古い習慣を変えるには、それに代わる選択肢を示さなければならない。問いかけること、深く掘り下げて有益な答えが見つかるまでひたすら問いかけ続けることだ。そして、ひとつでやめずにできるだけたくさん問いかけること。私が変わろうと思い始めたころ、私は人生のあらゆることに問いを投げかけた。いつも考え事をしながら家のまわりを歩き回っていたので、あるとき友人から、道に迷ったのかと訊かれたことがあった。私はその友人に言った。答えを探しているんだ、道に迷うのとは逆のことをしているんだよと。初めのうちは出てくる答えに戸惑うかもしれない。あなたの自我（エゴ）が真実を見つけるのを邪魔しようとするからだ。それでもひるまず、できるだけたくさんの有効な問いかけをしよう。答えるときは自分に嘘をつかないこと。嘘をつくのはたやすいが、嘘を生きるのは地獄だ。自分自身に嘘をつくとすぐにわかる。答えに満足できず何かが足りないと感じるからだ。

ここに新たな質問をいくつか挙げた。自分で作った質問を付け加えることも忘れないように。

- 思いやりのある人は他人を非難するだろうか？
- 自分を変えられるくらい自分を大切にしているだろうか？
- 私が今やっていることは、本当の私を表しているだろうか？
- 何か特定の状況が生じたとき、自分に正直に対応できているだろうか？
- 何かに失敗したとき、自分がまだ生きていてもう一度挑戦できることに感謝しているだろうか？
- たとえ15分でも人生をよりよくする方法を真剣に考える時間をとっているだろうか？
- いつも、人生の最悪のときよりも最良のときのことを考えているだろうか？

３年間ドラッグを服用し続けていたとき、私は誤った信念を持っていた。ドラッグは私の幸せにとって必要なものであり、付き合いの有効な手段でもあると信じこもうとしていたのだ。これは明らかに真実とは違っていたが、私は本当の答えを見つけるために深く考えるのを拒んでいた。私がドラッグをやっていたのは、気持ちよくなれると思っていたからだ。たしかに、しばらくの間は気分が良かったかもしれない。だが、それはただそれまで思っていたように世界は無傷のままだ、完璧だと思えたからだ。未知の世界に入っていく恐ろしさに加えて、私はまだ、世界が今あるように見えるのは、私がそう見ているからにすぎないことに気づいていなかった。私が真実に目を向けられるようになったのは、深く長い問いかけの過程を経てからのことだった。

私は自分に問いかけた。「ドラッグを吸うと、本当に幸せになれるのか?」。私は答えた。「たぶん……」。あやふやな答えだ。そこでさらに問いかけた。「たとえドラッグで2、3時間幸せになれたとしても、週の残りの日は最悪の気分だ。それで本当に幸せだと言えるのか?」「いいや……」。そこで別の質問をした。「ドラッグは、僕が人生から本当に得たいものを手に入れるのを妨げているんじゃないか? 成し遂げたい仕事とか、人と良い関係を築きたいとか、健康でいたいとか」「そうだ、そのとおりだ。ドラッグのせいで、僕はどれも手に入れられないでいるんだ」。質問はさらに続いた。「自分がまさに人生全体をぶち壊しているときに、ドラッグが本当に人とうまく付き合う手段だなんて言えるだろうか?」「言えない」「じゃあ、代わりに何をする?」「家族との関係をよくしたい。もっと家族と一緒に過ごしたい」。そして私は、実際に家族と過ごす時間を増やし、より深く家族を愛するようになった。他の人間関係についても同じことをした。知人にも、私を取り巻くさまざまな状況にも、そして仕事にも。

他にもさまざまな問いかけをした。私の人生には特に重要視する部分はなかったから、結果的に人生のあらゆることについて問いかけをし、そのたびに私が知っている本当の私に相談したり指示を求めたりした。そして出てきた答えのひとつひとつに実際に対応していった。それでたちまちのうちにすべてが変わり、私の人生がバラ色になったか？　もちろんそんなことはなかった。質問は次から次へと出てきて、今もまだ問いかけは続いている。そしてそれは、死ぬまで続くだろう。

プロセスの途中、ずっと自分を強く保つ必要がある。たやすいことではないが、かつて自分について いた嘘より、新しく得た答え（あなたの新しい信念）を重視すればできるはずだ。時には昔の自分のやり方にとことんうんざりして、いい意味でイライラがたまることもあるかもしれない。

もしそうしたければ、鏡の中の自分に向かって大声で叫んでみるといい。私は何度もそうした。「あの生活はお前をめちゃめちゃにする。何があろうと元に戻ってはだめだ。わかったか？」「イエス！」。そしてさらに繰り返す。「お前は今、より良い人生を生きている。より良い人生を生きようとしているんだ」というように。もし今、あなたが古い習慣と戦っているなら、この方法を勧めたい。できる限り力をこめて声に出して言うこと。野球のバットを持って、「古い信念」という名のボールを公園の外へ打ち返していると想像するのだ。

自分の変化について人に話すのもいい。禁煙を始めた日、私は出かけていってできるだけ多くの人にそのことを話した。話すたびに、このうえなく喜ばしく誇らしく感じたことを覚えている。もしまたタバコを吸うようになったら、みんなが私を弱い人間だと思うことはわかっていた。だが、それより恐ろしいのは、私が私自身を弱い人間だと思うことだ。もしまたタバコを吸い始めたら、人生で成功することはできない。そう強く心に言い聞かせ、タバコのことを思うたびに、化学物質が私の体を蝕んでいる様子を思い描いた。そのうち、タバコのことを考えただけで実際に吐き気を催すようになった。極端だと思うかもしれないが、喫煙が健康に及ぼす極端な影響を考えれば、これはなかなか良い代用品だと言えるのではないだろうか。ここで私があなたにしたい質問はこれだ。「あなたは、本気で変わりたいと思っていますか?」

今すぐ人生の方向転換ができるとか、もっと充足したものにすることができると私が言ったら、あなたはそうしたいと思うだろうか? 答えがイエスなら、あなたは人生のどこかに自分を損なっている部分があると感じているということだ。本気で自分の人生を破滅させたいと思っている人はいないはずだ。今は自分の望みに反することをしてしまっているとしても……。

本当に自分が望むものを引き寄せているか?

ほとんどの人が、問いかけのとき、十分に深く掘り下げることができていない。本当に役立つ答えにたどりつけないでいるのだ。

そろそろ次の質問に進んでもいいだろう。次に挙げたのは、私たちが望むものをはっきりと知るための質問だ。必要なのは私たちの思考パターンや、これまで身につけてきた自分に対する思い込みを厳しく検証するような質問であり、人生が変わるような代替案を思いつくような質問だ。問いかけがなければ答えもない。そして私たちが真に望むものを手に入れることもない。これらの質問は、今はまだ漠然としているが、この先の課題をこなして進んでいくにつれて、より具体的になっていくだろう。

- 私は自分で事業をしたいと思っているか？
- 人生を共にする女性もしくは男性がほしいか？
- 健康で美しくありたいか？
- 家族ともっと良い関係でいたいか？

さらに、踏み込んだ質問をしてみよう。

- あの人を惹きつけるには何をすればいいだろうか？
- この章の質問にきちんと答えられないような人と一緒にいたいと思う人がいるだろうか？
- 自分を怠惰な人間だと思いながら何かを達成できるだろうか？
- 肝臓をアルコールであふれさせていながら健康でいることができるだろうか？
- 致命的な病を引き起こすかもしれないタバコの煙で、私は子供たちや家族の健康を損なっているのではないだろうか？
- 今の自分の考え方のままで人生を変えることができるだろうか？
- 今と同じように考え、話し、行動していて、私の経験や感情は変化するだろうか？
- この章の質問への答えがあいまいだとしたら、どうやって自分の能力を刺激して、人生から最良の部分を引き出すことができるだろうか？　また、どうやって最愛の人々に影響を与えることができるだろうか？

人生があなたをどう扱っているかを問うのではなく、あなたが人生をどう扱っているかを問うのだ！　このように発想を転換することで、あなたは自分自身を、つらい運命の犠牲者ではなく、作者として考えることができるようになる。今、自分が置かれている状況を見て、それが本当の自分にふさわしいか、答えてみよう。その際、この状況を招いたあなたの行為の責任はすべてあなたひとりにあると考えること。あなたの代わりに考え、話し、最後の決断をしてくれる人は誰もいないのだから。問題を他人や外部の出来事のせいにすればするほど、私たちは求めている変化から自分自身を遠ざけることになる。反対に、責任を引き受けてしまえば、私たちは心から望むものを手に入れるためにどう行動するかを私たち自身で決められるのだ。

車に乗っているときを想像してみてほしい。今あなたを乗せた車は高速道路を走っていて、ものすごいスピードでカーブを曲がろうとしている。あなたは突然、「自分ではどうすることもできない」という感覚に襲われ、恐怖を感じる。だが運転手には、あなたの恐れが理解できない。彼はいつもどおり運転しているだけだから。つまりこういうことだ。言い訳をして生きているときは、他人やまわりの出来事があなたの人生を牛耳っているように思える。それは、他人が運転する車に命を委ねているようなものだ。自分で状況を制御できていないと感じるとき、恐れが生じるのだ。

もし今あなたが、日々、成長していくようなサイクルで生活していないとしたら、あなたは、自分を損なっていると考えたほうがいい。責任を負うということは、人生の所有者になることだ。そして「もっと他のやり方はないだろうか？」と自分に問いかけることだ。

人生のあらゆることについて問いかけてみよう。大きな変化は深い問いかけから生まれる。だから、答えがあなたの真実に届くまで問い続ける必要がある。何かについて確信が持てないとき、あるいはストレスや不安を感じるときは、問題の核心に達するまで問い続けよう。人から有益なアドバイスを受けるのは良いことだ。だが、みんながそう言っているからというだけで、安易に物事を信じるのはやめよう。多くの友人や家族があなたを愛するがゆえに、さまざまな考えを押し付けようとするかもしれない。でも、あなたにとって何か一番良いかは、結局、あなた自身にしかわからない。あなたはそこから逃げ出すことはできない。あなたが自分の面倒を見られるようになれば、結局はあなたのまわりのすべての人もその恩恵を受けることになる。

決断のための問いかけ

人生の方向は一瞬で変えられる。たったひとつの決断があなたをふさわしい高みへと導く。ただ、その一歩を踏み出すのに一生かかるだけだ。

本書が刊行される何年か前、私は生きる目的を失って、裏町で夜通しマリファナを吸っていた。こう話したとき、人々がどんな反応をしたか想像できるだろうか。こんなふうに物事は大きく変えられるのだ。ひと晩で、とは言わない。だが、あなたが何か前向きなことに真剣に取り組むなら、時間がどれだけかかろうと問題ではない。実のところ、私が人生に目覚めてからも、道のりは決して平坦ではなかった。あれはまだほんの始まりにすぎなかった。この本の主要な部分を書き上げようとしていたころのこと。編集者を見つける必要があったが、声をかけた人たちのほとんど全員に断られた。報酬を払うと言ってもだめだったのだ。それどころか、他の仕事をしたほうがいいとか、この本のいいところは題名だけだとか言われた。最後の編集者との電話を終えたとき、私はその場に崩れ落ちて声をあげて泣いた。それまでの3年間、私のすべてを捧げてきた本だった。それなのに私が最高だと思う編集者たちから、その本をあきらめろと口を揃えて言われたのだ。私は携帯電話を置いて家を出ると、近くの公園へ向かった。気持ちが高ぶっていた私は文字どおり全力で、吐くまで走り続けた。他にどうしたらいいかわからなかったのだ。

だが、家に戻ってきたとき、再び私に変化が訪れた。自分の中に新たな力が湧いてくるのを感じたのだ。誰も私がつかんだ真実を変えることはできない。この本に書いたことは私の奥深くから湧き出て来た表現だ。だから必ず読者に届くはずだ。この本にかける私の思いは純粋なものであり、何かを得ようとして（どこかで講演をするとか、私は作家だと名乗るとか、金儲けをするとかのために）この本を出版したかったのではない。そんなものは一切必要なかった。私の本は私の目覚めそのものだから。私の魂からのメッセージだから。だから出版したかったのだ。

私は、編集者たちの批判を前向きにとらえ、1週間かけて全体を構成しなおした。その結果、彼らがあきらめろと言った数年後に、アメリカ、オーストラリア、イギリス、フランス、イタリア、ドイツ、カナダ、中国で、本書はアマゾンのスピリチュアル、自己啓発、指南書の各部門でベストセラー第1位になった。本書はまた、世界最大の出版社であるペンギン・ランダムハウス系列のハーモニー社を通して再版されることにもなった。私は何も、自慢したくてこんなことを言っているのではない。

人間の可能性がいかに大きいかを知ってもらいたいのだ。そして、その可能性であなたの人生も変えられる。

真の望みを決してあきらめてはいけない。

多くの人からこう訊かれた。「あなた自身が変わるために最も大切な土台となったのは、どんなことですか？」と。次に挙げた５つの質問をとことん考え抜いたこと、というのが私の答えだ。もちろん、質問はこの５つで終わりではない。あなたの人生を変える質問はもっとたくさんある。だがこの５つの質問には、人生を瞬時に変える力がある。これらの質問を読むにあたっては、ひとつひとつに十分な時間をかけて集中して考えてほしい。急がずに、答えを見つけることだけに集中すること。何度も言うようだが、どれも人生を変える力を持った質問だ。

①あなたの生きる原動力となっていることは何か？　また、何かを選択するときの基準となっていることは何か？

②今日、何か昨日とは違うこと、明日のあなたを形づくるようなことをしようとしているだろうか？

③今日、人生を変えるような決断、どうしても手に入れたい結果を生むような決断をしただろうか？

④人生で今すぐ変えられるようなこと、人生から苦痛を取り除き、歓びを生み出し続けるようなことを少なくとも1つ考えよう。

どうしてもはっきりした答えが浮かばないときは、具体的に考えてみよう。例えば、第1の質問に対しては、「我が子にできるかぎり良い暮らしをさせてやりたい」とか、「自分がなれる最高の人間になりたい」「人生は自分のものだと感じたい」「他の人の役に立ちたい」「自分は成功していると感じたい」「健康で美しくありたい」「あのトロフィーを手に入れたい」等々。こうした思いがあなたの原動力になる。まず強い思いがあって行動が生まれるからだ。あなたをつき動かす思いに立ち返ることで、まったく別の次元の強い感情が湧いてきて、それがあなたの決断を後押しする。その決断へとつながる第5の質問がこれだ。

⑤どうしたら私は……?

- 健康で美しくいられるだろうか?
- 夢に見たあの人を惹きつけられるだろうか?
- 人生で素晴らしい進歩を遂げられるだろうか?
- もっと違う感情を経験できるだろうか?
- もう1マイル走れるだろうか?
- あの車を手に入れられるだろうか?

●自分の人生を自分でコントロールできるだろうか？

「どうしたら私は～できるか？」と問いかけることによって、具体的な選択肢を増やすことができる。何かを思いつくきっかけは、いたるところにある。散歩に出かけるとか、買い物に行くとか、車で出勤するとかいった、ごく普通の日常的活動の中にもある。思いもよらなかったやり方で、そこら中から気づきのしるしが跳び出してくる。そうしたしるしはそれまでも存在していたが、今ようやくあなたがそれに目を向けられるようになったのだ。絵画のフレームが広がるようにあなたの視野が広がって、より多くのものが見えるようになったのだ。答えはすぐには完璧にならないかもしれない。でも、「どうしたら～ができるか？」と問いかけ続ければ、さまざまな候補を思いつくはずだ。

成功した人たちはみな、答えを探すことに人生を賭けている。「どうしたら～ができるか？」。たったひとつの問いかけから、あなたの状況を変えるのに役立つたくさんの答えが生まれる。それは「どうして私は～ができないのか？」という問い（希望の生活を実現できないことを常にあなたに言い聞かせるような問い）からは絶対に生まれてこない。「どうしたら～ができるか？」と問うことによって、あなたは自分自身を行動へと突き動かすような答えを思いつくことができる。

さあ次は「安全領域」について話をしよう。そこは、私たちのほとんどが、特に深い問いかけの過程を経た後に経験する領域だ。心の持ち方（マインドセット）を変えて、この「安全領域」から一歩を踏み出すことが、夢見る価値のある人生を創りだすためにどうしても必要になる。

安全領域にいる危険

囚われて安全でいるより、危険でも自由でいるほうがいい。これは原初の本能の中に記録されている真実である（トム・ロビンズ）

あなたは今、本当に人生に満足しているだろうか。それとも、これ以上よくなることはないと考えて、じっとしているだけだろうか。人生に満足しているように見せかけていても、実はやってみたいことや手に入れたいものがたくさんあるという人は多い。本当は、現状に少しも満足していないのだ。

かつて私は、人から「調子はどう？」と訊かれるたびに、「悪くないよ」とか、「まあまあだね」と答えていた。その後、人生が本当にうまくいっていると感じられるようになって初めて、「悪くない人生」はちっともよくない人生なのだとわかるようになった。人生はたくさんの決断の連続であり、ほとんどの場合、「悪くない」もしくは「まあまあ」の暮らしを受け入れることを意味する。人はめったに、自分の努力が足りないとは認めず、他人や自分自身に嘘をつきながら何とかやり過ごしていけると思っている。しかし、ここに見過ごすことのできないひとつの事実がある。それは、あなたはあなた自身から逃げることはできない、ということだ。あなたの行くところすべてに、あなたはいるのだから。

つらいことだが、ほとんどの人が本当に幸せな人生を送ってはいないのが現実だ。人々は、今ある状態が自分に可能な最高の状態だと思うことで、満足のいかない人生を受け入れようとしている。これは、私にとって本当につらいことだ。私はまさにそれと同じことを感じていた時期があったし、そうでなくなったときにどう感じるかも知っているからだ。そしてそれが、本書で書いたメッセージを伝えることに生涯を捧げようと思った理由のひとつでもある。何よりも私が伝えたかったのは、逃げずに向き合うことが変化への第一歩だということだ。前章に挙げた問いかけがその向き合いのきっかけになって、あなたを「認識」へと導いてくれるだろう。ここで言う「認識」とは、本当の自分を知ることだ。世界中の知識を手に入れ、10の大学で学位を取り、地球上のあらゆる場所に旅をして、5カ国語を話せたとしても、自分自身について本当に知ることができなければ、自分の望む人生を手に入れることはできない。

今のあなたの状況が、過去の出来事や、今あなたがしている選択によるものだと気づくこと。そして、それが次に起こることにどう影響するかを知ることは、あなたが手に入れることのできる最高の知識だ。これを知ることで、あなたは、自分が自分の人生を創ってきたのだと本当の意味で理解できるようになる。あなたを今ある状態にした責任は自分にあると認めて初めて、人生を次のレベルに進めるための変化を生み出すことが可能になる。

失敗から学ぶ

私たちはようやく、素晴らしい人生を実現する旅に出たばかりだが、もし途中で失敗したら、元の場所に戻ってしまうのだろうか。理性的に考えれば答えは「ノー」なのだが、多くの人がそこであきらめるという罠にはまってしまう。なぜ心が折れてしまうのだろうか。それは、それまでの進歩に目を向けようとせず、悪いところばかりに注目してしまうからだ。

自己発見によって進歩を遂げていくにつれて、過去の自分の信念や決断が誤りだったとわかるだけでなく、それらが自分にどれほど大きな進歩をもたらしてくれたかに気づくようになる。あなたの信念は順次進歩していき、そのひとつひとつが次へと進むための助けとなっている。つまり、どの信念にもそれぞれ意味があるのだ。

物事をどんなに都合よく考えようとしても、失敗した事実を変えることはできない。だが、そこから学ぶことはできる。そして、自分が何か誤ったことをしたとわかったら、次は違うやり方でやったほうがいいと考えることができる。あなたは今、自分を冷静に見てもっと自分を知ることを学んでいるのだ。自分自身を冷静に見つめる能力を、無視したり軽視したりすればするほど、人生を望まない方向へ押しやることにエネルギーを費やすことになる。旅の途中で学びを得るかどうかはあなた次第であり、まさにそれが、私たちが今やろうとしていること、自分を育てる旅なのだ。突然現れた誰かが、あなたの膝の上に完璧な人生をぽとりと落としていってくれるなどということはあり得ない。もしそんなことがあれば、素晴らしい人生はずっと楽に手に入るだろうが。

たとえ旅の途中でつまずいたとしても、あなたがしっかりそこから学べば、つまずきもまた前進だ。つまずきにも重要な役割がある。あなたが自分の行為を「良くない」と判断することは、その反対の「良い」行為を知ることでもある。いつでも正しい道に戻れるし、もうどうにもならないとあきらめる必要もない。この気づきは、あなたの人生に有害な影響を及ぼし続けるネガティブな考えを取り除くための有効な戦略だ。また、自分の考えがネガティブだと意識することは、それ自体が進歩でもある。ほとんどの人は無意識のうちにネガティブな考えに侵されているが、ある考えがネガティブだと意識することができれば、もっと賢くそれに対処できる。あなたの知性を、ただ受け入れるためではなく、識別し正しく修正するために使うのだ！　落ちこんだりやけになったりして自分自身をたたきのめす代わりに、経験を学びのチャンスと見て、自分を変えよう。

非論理の中の論理

あなたもおそらく聞いたことがあるだろう。脳には論理的な部分と非論理的な部分がある。この2つの違いを意識することが、成功をより確実なものにする強力な武器になる。脳の論理的な面を、誤った決断から身を守るメカニズムとして使おう。論理的に考えることは、あなたがすでに何度も疑問をなげかけて答えも出ているような状況に、繰り返し陥ってしまうのを防いでくれる。論理的に考えるように心がけていると、何かを決断するとき、それについてよく調べ、成長を促すような答えを見つけられるようになる。

私はかつて、ドラッグの影響で自分を制御できなくなっている人の手助けをしたことがある。彼のアパートに行って話を聞き、最善と思える方法で彼を落ち着かせようとした。それでも、彼がまだドラッグの影響を強く受けているのを見て、何か思い切って気分を変える必要があると感じた私は、新鮮な空気を吸おうと言って、彼をベランダに連れ出した。そのとき彼は、自分は何かとてもばかなことをするかもしれない、ベランダから飛び降りてしまうかもしれない、と私に言った。

彼が心の中でそのような衝動と戦っていることを知った私は、新たなアプローチを試みた。彼にこう説明したのだ。「たった今、君は以前よりもずっとよくなっていて進歩していることを私に証明してくれたじゃないか」。彼はこれを聞いて困惑し、同時にドラッグの効果にも翻弄され、依然として自分が最悪の状態にあると思っているようだった。私は重ねて言った。「もし君が自分をコントロールできていないなら、ベランダから飛び降りるなんて言わずに、ただ飛び降りていただろう。何かばかなことをしでかしそうだと気づいていることが、自分には選択肢があることをきちんと論理的に理解している証拠だ。君は自分で思い込んでいるより遥かに自分をコントロールできているよ」と。論理的側面とそうでない面を比較することで、彼は自分の感情をコントロールし、決断も下せる状態になったのだ。

のちに彼は、当時はその場で起きていることを制御できないと思い込んでいたが、自分のしていることを意識することでその思い込みと戦うことができたと語ってくれた。自分にコントロールする力があるとわかったのだ。

この例は、日々の生活にもあてはめることができると気づいているだろうか。私たちはふだん、どんなふうに感じるか、どう決断するかは自分では決められないと思い込んでいて、何でもすぐに他人や外部の物事のせいにしてしまう。まわりにいる人や、特定の状況や、時にはドラッグのせいにするのだ。だが、本当に人や状況やドラッグのせいなのだろうか。それとも、自分の感情を完全にコントロールできていることに私たち自身が気づいていないだけなのだろうか。多くの場合、私たちは人や状況に自分の幸せを任せてしまっている。こちらから進んでコントロールする権利を差し出してしまっているのだ。実際、状況そのものはただそこにあるだけで、あなたが何をそれに結び付けるかによってコントロールできるかどうかが決まる。だからこそ、まったく同じ状況に対して多くの人が完全に違う見方をする。私たちは状況を理性的にとらえ、第一印象や常識を上手に利用するべきだ。真理は瞬時にそれとわかるものだが、なぜか私たちはその判断に目をつぶってしまう。人生を自分でコントロールする術はいつもすぐそこにあるのに、あなたはそれを使わないことを選択してしまうのだ。

正しいことと誤ったこと、否定的なことと肯定的なこと、論理的なことと非論理的なことを識別し、その判断をあなたのために役立てよう。成長するためには自分が下した判断にもとづいた行動をする必要がある。そうしないと、最終的にあなたの行き着く先は……。

気づきの瞬間

日々の成果を収穫物で判断せず、蒔いた種で判断せよ（ロバート・ルイス・スティーブンソン）

私たちはみな、人生のある瞬間に、もうどうにもならないと感じたことが何度かあるはずだ。なかには、部分的にではなく、人生全体が壊れてしまうような状況に陥った人もいるだろう。そういうとき、私たちは人生という名の旅の途中で完全に道に迷ってしまったと感じてしまう。希望を失くしてどうしたらいいかわからなくなってしまう。今、あなたがそんなふうに人生のひとつ、もしくはすべての面で行き詰まっているとしたら、私は言いたい。実はあなたは今、素晴らしい場所にいるのだ、と。本当にそのとおりなのだ。そういうときこそが最高のときなのだ。たぶんあなたはこれを読んで、著者は頭がおかしくなったに違いないと思ったことだろう。だが、もう少し話を聞いてほしい。

あなたは今、旅をしていて、もう何日も歩き続けている。途中であなたは違和感を覚え始めるが、とりあえずそのまま歩き続ける。やがて歌いながら歩いていたあなたが、突然立ち止まる。わかった！　あなたはついに気づいたのだ。長い間、意図していたのとは違う道を歩き続けてきたことに。「気づきの瞬間」が向こうからやって来たのだ。そして、頭の中にさまざまな思考が一気に流れ込んでくる。疑問が次々と湧いてきて、あなたはパニックになる。そこで我に返って、一度冷静になろうと考える。これまでの歩みを正しい道に戻るための情報収集の手段として役立てなければ、あなたはその場でじっと、さまざまな思考と死に至る渇きで麻痺したまま、座っていることになるだろう。

実はこの瞬間、あなたは素晴らしい場所にいるのだ。このように自分を見失った感覚を経験したことがなければ、本当に行くはずの場所をどうして知ることができるだろう。これまでの歩みを振り返るとき、その道を選んだことを呪うのはやめよう。そんなことをしても、状況を悪くするだけだ。それよりも過去の歩みから手に入れた情報を使って、本来望んでいた道へ戻るために役立てるのだ。何より大切なのは、あなたが望む目的地に着くことなのだから。

ひとつの扉が閉じるとき、別の扉が開く。だが、閉じてしまった扉を、いつまでも恨めしそう

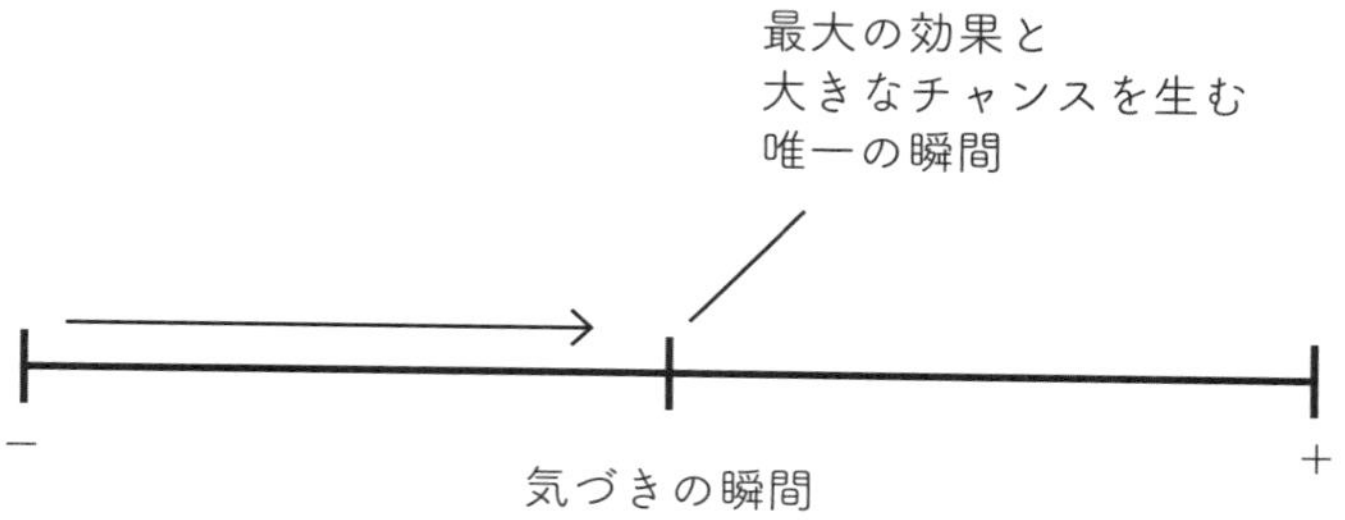
最大の効果と
大きなチャンスを生む
唯一の瞬間
−
+
気づきの瞬間

に見つめている私たちは、新たに開いた扉に気づかない（アレクサンダー・グラハム・ベル）

あなたの人生が下り坂だと感じるとき、本当はその逆であるかもしれない。実はあなたはそのとき、成長するためにどう変わらなければいけないかの気づきに向かって前進しているのかもしれない。社会のほとんどの人が気づきの瞬間を「どん底」と呼ぶ。だが、私はこの比喩を使いたくない。そう呼ぶのは間違いだと思うからだ。その瞬間、人は実は上昇しているのだと私は思っている。なぜなら、そうした瞬間がなければ、あなたは人生を永遠に変えてしまうような重要な決断をしようとは思わないだろうから。あなたはこれまで、迷いや苦痛に深く踏み込むことを避けてきたかもしれない。だが最も有効な情報は、多くの場合、最も絶望的で落ち込んだときに手に入る。そういうとき私は、何か私たちよりも大きな力が、「さあ、目覚めよ」と教えてくれているように思う。気づきの瞬間を迎えると、あなたはいやおうなく、これまでのすべての歩みを見直すことになる。この経験から学ぶことができれば、将来の歩みについても注意深く考えることができるようになる。

人が人生の正しい方向を見いだすのがいつも、人生が最も混乱しているように思えるときなのはなぜだろう？　それは、すべての道が塞がったように見えるとき、唯一の道が現れるからだ。それこそが進むべき道なのだ！

感謝がもたらすもの

昔、靴を1足しか持っていないと嘆いている男がいた。脚が1本しかない男と会うまでは（私の祖父の言葉）

非難せず感謝する

パリのホテルのエレベーターでのことだ。私はそのとき、人生について考えながら満面の笑みを浮かべていた。パリにいられることに、そして何より自分の人間としての力を発見できたことに感謝していた。その気持ちがあふれてきて、私はしばらくの間、エレベーターに他の人が乗っていることをすっかり忘れてしまっていた。30代半ばくらいのその女性は、すてきなドレスを着ていた。彼女は私のほうを向いて「なぜそんなに幸せそうなんですか」と、まるで珍しいものでも見るような顔で尋ねた。実際、彼女にとっては珍しいことだったのだろう。私は躊躇なく思いついたままを答えた。「私が生きているからです」。彼女は宇宙人でも見るような目で私を見ていたが、ドアが開くと同時に、ひどく怒って飛び出していった。私はそれを見て、そのような心の持ち方で過ごす彼女の一日は、そして人生はどんなふうだろうと思った。彼女のことが心配だった。彼女は人生に対する憤りを変える力が自分にあると知っているだろうか。自分の態度がどれほど自分自身を傷つけているかわかっているだろうか。私は彼女の人生について何も知らなかったが、それでも私は深い悲しみを感じた。私も彼女と同じように感じていたときがあったのを思い出したからだ……。

私は探究の旅の途中で、完全に行き詰まってしまったことがあった。そのとき、私の心には虚しさしかなかった。そんな気持ちになったのは本当に久しぶりだったので、正直言って恐ろしくなった。人生の充足を求めて前向きな変化を起こすことを人に教えていた私自身が、また新たな迷いに襲われてしまったのだ。そのとき私は、自分もひとりの人間なのだということを忘れていたのだと思った。やがてもっと大切なこと、日々の生活の中の重大な欠陥を見過ごしていたことに気づいた。そのころ私は、本書の執筆やコーチングの仕事、言語プログラミングのデザイン、そして人々の手助けなどに忙殺されていた。とにかく忙しすぎて、静かに立ち止まって「感謝の気持ち」を持つ状態をまったく作ることができていなかった。その日その日の仕事に追い立てられる私の生活が異常なのは、誰の目にも明らかだっただろう。だが、自分ではそれに気づくことができなかったのだ。誰かに会って相談したいと思ったが、その前に恐ろしくなった。言葉がうまく出てこなくなっていた。書く力も衰えて来ていて、何もかもが崩れていくように思えた。

そのとき私は、一日の初めに必ず感謝のリストを読もうと心に決めた。それは、私がこの探究の旅を始めた最初の日に書いたものだった。あの日、自分の部屋で声をあげて泣いていた私は、一枚の紙を手に取り、そのまま泣きながら、人生で感謝したいと思ったすべてのことを書き留めた。それ以来、リストの直しはしていない。今も当時のものを書き写して読み続けている。私の全人生を変えたその感謝のリストは、今でも人生の素晴らしさを心からかみしめる気持ちにさせてくれる、かけがえのないものだ。私に命を吹き込む素晴らしいリストだ。そしてこの行き詰まりのときも、リストが私を助けてくれた。

そのとき私は気づいた。この経験はまさに新たな学びであり、このリストの絶対的な重要性を人々に伝えるよう教えてくれているのだと。私はそれまでも人々に感謝のリストを作るように教えてはいた。だが、このときの出来事は、感謝が人生に与える測り知れない力に改めて気づかせてくれた。感謝の気持ちを持つことは、私たちが幸せになるために欠かせないことなのだ。たとえ私たちがどれほど進歩しても、その有効性は変わらない。

あなたが今どんな状況にあるとしても、深い感謝の気持ちを意識的に呼び覚ませば、人生の質を高めることができる。私たちはふだん、自分の欲しいものや毎日の体験、仕事の忙しさや子育て、暮らしを維持することなどで頭がいっぱいで、今持っているものに感謝することをつい忘れてしまう。今の自分という、そこにある唯一の実体に感謝することなく、どうやって幸せになれるというのか？たとえ私たちが１００万ドル稼いだとしても、そのときにはまた、さらに１００万ドル欲しくなる。それが手に入ると、また１００万ドル。いつまでたっても虚しさと満ち足りない気持ちは消えないままだ。お金だけではない。人生のあらゆる面で同じことが起きる。もし私たちが今、ここにある大切なものに心から感謝する時間を持たなければ、私たちは決して幸せにはなれない。欲望を持ち続けることは悪いことではない。私たちは結局人間なのだから。だが、自分に充足感を与えてくれるいちばん大切な気持ちを忘れてはならない。それが感謝の気持ちなのだ。ずっと感謝の気持ちを忘れていたと気づいた日に、私はひとつの教訓を書き留め、今も毎朝繰り返し読んでいる。それは、「賢い人は自分が持っていないことにくよくよしない。望みのものを追い求めている間も、すでに持っているものに対して常に感謝している」というものだ。

これは、すべてにあてはまる教訓だ。使わなければ失う。問題は、ほとんどの人が人生を愛する方法を思い出そうとせず、それを使わないでいるうちにすっかり忘れてしまっていることにある。人生を呪う練習ばかりしているうちに、そちらのほうが上手になってしまったのだ。

時間は私たちの最も貴重な持ち物だ。あなたは時間を賢く使っているだろうか。愚かにも浪費していないだろうか？

私たちに充足を与えられる唯一のものは、感謝だ。今手にしているものや、本来の自分の素晴らしさに目を向けることだ。人々に人生で最も重要なものは何かと尋ねると、たいてい同じような答えが返ってくる。家族、友人、信頼、そして生きていることなどがリストの上位に挙がる。あなたはどうだろうか。もしもそうしたものが大切なら、常に思い出しておくべきだ。

だから、私たちも思い出そう。日々、大切なものを意識的に思い出す努力をしなければ、私たちは暗闇の中で無駄に幸せを探しまわることになる。その幸せは、生涯を通じて私たちと共にあるというのに。私の見るところ、不幸の主な原因は、人がすでに持っているものを見落としていることにある。だから私は、どうしてもあなたに、次の問いを真剣に考えてもらいたいのだ。

あなたにとって人生で最も意味のあることは何ですか？

感謝のリストを作ろう。書かれたことが何であろうと、それらがあなたにとっての最優先事項だ。だから、そのように扱うこと。そして、そのリストを読むことを日課にしよう。リストの作り方については、これからさらに詳しく説明していく。その内容を踏まえて、最終的には68ページで完全なものを作り上げよう。

感謝の気持ちを表すとき、最高の感謝は言葉そのものではなく、その気持ちと共に生きることだということを忘れてはならない（ジョン・フィッツジェラルド・ケネディ）

感謝の気持ちはまさに究極の感情だ。エゴ（自我）をノックダウンできる唯一の感情だからだ。あなたは、心から愛する人に、これまであなたのためにしてくれたすべてのことに対する感謝の気持ちを伝えようとしたことが何度あるだろうか。おそらく、そうしたいと思ったことはあっても、実際に行動したことははるかに少ないはずだ。その理由は、私たちのエゴの塊が邪魔をするからだ。私がこう言ったとき、ある男性が、自分はエゴの塊なんて持っていないと言って私をあざけったことがあった。それに対して私は、あなたがたった今それを見せてくれたではないか、と答えた。私たちはみなエゴの塊を持っている。持っていなければ人間ではない。私たちはいつも深く大きな愛を感じているが、エゴのせいでその愛を人とうまく分かち合うことができないでいる。だが、感謝の気持ちさえあれば、あなたも愛を表現できるようになる。そして、お返しにあなたも愛を受け取ることができる。これが幸せというものだ。この目に見えない感情のやりとりが大きな幸福感を生むのだ。

人生のこの単純な性質が成功のためには不可欠だ。そのおかげで私たちは時間を有効に使い、人生のステップを一歩一歩、大切に歩むことができる。今、自分に与えられた時間に感謝し、ただいたずらに待ったり、先延ばしにしたりすることがなくなる。現在の行為に完全に責任を持ち、さまざまな決断を成長のチャンスとして尊重することができるようになる。もっと大切なのは、私たちがありのままの自分を称賛できるようになること、望むものを追求するときにも尊敬と信頼の心をもって進んでいけることだ。私たちの友人である「恐れ」ともうまく付き合っていくことができるし、広い心で最高の状態で仕事ができるようにもなる。つまり、私たちは成功へのプロセスを楽しむことができるようになる。「何も失うものはない、得るものだけ」という態度で物事を進められるから、自ずと勇気が湧いてくるのだ。

ほとんどの人が、壁を作って、自分のなかに眠っている力を発揮できずにいる。感謝の気持ちが心理的・感情的な障壁を壊す大きな助けとなる。感謝の気持ちを持てば、あなたはもっと生気にあふれ、愛情深く、幸せになれる。こうした性質のすべてが、人生で成功するためになくてはならないものだ。人生を愛するようになれば、人生の美しさや不思議さを知ることができる。そしてそれがエネルギーを生む。感謝はあなたの精霊に人生を導いてもらうための鍵だ。毎日の生活に感謝の気持ちを持つ習慣を加えるだけで、あなたは今とまったく別の世界を創ることができる。感謝なしの成功は、成功でも何でもない！

感謝は素晴らしい。それは他人の中の優れた点を私のものにする（ヴォルテール）

感謝の状態

毎朝、幸せでいようと決意して起き上がることは、毎日の出来事に対する受け入れ体勢を整えることである。そうすれば、状況に支配される代わりに状況を支配できる（ラルフ・ウォルドー・トライン）

感謝のリストを毎日読めば日々がどう変わるかは、実際にやってみなければわからない。ほとんどの人は毎朝、不平を言いながら起き上がり、脚を引きずるようにして部屋を出る。コーヒーを２杯飲んでも体はだるいままだ。私も以前は、朝があまりにも憂鬱で涙を流すこともあったほどだ。

私にこう言った人がいた。「僕がしょっちゅう不平を言っているのは、そう言いたくなるようなことが次々と起きるからですよ」。私はその人のほうを向いて言った。「本当のことを言いましょう。不平ばかり言っているから、そういうことばかり起こるんですよ」。不平を言うとき、私たちは犠牲者になる。犠牲者になるとき、人生で望むものは手に入らず、望ましくないものをさらに引き寄せてしまう。

一日の憂鬱な始まりからくるエネルギーは、間違いなくみじめな一日を引き寄せる。そういう一日がどうなるか、考えてみてほしい。物事が良いほうに向かうと希望を持てるだろうか。始まる前からうんざりしているような一日から、何か人生を動かすような刺激が得られるだろうか。あなたの日々を充足したものにするために、まずはその素晴らしい面に目を向けることから始める必要がある。これを数日続ければ、感謝の日課をやめることなどとうてい考えられなくなる。結果があまりにも明白だからだ。また、朝の日課で得た感謝の気持ちを、なるべく長く保つよう心掛けることも大切だ。そうしているうちに、１週間くらいでそれが自分の性質になってきていると感じるだろう。さらにあなたが物事に感謝するようになると、まわりの人たちもまねをするようになって良い連鎖が続いていく。しかしまずは、朝起きてすぐに「感謝の気持ちにあふれた状態」に入る時間をとってもらいたい。その時間がその日一日に向かっていくあなたの体勢を整えるのだ。

あなたが何かに感謝するとき、それを損なうようなことはしなくなる。人生のすべてに感謝できるようになる。

あるとき私は、ひとりの女性からメールを受け取った。彼女の３人の子供は海外に住んでいて、彼女自身はひどいうつ状態で苦しんでいるということだった。自分で病気を診断する人が実に多いのには驚く。ほんの少しの間、物事が思いどおりにいかないと、すぐに自分はうつだと話して回る人もいる。「あの服を買い損ねて、本当にがっかりした」とか、「週末に友達と出かけられなかったので、気持ちが落ち込んで仕方ない」という具合に。人は人生で思い通りにならないことを、実際よりはるかに悪いことに結び付けてしまう傾向がある。不安やうつ、神経症などの薬を飲みながら、いつまでも同じ問題を抱えたままの人のなんと多いことか。彼らは何年も無駄に薬を飲み続けているのだが、驚いたことに、状況を変える力が自分にあると気づくと、たちまち自力で治癒できてしまうのだ。そうした例を私は何度も見てきた。

自分がなんらかの感情や精神状態にあると決めつけてしまうと、それをコントロールする力を手放すことになる。「憂鬱だ」と人に言い続けていては、人生をコントロールすることはできない。私は、人々が心の病に苦しんでいないと言っているのではない。ただ、悲しみを感じるたびに薬を飲む代わりに、適切な方法を使えば、私たちのほとんどが感情や精神の問題を克服できると信じているのだ。たしかに、薬を飲めば症状を抑えることはできるだろう。だが、抑えるだけだ。本当に治癒するためには、原因に目を向けなければならない。そして原因は多くの場合、心の中にある。これと向き合うのが治癒であって、単に症状を抑えるのとは違う。

ともかく私は、スカイプでこの女性のコーチをすることにした。初めて画面を通して向き合ったとき、彼女は激しく泣いてしゃくりあげ、すっかり自分を見失っていた。それを見た私はすぐさま、人間が知るかぎり最も奇妙な音を出し始めた。甲高い声から地を這うような声、そしてまた甲高い声へ……これを10秒ほども続けただろうか。女性は泣くのをやめ、笑いながら言った。「一体何をしているんですか?」。私は答えた。「あなたの気分を変えたんです。さあ、始めましょう」。こんなに簡単なことなのだ!

この後、彼女は私と一緒に感謝のリストを作った。3週間後、彼女から送られてきたメールには、この半年間で最高の1週間を過ごせましたと書かれていた。のちに彼女は、今はとても幸せだと語ってくれた。感謝のリストは人生の方向を見失っている人や次のレベルにステップアップしたいと思っている人、人間関係を修復したいと思っている人、その他人生のどんな分野に悩みを抱えている人にも、目覚ましい効果を発揮してきた。リストの作り方はこの後で説明するので、それに従ってほしい。これは、私自身も使い、私が手助けした人たちにも絶大な効果をあげたやり方だ。このエクササイズをぜひ実行してほしい。

素晴らしい感情が素晴らしい人生を生む。しかもあなたはいつでも好きなときに、自分で感情を高めることができる。人生で輝きたいと思うなら、そのための時間をとるべきだ！

自分が輝くための時間を設ける

素晴らしい人生を送りたいなら、人生に夢中になることだ。

あなたが輝くための時間を作ることができるかどうかが、あなたの運命を決める。朝、できれば1時間とってほしい。時間がないというならこうすればいい。早起きするのだ！　毎朝1時間とって「感謝の状態」に入るとともに、人生がどうあってほしいかの完璧なイメージを描いて、「前向きな状態」を作る。あなたの一日を支配する心的態度を、ここでしっかりと準備しよう。人生の質を大幅に高めるために1時間もとれないというなら、せめて30分作ろう。それも難しいなら15分でもいい。だが、その気になれば時間は作れるものだ。例として、感謝の状態に入るために私が自分で実際に行っていることをこの後に挙げておく。まずそれを読んでから、あなた自身のメニュー作りに進もう。

著者の「感謝のリスト」

私を愛してくれてありがとう。私の内にある素晴らしい才能と力をありがとう。私に敬意をもって接してくれてありがとう。ほがらかで優しい心でいてくれてありがとう。

そして、書くための手をありがとう。歩くための脚をありがとう。この美しい世界とその中に流れるエネルギーをありがとう。そして何より、日々多くの人が亡くなるなかで、私が今も呼吸していられること、生きて何度もチャレンジする機会を与えられていることに感謝します。

常に、こうした基本的なものから始めよう。それこそが私たちを本当に満たしてくれるものだからだ。例えば、ある女性が無償であなたに1万ドルくれたとしよう。彼女があなた以外の100万人にもそれぞれ1万ドル渡したとしたら、あなたは彼女にわざわざお礼を言おうとするだろうか。多くの人に1万ドルくれたからといって、あなたに1万ドルくれた行為の価値がなくなるだろうか。それでもやはり、彼女の寛大な行いは感謝に値するのではないだろうか。さらに、あなたの右腕について考えてみてほしい。あなたの右腕の価値は1万ドルと比べてどうだろうか。ほとんどの人が、すべての人ではないが、同様に右腕を持っているからといって、あなたの右腕の大切さがなくなるだろうか。もしあなたが100万ドルもらってお礼を言う人で、あなたの右腕にそれ以上の価値があると認めるなら、右腕があることに感謝しないなんてあり得ないことだろう。私たちはすでに、何より大切なものをたくさん授けられているが、ふだんはそのことをすっかり忘れてしまっている。そうしたものをありがたく思わず、人生で最も大切なものを当然だと思っているかぎり、決して満たされた人生を送ることはできない。

次に私は、自分の外部の物事に感謝する。食べ物、住み処、衣服があることに感謝し、私を愛してくれる家族や友人に感謝する。また、私が成長し、決定的に変わるきっかけとなったさまざまな経験にも感謝する。

そして私は、これらすべてを神に感謝し、できるかぎり心を込めてひとつひとつの項目を声に出して読み上げる。そうすると、完全に感謝にあふれた状態に入ることができるからだ。頭だけでなく、体を使って感謝し、その気持ちを表現するのだ。もしあなたが神に感謝するのに抵抗を感じる場合は、何か自分より高次のものに対して感謝の気持ちを述べるといい。その何かがあなたに今あるすべてを与えてくれたのであり、あなたの内にあってあなたを素晴らしい人にするさまざまな良い性質を与えてくれたからだ。

そして最後に私がもうひとつ感謝するのは……それについてはもう少し先でお話ししよう。

前向きな状態

シャワーを浴び、朝食を食べ、服装を整えている間、私は心の中で完璧なシナリオを何度も繰り返す。幸せな自分、目標に向けて精力的に働いている自分を想像する。アイポッドでアップテンポの曲を聞きながら家中を歩き回り、今日一日をどのように過ごしたいか思い描く。時には台所で朝食を作りながら踊ることもある。そう、朝から踊るのだ！　一日を始めるにあたって勢いがつきそうなことは何でもやる。

音楽には瞬時に私たちの気分を変える力があるので、有効に活用するといい。アップテンポの曲を聞くとか、あなたのやる気の出るような曲なら何でもいい。人間には素晴らしい音色に強く惹かれる性質があり、音楽はいつの時代も必要とされてきた。たしかに、朝一番のこの習慣は自分でも少しばかり異常かもしれないと思う。だが、成功した人で異常だと言われなかった人がいるだろうか。何事も最初に誰かが達成するまでは、あり得ないとか、とんでもないとか言われるものなのだ。

私はまた、どんなふうにしたら、自分がなり得る最高の人間でいられるかを考える。そして、人に会うときだけでなく、自分自身に対してもそうあることを願う。こうしたコンディション作りは、いつもの身支度をしながらでもできることだ。素晴らしい人生を望むなら、感謝の気持ちで一日を始めることが不可欠だ。ぜひ試してみてほしい。

私の友人で、傘下に１００以上の店舗を持つフランチャイズチェーンの経営者がいるが、彼は毎朝、ベッドで自転車漕ぎをしながら目覚めると話してくれた。そのあと起き上がって、歌いながら家中を巡り、子供たちと奥さんを起こして回るのだそうだ（もっとも、この話をしている間、彼の家族はあまり嬉しそうではなかったが）。もしあなたが、成功している人たちがみな、毎朝、体を引きずるように起き上がっていると信じているなら、ゆっくり二度寝するといい。他の人がコーヒー３杯とエネルギードリンクを２本飲み、あくびをしながら仕事場に向かっている間に、成功者たちはしっかり目を覚まし、出発の準備を整えている。一日の初めに「感謝の状態」と、新しい一日に向かう準備のできた「前向きな状態」を作ることは、自分を励まし、尽きることのないエネルギーに満ちた人生を作り出すための最速の方法なのだ。

【課題】

では、ここで改めて、次に挙げたステップを踏んで、あなた自身が毎朝読み上げる「感謝のリスト」を作ってみよう。

①自分の内側にあるもの……まず自分が持っているものについて感謝のリストを作る。手始めに、今、本書を読むことを可能にしてくれている両目に感謝するのはどうだろう。さらに、自分が持っていると思うすべての「良い性質」にも感謝しよう。例えば愛情、忍耐、感謝、尊敬、知性、信頼、勇気、誠実など。

②自分の外側にあるもの……次に、自分の外部にあるが、人生にとって大きな意味を持つと思うものを書き出す。例えば家族や車、家など。何であれ、あなたが生きるのを助けてくれているものすべてに感謝し、どれひとつとして当然と思わないようにすること。また、自然やこの世界のあらゆるものにも感謝しよう。気づいていないかもしれないが、実は多くのものがあなたの命を支えてくれている。あなたが飲む水、呼吸する空気、食べる果物。何も環境保護主義者やヒッピーになれと言っているのではない。ただ、視野を広く持ってほしいのだ。

③?……今のところは前の2つに集中してほしい。第3の項目についてはもう少し先に進んでから

説明しよう。

各項目、少なくとも5つは書き出してほしい。難しければ、先に挙げた私のリストを参考にするのもいい。「内側」と「外側」の区別がつかなければ、両方に同じものを入れてもかまわない。この順番でリストを作ったら準備完了だ。

「感謝の状態」を作る時間では、いつも最初に「生きていることに感謝します」と言うようにしよう。最後は「今、私は生きている」という言葉を、意味をしっかりとかみしめながら、生きる力が湧いてきたと感じるまで繰り返す。朝これを行うことで、あなたの心身の状態を瞬時に切り替える準備が整う。素晴らしい人生を望むなら、必ずしなければならない作業だ。本当に幸せになるためには、自分自身を鼓舞する感情に火をつけることを学ぶ必要がある。感謝するひとつひとつのものの意味をしっかりと感じて、心からその喜びに浸ることが大切だ。あなたの内にある良い性質や、自分を守ってくれる家族、愛する人の抱擁などを思い描き、そのとき湧いてくる気持ちに完全に集中すること（FFF）で、本当の充足が得られる。ふだんは隠れている感情を呼び覚ますことができる。それがこのエクササイズの鍵だ。

毎朝リストを読むのに5分か10分しかかからない。その時間もないと言うなら、あなたは本当に自分と向き合うつもりがあるのだろうか？　今日一日あなたが輝けるかどうかは、このわずかな準備の時間で決まる。そのためならテレビの時間をほんの少し削ってもいいのではないだろうか？

このエクササイズを一日の初めの習慣として継続するだけで、あなたの生活は劇的に変化する。毎朝、なぜ起きなきゃならないんだと言って世界を呪いながら一日を始めるか、この感謝の習慣で一日を始めるか、両者がもたらす違いを考えてみてほしい。また、心が満たされた状態になると、自分で感情を選ぶことができるとわかるようになる。日々輝くために朝の時間を持つことによって、あなたの神経系が整えられ、常に心の充足を感じられるようになる。

もう情報は十分だろう。これから3日間、あなた自身でこの課題に取り組んでほしい。この課題は、本書のプログラムに欠かせないステップだ。もしこの課題を行わないというなら、本書を誰か他の人に譲ることを真剣に考えたほうがいい。私たちはみな、人生の扉を開く鍵を与えられている。それでも扉を開けようとしない人はいる。だが、この本を読んでいるあなたは本当に人生を変えたいと思っているはずだ。ならばどうか自分自身にこのチャンスを与えてほしい。真に成功した人たちは、誰もがばかばかしいと思うことを真剣に実践しているのだ。それが彼らを特別の人間にしたのだ。さあ、説明に従って感謝のリストを作ろう。そして、それを明日から3日間、毎朝読み、そのときの気持ちを一日中保つよう努力してみよう。そうやって、心の充足と、達成を追い求める気持ちとのバランスをとることを覚えるのだ。忘れないでほしい。変化はまずあなたが起こす。いったん動き出せば、あとはすべてが次々と変わり始める。だから、この先を読み進める前にこの3日間の課題を必ずやってほしい。

さらに、もしあなたが一日を本当に力強く始めたいと思うなら、大きな紙に次の言葉を書いて、朝、必ず目につくところに貼っておくことを勧める。

私が今日することが何であろうと、私は愛をこめて幸せな気持ちで取り組む。それがどんなに難しくても、私のこの素晴らしい気分を消し去ることはできない。私は必ずやりぬく。

行動を起こすごくわずかの人だけが、他の人が夢見る結果を手にする。

ここでストップ！

３日間の課題を終えるまで、この先を読んではいけない。この課題はあなたの心を正しく鍛えて、次のプロセス（豊かな人生を手に入れた人たちなら誰もが通ってきたプロセス）に進むのを助けるための課題だ。すぐに次を読まないこと、それ自体が忍耐力のテストでもある。忍耐力は目標を達成するためになくてはならないもののひとつだ。前にも書いたように、何事も実践なしに身につけることはできない。さあ、日々感謝の気持ちを持ち、あなたが輝くための時間を作ろう。

信じたことが実現する

私たちが持つ、人としての素晴らしさや人生を捧げる天職を描いた設計図は、社会通念を寄せ集めた偽りの信念に覆われて、見えなくなってしまっている。偽りの信念の中には、恐れ、疑い、嫌悪など、私たちの可能性を狭め、本当の情熱を見つけることを阻むあらゆる感情が詰まっている。さあ、その包み紙を引き裂いて、贈り物を手に入れよう！

信念とは何か

少し前、私はある兄弟の話を聞いた。兄弟は酒乱の父親に虐待されて育った。時が経ち、ひとりは財を成し家庭をもって幸せな生活を手に入れるが、もうひとりはアルコール依存症になり刑務所に入る。

ある大学の研究者がこれを知って、兄弟に話を聞くことにした。それぞれ別の部屋に入ってもらい、同じ質問をした。「暴力的でアルコール依存症でもある父親に育てられたあなたが、成人して今のような生活をするようになったのは、なぜだと思いますか?」。驚いたことに、ふたりの答えはまったく同じだった。「ああいう父に育てられた私は、今のようになるしかないでしょう」。兄弟はそれぞれ同じ経験から、異なる信念を作り上げていた。ひとりはつらい経験をバネにして行動を起こし、もうひとりは自分を犠牲者だと思うことで、まさにそのとおりの境遇になったのだ。

何か事件が起きたとき、その経験にどんな意味をもたせるかを決めるのは、私たち自身だ。私たちの経験はすべて、私たちの信念が作り上げたものだと言える。私たちが人生のあらゆる局面で、変化を求めたりじっと我慢したりするのも、信念がもとになっている。では信念とは何なのか？　それは大抵の場合、他人から植えつけられた意見や、自分の経験から選びとったものの見方や、繰り返し人から聞かされたり、自分で自分に言い聞かせたりしてきた考えにすぎない。

私たちは日々いろいろなことを、ラジオやテレビや友人や家族を通して耳にするが、あなたはその情報源についてじっくり考えてみたことがあるだろうか。実はほとんどが個人の意見でしかないような情報が、日々私たちのまわりを飛び交っている。だから、自分が信じていることが真実かどうか、徹底的に調べてみる必要がある。

私の友人の話をしよう。彼を見ると、他人の信念や意見がどれほど個人に影響を及ぼし、ついにはその人自身の信念となってしまうかが、よくわかる。彼は詩を書くが、ふだん作品を人に見せることはない。私は機会があっていくつか読ませてもらったが、実に素晴らしい詩だった。あるとき、そんな彼が同僚に詩を見せたことがあった。その同僚は彼の詩をけなし、詩人になりたいという将来の夢をあざけった。それから1年以上、彼は何も書いていないと話してくれた。同僚の意見が深く心に刺さって、何か書こうとするたびに頭が真っ白になるのだという。自分の詩は駄作で、とうてい詩人にはなれないと信じるようになってしまったのだ。しかし、私と話をして問題を掘り下げた結果、彼はまた詩が書けると思えるようになった。以前は書いていたのだから、論理的に考えて書けない理由はどこにもないからだ。私たちはただ、彼の苦しみの原因をきちんと分析して、彼が全エネルギーを詩作に向けられるようにしただけだ。

やがて彼は、詩が書けることを自分に証明するために、1段落書くことから始めた。人がみな他人にけなされるたびにやる気を失っていたら、世の中に成功など存在しないだろう!

批評家には2種類ある。一方は、攻撃することで自分を偉く見せようとする批評家。自らは挑戦する勇気さえない臆病者だ。もう一方は、あなたの勇気を称えることのできる批評家。両者と上手につきあおう。

私たちはしばしば、自分自身を制限するような否定的信念のせいで、行動を起こせなくなる。それだけではない。他人の否定的信念にまで引きずられてしまう。すべての信念には苦楽の感情が結び付いていて、それによって私たちの運命が形作られていく。人生の方向を決める日々の行動も、信念の産物だ。ここにいくつか生き方を制限するような信念を挙げてみた。どれも私自身が過去に信じていたことだ。

- 私が偉人のようになれるわけがない
- 私は変われない
- どの女/男もみな同じだ

- 人生はみじめだ
- 世の中の人はみな無礼だ
- 私は本当に運が悪い
- 誰も私なんか好きにならないだろう
- もう遅すぎる
- 私はまだ若すぎる／もう年をとりすぎている
- 私は役立たずだ

……いくらでも挙げられる。信じていたことが、事実ではないとあとになってわかった経験は、誰にでもあるはずだ。

あなたは誰かの悪口を聞いたことがあるだろうか。おそらく友人や同僚が、その人の体験をもとに他の人を非難するのを聞いたことがあるだろう。話を聞くだけでなく、話題の人物が本当に悪い人だと信じ込んだり、自分も非難の輪に加わって事実でない筋書きを作り上げたりしてしまうことさえある。そのあげく「私がそんなことをされたら絶対に文句を言ってやるわ」などと言ったりする。あとで直接本人に会ってみたら、実はとてもいい人だったという経験が何度あっただろうか。そうなると今度は、その人が急に素晴らしい人に思えてきて、かつては自分でも信じていた批判に対してその人を擁護する側に回ったりもする。つまり、私たちは信じたいと思ったことを自分に信じ込ませる力を持っているのだ。そんなふうに見えるだけでなく、これを裏付ける科学的発見もある。こうして信じ込んだ物事が、私たちにとっての真実となるのだ。

盲目的信念

私たちはこれまで、信念とは、ある考えや偶然選ばれた認識が繰り返しによって定着したものにすぎないことを見てきた。私たちは何か経験すると、それが何を意味するかを考える（例えば、恋人と別れた後には、自分は愛されない人間だと考える）。そして、その見方に従って考えたり話したり行動したりするようになる。ひとつの認識にこだわり、何度も反芻するうちに、その認識が信念となる。言葉や身ぶりがさらにその信念を補強することもある。連れ合いから常にないがしろにされている人がいるとしよう。その人はそのことを人に話すとき、否定的な言葉を使い、顔をしかめ、うんざりだというように首を振る。そうしたことのすべてが、さらに人間関係への信頼を壊していく。そういう人は公園でキスしているカップルを見ても眉をひそめるだろう。カップルはただ仲良くしているだけなのに、その人にはつらい光景に見えてしまうのだ。

私たちは故意に、または意識的に信念を作ることはできない、そう言われたことがあるかもしれないが、それは偽りだ。あなたのこれまでの人生には、不可能に思えたことがたくさんあっただろう。だが、ひとたびあなたが全力を傾け、手を尽くして立ち向かってみると、思ったより簡単にできてしまったということもあるのではないだろうか。ここまでできるなんて、あの人に勝てるなんて、この人と仲良くできるなんて、こんなに儲かるなんて、あの恐れを克服できるなんて、長年の習慣をやめられるなんて……どれもあなたが思いもしなかったことかもしれない。すっかり気をよくしたあなたは、以前とはまったく違う信念を強めていく。できると思うようになるとどんどん自信がついていく。

今あなたの人生を形づくっているすべての信念は、あなたが自分で作ったものだ。それはつまり、永久に人生を変えるような信念を新たに作ることもできるということだ。しかも驚くほど短い時間で。さらにその過程を速めたければ、新しい信念に意図的に集中するようにするべきだ。例えば「できない」とか「無理だ」と言ってしまったときは、ただちに言葉や行動でそれを否定しよう。心の状態を作り上げて、全力をあげて自分の支配力を要求するのだ。一日中繰り返し「私はできる、私はできる、私はできる」「不可能はない、不可能はない」と言い続けよう。

私はテコンドーで気合いを入れてパンチやキックを出すときは、効果を最大限に引き出すために大声で叫ぶよう教えられた。あなたも新たな信念を強めるときに声を出すと、全存在を別の次元に持ち上げることができる。私は、人生や成功について現在持っている信念のすべてを、意識的に身に付けてきた。それらは一夜の経験の結果でもないし、魔法のように突然現れて確固としたものになったわけでもない。自分で人生の主導権を握りたければ、信念を意図的に作り上げる必要があると知っていたのだ。

新しい物事を信じたいときは、古い自己が降参するしかなくなるまで、感情をこめてそれを繰り返す。繰り返せば繰り返すほど、信念は強まる。信じたいと思うものは何でも作り出せると知っておくことは、とても重要だ。そして、新しい信念を確立するときは、心と言葉と行いのすべてを動員するようにしよう。何かをしているとき、それをしているとはっきり意識することも効果的だ。例えば、信号待ちのとき、あなたが忍耐力を発揮できたとしたら、ただ座ってそれを当然のことのように思っていてはいけない。今この瞬間に自分が忍耐力を示していることを意識し、それを誇りに思うのだ。同様のことを生活のあらゆる面で行うと、私たちがどんな人間になるかを決定づける強力なツールになる。

意識し、定着させることは信念をうちたて、強固なものにする際の最も重要な鍵だ。成功した人たちは誰でも、人生で何を生み出すとしても、信念が最初で最優先の要素だと知っている。

【課題】

次の質問に答えて、自分を力づける信念を、思いつくかぎりできるだけたくさん考えよう。

- 望むものを手に入れるために、私は何を信じるべきだろうか？

仮に望みが「私は健康でいたい」だとしたら、その実現のために役立つ信念を書き出してみよう。私は信じる、健康的な生活をしないかぎり決して望むものを手に入れることはできない、と。私は信じる、健康的な生活をしないかぎり、夢見ているあの人を手に入れることはできないだろう、と。私は信じる、健康は人生で最も大切なものだと。私は信じる、体を大切にしないと人生も大切にできない、と。あなたの信念を決められるのはあなたしかいない。しっかり考えてほしい。ここで書き出した信念があなたの未来を作るのだ。

信念を書き出したら、できるだけそれを強化する（意識し、定着させる）こと。それを一日中、その信念にあてはまる経験に出くわすたびに繰り返そう。古いネガティブな信念を圧倒するのだ。しばらくすると、古い信念が弱まり新しい信念が強まっているのに気づくはずだ。人は思うことを信じる。信じることを実現する。

信念が現実化するメカニズム

私たちはまた、私が「信念実現システム（ABS＝Absolute Belief System）」と呼んでいる状態をしっかりと作り上げる必要がある。これによって、世界のほとんどの人があり得ないと思うレベルの成功を目指すことができる。今この世界にあるものはどれも、誰かが作り上げるまでは、他の人から非現実的だと言われていたのではなかったか？　まわりをよく見れば、あなたもそのことに気づくはずだ。地球の反対側の人と手のひらサイズの機器で話ができるなんて、誰が想像しただろう。独学でエンジニアになったパーシー・スペンサーは電子レンジを発明したが、３００年前の人に火を使わずに調理できると説明することを想像してみてほしい。人類は月まで往復したし、遠く離れたところにいる人の様子を目の前にいるように見ることができるし、ワイヤレスインターネットで映画の上映時間を調べることもできる。有線のインターネットだけでも十分驚異的なのに、ワイヤレスにしてしまうとは！

今すぐ、何でもいい、あなたのまわりにあるものを見てみよう。誰かがその存在を思い描くことから始まったとわかるはずだ。あなたも何かを思い描いて、その後、目の前にそれを作り出すことができるとしたらどうだろう？ なんと魅惑的で、素晴らしく、不思議なことだろう。どうしたらそんなことができるだろうか？ ごく簡単に説明すれば、初めにイメージがあるとそのまわりに信念が生まれる。その信念が元のイメージを心の中の現実にする。さらに、その心の中の現実が適切な行為を促して、最終的には現実に存在するものとして作り上げる。この現象を完全に説明することは不可能だ。人生の神秘のひとつなのだから。だが、完全に仕組みがわかっていないからといって、せっかく私たちに与えられたこの能力を、毎日の生活で使わない手はない。

ここで、その具体的方法を知るために、あなたの役に立ちそうな簡単な実験をしてみよう。

❶想像する

目を閉じて、目の前にあなたの名前が書かれた紙を持っていると想像しよう。これを10秒間。文字を見て紙の存在を感じる。ただしすべて心の中だけで行う。これはあくまでも心のイメージにすぎない。物理的には何もないことを確認してほしい。

❷行動する

どうだろう？ 名前の書かれた紙をイメージできただろうか？ では今度は実際に紙を取り出して、そこにあなたの名前を書こう。

❸作る

書いたものを顔の前に持ってくる。それは本物だ。触れてみよう。たった今、あなたがそれを作ったのだとわかるだろうか。触れられるようになる前、それはどこにあったのか。あなたの想像の中だけのものにすぎなかったのではないか。あなたが、あなたの心の中にしかなかったものを現実化したのだ。あなたが未来を見、行動し、実際にそれを作り出したのだ！

しばらく時間をとって、この能力が人生にもたらす意味の大きさをよく理解してほしい。

これまでにあなたが、何かを心から感じ、視覚化し、それが実現したときのことを思い出してみよう。それは新しい車だったかもしれないし、すてきな洋服や楽しい休日だったかもしれない。私がある若い女性をコーチングしていたときのことだ。彼女は視覚化の本当の威力をまだ理解していなかった。ある日、彼女の家に行くと、家の前にＢＭＷコンバーチブルが停まっていた。戸口に出てきた彼女は、嬉しそうにその車を見せてくれた。家の中に入ると、私は彼女にどれくらい前から欲しいと思っていたのかと尋ねた。約1年と聞いて、今度は彼女がその間、何度あの車を運転し、髪を風になびかせ、隣に友人を乗せ、音楽を聞くのを夢見ながら眠りについたか尋ねた。そして、何度インターネットで検索し、もうすでに手に入れている気持ちになったかを尋ねた。すると、彼女は大声で笑って言った。「そうそう、本当にそのとおり。もう、とりつかれたようになっていました」。あまりに欲しくて、いつもそのことを夢見ていたので、手に入らないかもしれないという考えが浮かんだときは、それを否定して必ず手に入ると自分に言い聞かせたのだと話してくれた。そこで私は、それこそが、心の中にしかなかったものを現実のものにする完璧な力なのだ、彼女はそれを持っているのだと話して聞かせた。彼女はこのBMWの例でようやく視覚化の力を理解した。さらに私は同じことが人生のあらゆる面で可能だということも説明した。それ以来、彼女はそれを実行している。

あなたが欲しいと思うものなら何でもいい、このやり方を試してみるといい。そうすれば、あなたの人生はすべて、自分が作り上げてきたのだとわかるだろう。私は人からよく「どうしたら他の人たちのように望みを達成できるでしょう?」と尋ねられる。私は「あなたもずっとそうしてきたのですよ」と答える。「違うのは、あなたがそれに気づいていないということだけです」と。もしあなたが何か大きなことを実現しようと思うなら、当然、やるべきことも多くなるだろう。紙の実験を思い出そう。すぐそばに紙がなければ、取りにいかなければならない。何事にも困難はつきものだが、あなたがイメージしたことを実現しようと本気で取り組むなら、必ず問題を突破するか回避する方法が見つかるはずだ。この世界は可能性が無限にある場所だ。そして、あなたが自分には物事を作り出す力がずっと備わっていたのだと認めることができたときに初めて、信じたことは何でも実現できるとわかる。実際、望むものは何でも作りだすことができる。唯一それを妨げているのはあなた自身なのだ。

何かについて考えるときは、最終的な結果を想像して、それがうまくいくと心から信じよう。そうすればできる。だがほとんどの場合、人は自分のアイデアを外から客観的に見て自問し、うまくいかない理由を数え上げる。大抵は他の人の意見のせいだったり、アイデアがまだ十分に固まっていなかったりするのが原因だ。成功している人たちは、中に入り込んで自分のこととして考え、うまくいく理由をたくさん並べる。どうしたらそれが可能になるかに集中し、命がけの信念となるほどの確信を持って何度も繰り返す。彼らは自分の信念を確立するのに他人に頼ることはない。自分が十分に信じれば他人も信じるようになると知っているからだ。

車を買うときも、アンチロック・ブレーキ・システム（ＡＢＳ）を装備した車種をお勧めする。ＡＢＳがあると、ブレーキを踏んだときに車輪がロックするのを防ぐことができる。また急ブレーキの最中でも車の進む方向をハンドルで操作することができる。私たちの人生にも信念実現システム（ＡＢＳ）が装備されていると、一日中座ってただ心配している代わりに、人生の車輪を回し続け、行動することができる。何でも実現できると考えると、人生のハンドルを望む方向へ切ることができる。ただし、私たちがこのようなシステムを作り上げるのを妨げるある特別な信念が存在する。それは……

信念の邪魔をする信念

望みがはっきりしていて計画もあるのに、何かの理由で行動を起こせないことがあるのはなぜなのだろうか？　私は、誰かがこう言うのを数えきれないくらい聞いてきた。「なぜ踏み切れないのか、自分でもよくわからないんです」。おそらくそれは、私たちが目指す道のりや望みの実現について考えるとき、どうしてもそのために犠牲にしなければならないことの方に自動的に注目してしまうからだろう。私たちがこれから手に入れようとしているものだけに集中し続けることはめったにないから、結果的に多くの人が先延ばしの罠にはまってしまう。

何かを追い求めるとき、犠牲にするもののことを考えると、進むべき道に集中するのがはるかに難しくなる。

> 犠牲を考えると、何もかもが困難に思える。悪いことは言わない、手に入るもののことだけを考えなさい。

この問題に関しては、もうひとつ考えておきたいことがある。「私たちが望むものを手に入れようとするとき、本当に何かを失うのだろうか？」という疑問についてだ。利益だけに着目すれば何も失っていないことがはっきりするだろう。だが多くの場合、私たちは利益面を無視して弱腰になってしまう。それまでしてきたとおりにするほうが安全に思えるからだ。だが、そんなことをしても今までと同じ結果しか生まないことは、私たちの誰もが知っている。10年経ってもまだ欲しいものが手に入っていないことに気づくことが、本当に安全なことなのだろうか？　ここで相反する信念の代表的なものを見てみよう。

- 伴侶は欲しいが、結婚したら自由がなくなる
- 成功はしたいが、午後1時まで寝ていたいし、一日中だらだらしていたい
- 健康になりたいが、そのためにはつらい努力をしなければならない
- 情熱に従って新しい事業にチャレンジしたいが、そのぶん料金を上乗せすると、金のことしか考

えていない人間だと思われるかもしれない
- 好きなことをしたいが、もしそうしたら両親は私を役立たずだと思うだろう
- 裕福になったら、まわりの人たちは引け目を感じて私を頼ってくれなくなるだろう
- 私は自分の能力を使って商売をしたいが、金のためだけにそうしていると思われたくない
- 人と関わりたいが、責任は負いたくない
- 健康になりたいが、ジャンクフードを毎日食べ続けたい
- 人生を大きく変えたいが、友人には今までどおり私のことを好きでいてもらいたい
- お金をたくさん儲けたいが、もしそうなったら霊的でも宗教的でもなくなってしまうかもしれない
- 健康でいたいがタバコを吸い続けたいし、いつも酒に酔っていたい
- 自分で事業を興したいが、うまくいかなかったとき恥ずかしい思いをしたくない
- 禁煙したいが、タバコでストレス解消もしたい
- 会社を辞めて自分で仕事をして本当に好きなことをしたいが、もしそうしたら愚か者だと思われるだろうし、うまくいかないかもしれない
- あのホームレスの人の所に行って話をしたいが、まわりに人がたくさんいるし、奇妙な人だと思われそうだ
- 新しいビジネスを始めたいが、もしそうしたら前の仕事が失敗したと思われるだろう
- 昇進を願い出たいが、却下されるのが怖い

これらはよくある葛藤であり、これまで折に触れて私の心に浮かんできたものだ。何か私たちを惹きつける考えが浮かぶと、別の考えが違う方向に引き戻す。まるで綱引きをしているようだ。こんなふうに引き裂かれていて、どうやって目的地にたどり着けるだろうか？　こんな状況に陥ってしまったとき、役に立つ方法を示そう。

❶矛盾を特定する

まずあなたの中にある、相反する信念を見つけて、それらが矛盾していることをしっかりと捉える。具体的には、まずあなたの望みを特定し、他のどんな信念があなたを引き止めているか考える。先にあげておいたリストを見れば適当な例がみつかるだろう。

❷問いかける

次に、問いかけを利用して、これまであいまいだったあなたの考えをはっきりさせる。

- 今のあなたにとってどちらが大切か？
- この先のあなたの人生に、どちらがより大きな意味を持つか？
- どちらがあなたの人生の質を高めてくれるか？
- あなたが活力を得て、より大きなビジョンに向けて行動を起こす助けとなるのはどちらか？
- 人生で成長し、進歩するのを助けてくれるのはどちらか？

- 価値があるのはどちらか？
- 前向きなほうを選択しなくても幸せになれるだろうか？
- あなたの人生にもっと価値を加えるのはどちらか？
- 恐れに立ち向かわなかったら将来あなたの人生はどうなるか？
- この決断をしたら、あなたは自分をどう感じるか？
- 後ろ向きなほうを選んだら、そのことが将来の決断にも影響を及ぼすだろうか？

もっと他の質問も考えてみてほしい。

❸選択した信念と力を合わせる

こうした質問に対して、明らかにあなたの望みを満たしてくれるほうの信念を後押しするような答えを考えよう。その信念を力づけて、より強固なものにしよう。本当の望みに沿った信念とともに進めば、あなたは必ず目標に到達できる。もはや逆の方向にあなたを引っ張るものは存在しない。正しい方向に進みたいという強い思いでそれらを圧倒したのだから。

これまで、信念がどれほど人生のすべての分野に影響を及ぼしているかを見てきたが、これらの方法の科学的裏付けを知っておくことも重要だ。

あなたのしていることの途中過程を楽しむことが、成功につながる。

脳を生まれ変わらせる

脳を再編成する

探究の旅を続けていくと、やがてあなたは、自分が成し遂げた変化の意味をわからせてくれるような物事に次々と出会うようになる。私は、自分が体験した変化について人に話すときはいつも、まるで脳そのものが生まれ変わったようだと表現していた。

この感覚が確信に変わった日のことを思い出す。その日は、なぜか心や脳の変化のことが気になっていたのだが、忙しくてゆっくり考える時間がないまま夜になった。部屋に戻るなり、兄が私を呼んでテレビのドキュメンタリー番組を見るようにと言った。きっと興味を持つはずだと言われたのだが、果たしてそのとおりだった。ノーマン・ドイジ医師の「自力で変化する脳（The Brain That Changes Itself）」という番組だった。この素晴らしい番組は、神経可塑性という新しい発見について、ドイジが最先端の脳科学者たちに取材した内容をもとに作られていた。これを見て驚いたのは「心を入れ替える」というのが単なる言い回しではなく、脳神経の再編成によって科学的にも物理的にも可能だということだった。

何世紀もの間、人の脳は基本的に作り変えることのできないものだとされてきた。神経に障碍を持つ人や脳に損傷を受けた人、脳卒中患者などは一般に治る見込みがないと思われてきたのだ。だが近年の研究によって脳神経の潜在的回復力に対する見方が大きく変わってきている。

人の脳は、自力で変化したり治癒したりする驚くべき能力を持っていて、実際、自力でネットワークを再編成することさえできるということがわかってきている。これによって、従来の定説が覆されつつある。わかりやすく言えば、あなたは、何かを考えるたびに自分の脳を物理的に変化させているのだ。

神経科学の実験――心と体のつながり

神経科学者のアルバロ・パスカル＝レオーネがハーバード・メディカルスクールで行った実験は、とても興味深い。被験者が行ったのはピアノの練習だ。

第1の被験者グループは、できるだけ同じテンポでピアノを実際に弾くように指示され、1日2時間の練習を、5日間続けた。練習を終えた被験者は椅子に座って、頭頂から両耳までをつなぐ金属の帯状の器具を装着した。そして、頭上のコイルから大脳の運動皮質に電磁パルスが送られた。この方法は経頭蓋磁気刺激（TMS）と呼ばれ、これによって神経細胞の働きに関する情報を得ることができる（人の脳には膨大な数の神経細胞があり、そのひとつひとつが体中に情報を伝えるようデザインされている）。実験の結果、たった1週間練習しただけで、被験者の脳が物理的に変化したことがわかった。TMSによって、運動皮質の神経細胞がピアノの練習にどのくらい携わっているかをマッピングして見せることができる。パスカル＝レオーネは、その部位の脳細胞が成長して、まるでフェンスを這うツタのように広がっているのを発見した。これは、ひとつのエリアをコンスタントに使い続けることで、その部位の機能が向上し、神経細胞（ニューロン）の数も増えるという他の発見とも一致するものだった。つまり使えば使うほどその部位が強化されるというわけだ。

第2の被験者グループは、目を閉じて、ピアノを弾いているところを想像するよう指示された。彼らは実際には手を動かさず、心の中で5本の指を使ってピアノを弾いていると想像することに集中するよう言われた。そして第1のグループと同量の練習を終えたのち、TMSの測定を受けた。結果は驚くべきものだった。心の中で想像しただけなのに、第1のグループのときとまったく同じ脳の部位が成長していたのだ。脳神経が増え、ピアノを弾く能力を高めるために互いに連携していった。しかも肉体的にピアノに触れるときに使われる部位にまで成長がみられたのだ。彼らは実際には鍵盤に触れてもいないのに……。

パスカル＝レオーネは「想像力を使った練習が同様の結果を生んだ」と述べている。私はこれとまったく同じことを、人生を変えるために行ってきた。だが、成功したり人生の質を高めたりするために、まさか物理的に脳を作り変えていたとは考えもしなかった。

この実験の成果は、わずか1週間の反復練習から得られたものだ。それを知ったとき、私は「やはりそうだった！」と思った。というのも、私はそれまでずっと、本書に書かれたことを実践すれば1週間後には劇的な変化が起こる、と言い続けてきたからだ。この実験はまた、はっきりと思い描くことが物事を実現する力を強め、情熱を高めるということも証明してくれた。こうした発見が他の肉体的な動きにもあてはまるとしたら（あてはまらない理由はどこにもないのだが）、ゴルフのスイングやダンス、絵を描くこと、ボクシングで素早くブロックすることなどもマスターできるだろう。心の力は万能だと、成功者なら誰もが言うだろう。あなたがこれまでしてきたこと、作ってきたものはすべて、あなたの思考が生みだしたものなのだ。

心と体はひとつだということが信じられないとしたら、その人はきっと性的な幻想を体験したことがないのだろう。あるいは、何かをひどく心配して胃が痛くなったことも、恐ろしくてめまいがしたことも、好きな人に会って胸がドキドキしたこともないのだろう。

驚くべき脳の力

ノーマン・ドイジ医師はメルボルンを訪れたとき、こう述べている。「人間の活動はすべて脳からの指令によるものであるので、脳についての理解が変わると、それが最終的には私たちの活動すべてに大きく影響することになります。私は『神経の可塑性』を脳自身が自らの構造と機能を変化させる性質と定義しています。そしてこの変化は、私たちが意識的に行う行為やまわりの世界から受ける刺激、そしてこれはたいへん希望の持てることですが、私たちの思考や想像に反応して起こるのです」

ドイジはのちに、こうした脳に関する新しい発見が、いかに人間の生活のあらゆる面を形作る土台となるか、そして私たちが何者になるかにどれほど影響を及ぼすかについて、さらに詳しく説明している。控えめに言っても、これは実に画期的な発見だ。科学的研究が行われる以前にも、多くの哲学者が「心が運命を決める」と教えていた。プラトン、ブッダ、その他歴史上の多くの偉人が「思考のみが脳を作り変えることができる」ことを示唆していた。

ジョー・ディスペンザ博士もヒット映画「超次元の成功法則——私たちは一体何を知っているというの!?」の中で、神経の可塑性について述べている。

脳はまわりに見えるものと、思い出の中にあるものを区別しない。それはどちらに対しても同じ神経ネットワークが起動するからだ。脳はニューロンと呼ばれる微小な神経細胞からできている。ニューロンには小さな枝があって、それを伸ばして他のニューロンとつながり、神経ネットワークを作る。接合部はそれぞれ思考や記憶と結びついている。つまり脳は、さまざまな記憶と対応する形で構成されている。生まれてきたアイデアや思考や感情はすべて、神経ネットワークの中に場所を与えられ、その後、互いに関連づけられる。例えば、愛の感情は広大な神経ネットワークの中に蓄えられているが、私たちは愛の概念を他の多くの異なる考えからも作りあげている。

ある人にとっては、愛は失望と結びついている。そういう人が愛について考えると、つらさ、悲しさ、不満、そして怒りさえ感じる。怒りは傷つくことにつながり、傷つくことは誰か特定の人につながる。そして、その人がまた愛につながる。私たちが感情や、感情に対する反応を制御するとき、一体何者がそのハンドルを握っているのだろうか。

生理学的には、共に起動した神経細胞は共につながる。あなたが何かを繰り返し練習すると、それに関わる神経細胞は長期にわたる関係を持つ。毎日怒っていたり、毎日いらついていたり、被害者意識に苦しんでいたりすると、その神経ネットワークを毎日つなぎ、関連づけることを繰り返すことになる。そして、そのネットワークは他の神経ネットワークともつながって長期的な関係（あなたの人格、つまりアイデンティティーと呼ばれるもの）を形成する。私たちはまた、共に起動しない神経細胞はつながらなくなることも知っている。化学的反応を生み出す思考のプロセスをさえぎるたびに、互いに結び付いていた神経細胞が長期的な関係を壊し始めるからだ。

刺激に対して自動的に反応するのをやめて、状況をよく観察するようになると、私たちはもう、まわりの環境に自動的に反応する感情的な人間ではなくなる。

ただ反応するだけの人生は、知的な意味でも霊的な意味でも、隷属的な人生だ。反応する人生ではなく行為する人生を求めて戦おう（リタ・マエ・ブラウン）

私たちは毎日、思考を繰り返すことで神経のネットワークを強化している。誰かがあなたの心の中でロープを結んでいると考えてみてほしい。あなたがある思考や言葉、肉体的動きを繰り返すと、さらに別のロープ（神経＝ニューロン）が結ばれて、神経の網を広げ、あなたの人生により大きな影響を及ぼすようになる。

私たちが外の世界（成功、人間関係、経済状態など）に対して抱く信念は、私たちが作ったとおりに現れる。だとすると、そのパターンを破って代わりにより力強いパターンを置いたらどうなるだろうか？　前向きな考えを強め、それが信念となり、さらに感情となって行動を促すと、最終的には人生を形づくるような今までと違う決断へとつながっていくのではないか。もちろん、そうなる。そしてそれこそ私たちが本書でしようとしていることだ。今、私たちが取り組んでいる課題を、単に前向きに考えることだと思わないでほしい。それは新しい神経ネットワークを作ろうとする試みなのだ。それによって力を制限するような信念が消えて、あなたの中にある本当の力が発揮されるようになるのだ。

２０１０年の夏に行った講演では、この関連記憶の仕組みがよく理解できないという男性がいて、何度も質問された。そのたびに他の出席者のことも考えて話を先に進めたが、セミナーの終わりに質疑応答の時間があり、男性はこのときも手を挙げていた。根負けした私は彼を前に呼んでマイクを渡した。彼は言った。「関連記憶というのがどうも理解できないんです」。そこで私は彼に簡単な質問をした。「お名前は？」「お住まいは？」「寒くないですか？」「シマウマの色は？」「牛は何を飲みます？」

彼は、最後の質問に自信たっぷりに即答した。「牛乳」。私は質問を止めてこう尋ねた。「確かですか？」。彼はしばらく考えてから言った。「ああ、なんてことだ。牛は水を飲むんだよな！」。会場がどっと沸いた。私は会場にいた人に、彼と違う答えをしたかと訊いた。ほとんどの人が立ち上がって、たった今、彼でなく自分を笑ったのだと認めてくれた。

彼の脳があの答えを思いついたのは、関連記憶が働いたからだ。もし私が、何でもいいから飲み物の名前を大声で言ってくれと頼んでいたら、彼は「牛乳」と言っただろうか？　選択肢の多さを考えると「牛乳」と答えた可能性は低かったのではないか。私が質問に「牛」という言葉を加えたことで、彼の脳は人生で「牛」と結びつけ続けてきた「牛乳」しか選べなくなったのだ。牛に牛乳はつきものだから。答えとしては間違いだとしても、その瞬間、彼の脳内ではつじつまが合っていた。私たちの人生は、私たちが繰り返してきた望ましくない関連づけにあふれている。それは人間関係についてかもしれないし、仕事、お金、あるいはいろいろと考えつく言い訳などについてかもしれない。それらを断ち切る唯一の方法は、それらが単なる関連付けにすぎないのであって、真実とは限らないと気づくことだ。

過去の習慣に打ち勝つ

あなたはこれまでの人生でずっと、何か決断するたびに喜びや悲しみの感情に左右されてきただろう。喜びや悲しみの経験は人間にとって基本的なものだ。私たちはそれをもとに変化を求めたり同じことを繰り返したりする。そして、私たちの認識と信念の体系が、私たちが喜びや悲しみを何と結び付けるかを司っている。私たちが人生を永久に変えるような決定的な決断をするのは、感情が大きく動いた結果だ。それまでとまったく違う方向に進もうと決意したときのことを思い出してほしい。それは感情の爆発によるものではなかっただろうか。それは缶入りの炭酸飲料をよく振ってから開けようとするようなものだ。高まった圧力のせいで中身が爆発し、あちこちまったく違う方向へ液体を押し出す。あなたは常にそのような圧力を内面で作りだしている。それと同じことを、あなたが今どうしても変えたいと思っていることに応用できないと誰が言えるだろうか。実際、できるのだ。ただ感情の圧力を高めてやるだけでいいのだ！

私たちは、何でも望むものに喜びや悲しみの感情を結び付けることができる。すべて自分がそれをどう見るかにかかっている。人は習慣的に同じことを繰り返した結果、地面にしっかり固定されたポストのように強固な神経のネットワークを作り上げる。人生で即座に変化を起こすには、変えたいものが習慣であれ、単なる恐れや何かの恐怖症であれ、認識の仕方であれ、それがあなたの人生におよぼす効果と、喜びや悲しみとどう結びついているかを知る必要がある。

次に挙げるステップを踏めば、あなたが習慣や癖だと思っているどんなこともやめることができる。例えば、話しかけられると下を向いてしまうとか、喫煙とか、食べすぎとか、ある特定の人を悪く思うことなど。私自身、この方法でタバコや自信のなさはもとより、ドラッグ中毒にいたるまでさまざまな習慣を克服してきた。この方法が多くの恐れや、私自身を制限する習慣を乗り越えさせてくれたのだ。さあ、このステップを実践して、今すぐあなたの人生に変化をもたらそう。

❶自分の願望を知る

例えば、あなたの望みが禁煙だとすると、あなたはその目的として次のようなことを挙げるだろう。健康になるため、いつの日か公園で子供たちや孫たちと遊ぶため、私の力を発見するため、自分が何か達成できると知るため、子供の結婚式に出席するため、本当の成功者になるため、あるいは自分の人生の主導権をにぎるため。このような最終的に達成したいことを書き出したら、次は、古い習慣をやめたあとに代わりにすることを考えておかなくてはならない。タバコを吸う代わりに私は何がしたいだろうか？　たくさん食べる代わりに何をしたいか？　いろいろと気に病む代わりに何をしたいか？　あなたの習慣がどんなものであれ、必ず代わりとなるものを決めておくこと。例えば「タバコを吸う代わりにもっと野菜を食べよう」というふうに。

❷自分を引き止めているものを知る

あなたはおそらく、状況を一般化するという誤りをこれまで犯してきたのではないだろうか。

一般化

「人間関係がどうもうまくいっていないんだ」。あなたはこんなふうに、あたかもその関係を作ったのが自分ではないかのように話してはいないだろうか。こうして距離を取れば、しばらくは気分よくいられるかもしれない。その経験から自分を切り離して、どうしようもなかったと思えるからだ。「人間関係がうまくいっていなくても私にはどうしようもない、私に責任はない」と。

代わりにあなたはこう考えるべきだ。

脱一般化

「私は人と付き合うのが下手だ」と言う。そして、次のように考えて自分が主導権を握る。「もし私がそうしているなら、違ったふうにもできるはずだ」

禁煙の例で言うと、「何があなたを引き止めているか？」の答えとしては、単に「喫煙」とするより「タバコを吸うことで自分自身を死に至らしめる選択をしていること」のほうがいい。自分が主導権を握ることで、変化するだけでなく、その変化を持続させることができる。もし私があなたに、そこに座ってこう言う声を聞けと言ったとしよう。「あなたには今すぐタバコが必要だ。1本手にとって、火を点け、吹かして煙を吸い込むところを想像してごらん」。おそらくあなたはタバコが欲しくなるだろう。だが、現実にはタバコはここにはない。だとしたら、タバコを吸っていると感じさせたのはあなたの心か、それともタバコか？　犯人が実在するタバコでないことはたしかだ。あなたに喫煙の感覚を与えたのはタバコそのものではなく、タバコに対してあなたが考えていることだ。まったく同じタバコを見て、吐き気を催す人もいるかもしれない。その人はタバコに対して喫煙者とは別の考えを持っているからだ。これは何にでもあてはまる。すべての感覚や欲望は心から生じている。

ひとたび責任を引き受け、本当は、すべてがあなたの心の中にあるのだと認めると、永続的な変化を生み出すことができる。もうひとつ例を挙げよう。目を閉じて、過去に誰かに言われたことで本当に傷ついたときのことを思い出してみてほしい。少し時間をとって今すぐやってみよう……どう感じただろうか。失望、悲しみ、あるいは恐れの感情に心をかき乱されたのではないだろうか。その相手が今ここにいないのは確かだ。だがあなたは、脳内に作り上げた広大な神経のネットワークを通してまったく同じ感覚を経験した。これはすべてあなたの思考によるものなのだ。この気づきがあなたに、何かに固執する以外の選択肢があるとわからせてくれる。思考は選ぶことができるのだ。

心に働きかける

望みとそれを阻んでいるものをはっきりと意識できたら、次は小さいが強力な課題に取り組もう。あなたが潜在意識に働きかけないかぎり、何も変わることはない。有効な方法は、古い習慣に対してどうしたいかというリアクションをリハーサルして、新たな神経のネットワークを作ることだ。

絶えず繰り返していることが習慣となるのだから、私たちは今すぐそれをやめたほうがいい。目を閉じて、古い習慣に戻りそうになったとき、できればどう反応したいかをできるだけ臨場感をもって思い描こう。古い習慣に対したときの感覚を感じ、ただちにそれを新しい習慣で断ち切る場面のシナリオを作り上げよう。そうすると、新たな強い感情が湧いてくるはずだ。タバコの例に戻ると、タバコを欲しがっている自分と、そのとき「ノー！」と言っている自分を想像する。そうしたときにどう感じるかを正確に思い描いて、できるだけ現実のことのように心に刻みつける。そのときあなたは誇らしく感じるだろうか。自分は強いと、あるいは自己制御できていると感じるだろうか。

表情はどうだろう。「ノー」と言った後、あなたは笑っているだろうか。これを25回ほど繰り返す。全部で5分かせいぜい10分ほどしかかからない。これは素晴らしいスタートになる。以前は自動的に反応して誘惑に負けてしまっていたのに、今は新たな選択肢を作り出し、目の前でそれを見ることができるのだから。あなたの目標が人生のどのレベルであろうと、すでにそのレベルに達していたらどうふるまうかをまねるのだ。もし精神的に強くなりたいなら、精神的に強くなった自分になる練習を繰り返すのだ。

❸基準を見直す

あなたはどんな考えを支持しているだろう。何を人に教えているだろう。何を誇りに思っているだろう。本書をここまで読んで、すでにおわかりだと思うが、私が何より重視し、あなたに求めたいのは、自分に正直であること、できるだけそうあろうと努めることだ。私たちはみな、何らかの基準や価値を持っていて、それに照らして日々生活している。だがしばしば、自分でつくった習慣のせいで、軸となる信念に反したことをしてしまう。そして、そうするたびに衰弱していく。感情的に落ち込むからだ。こんなふうになってしまうのは、私たちが自分と向き合うのを避けているからでもある。私たちはつらさに耐えきれなくなると、真実を見ることを拒絶しようとする。自分の軸となる価値や基準と向き合うことは、人生を力強いものにするためのパスポートのようなものだ。これこそが目標達成のための第一歩となる。

あなたの望むものリストに戻って、内容をよく見てほしい。そこにある素晴らしい物事をあなたが書いたのは、それらが、そうあるように努めてきた自分ではなく、本来のあなたを反映していると思ったからだろう。問いかけは、人が特定のマインドセット（考え方）を変えて、古い思考パターンを瞬時に脱するための最高の道具だ。もしあなたがリストに、娘の結婚式に出席して共にバージンロードを歩きたいと書きながら、タバコを吸うことに今でも喜びを感じているなら、あなたは自分の基準を見直す必要がある。娘の結婚式のことをリストに載せたのは、あなたが彼女を愛しているからだろう。だが本当に誰かを愛しているなら、それまでのプロセスにおいて自分勝手でいられるだろうか。あなたは今、娘への愛を表現しているだろうか。それとも、実際には彼女が毎日することに反対ばかりしているだろうか。もし本当に娘を愛しているなら、あなたは今あなたがしているようにふるまうだろうか。もしあなたが健康でありたいとリストに書いたなら、あなたは本当は自分を大切にする人間だと思ったからだろう。もしそうでなければ、本書を手に取ることもなかっただろう。

自分を大切にし、愛する人たちにもそうするように説いている人が、過食して自分を損なうようなことをするだろうか。あなたの核となる信念に問いかけて、人生から望むものと今あなたがしていることを秤にかけてみることで、感情が大きく動くはずだ。今のあなたの人生の価値基準が低いと思うなら、バーを上げなさい。基準を上げることでしか、新たな頂に到達する力を見つけることはできない。

❹パターンを破る――熱してから冷ます

この習慣は私に、精神的、肉体的、感情的、霊的、そして経済的にどのような影響を及ぼしているのか？　これからやってもらうのは、あなたの人生を大きく動かすために必要な課題だ。「熱に耐えられないなら、台所から出て行け」という英語のことわざがある。さあ、今こそ私たちが台所に入るときだ。

あなたは子供のころ、とても熱いものに初めて触れて、あまりの痛さに二度とそれに触れないようにしようと思ったことはないだろうか。私たちもまず、最大級の痛みから始めなければならない。このステップでは真剣に考え、深く問いかけることが要求される。私たちは基本的に、感情的な痛みを、習慣や恐怖症や恐れをやめないことに使ってしまっている。水の隣に電気のコードがあるのを見たらどう感じるか、想像してみてほしい。あなたはどう反応するよう条件づけられているだろうか。現行の習慣をやめるには、これと同様の反応を条件づける必要がある。あなたが人生から望むものすべてを思い出して、それらのどれひとつ手に入らないことを考えてみてほしい。タバコの例で説明するとこんなふうだ。例えばあなたは、首のまわりにチューブを垂らして歩き回っている自分の姿を思い描く。子供たちがまだ幼いか、孫が生まれたばかりなのに、あなたは死の病に冒されている。家族を遺して逝くことを思うと、激しい痛みと苦しみを感じる。タバコの煙を吸い込む。煙が体内に入っていくのを追いかけ、体内に入っていく煙についていき、煙があなたの肉体の内部を壊していくのを見る。目を閉じて、実際に病気になりそうなくらい生々しく感じること。想像しただけで顔がゆがむようになるかもしれない。

咽頭がんになってロボットのような声になってしまった人の声を聞いたことがあるだろう。心の中で自分がそれと同じ声でこう言うのを聞く。「私は今、自分の人生だけでなく最愛の人たちを破滅させるようなことを選択している」と。そして、あなたが耐えなければならない感情的、肉体的な痛みを感じよう。それからその内的エネルギーを戦う気力に変えるのだ。このエクササイズはすべて感情に関わることだ。そのことによって、あなたが人生でこの先何をあきらめなければならないか、これまでどんな悪影響を受けてきたかを、具体的に感じ、はっきりと思い描いてほしい。たった今すべてをあきらめる選択をしている、という事実に本気で集中することが重要だ。

効果を最大化する

人は苦痛を伴う選択肢より、心地良いと信じるもののほうへ動くのが普通だ。古い習慣のほうが心地良いと思っている限り、あなたはそれを選び続ける。パターンを壊したければ、古い習慣を繰り返すたびに、きわめて強い感情的苦痛をその習慣に結び付ける必要がある。これができれば、さほど抵抗なく新しい習慣に移行することができるだろう。

今すぐに

椅子から立ち上がって叫び出すほどの激しい痛みを経験したら、次はその逆をやろう。今すぐに、その習慣をやめられたらどんな嬉しいことがあるか考えるのだ。家族の喜ぶ顔、達成感、強さを発揮できた嬉しさ。子供たちと公園で遊んでいるところを想像し、健康でいきいきとしている感覚を味わおう。そのような心理状態を自由に選択できた喜びにどっぷり浸ろう。

さまざまな習慣や恐怖症、恐れ、または苦痛を伴う状況と向き合うとき、何かとんでもなく「ばかげた状況のシナリオ」を思いつくまま心の中に再現してみるのも効果的だ。これを成功させるために、あなたはその場面を部外者としてお笑い番組でも見ているように眺めているようにしよう。何か悪い習慣のことを思ったり、欲望を感じたりしたら、心の中でこのシナリオ全体を逆向きに再生しよう。心のイメージを逆行させ、サーカスの音楽なども加えるといい。何度も再生し、何でもいいのでとんでもなくばかばかしいことを付け加える。これは皿を床に叩きつけるのと似ている。あとで修理しようとしても、壊れた皿はもう元には戻らない。これと同じことを、あなたの心の中の思考パターンに行おうとしているのだ。一時的に気を散らしてパターンを壊してしまうのだ。例えば、飛行機に乗るのが怖いとしたら、この方法を使えばすぐに心の状態を変えられる。恐れがたちどころに消えるのがわかって、あなたは笑ってしまうかもしれない。このエクササイズはとても力があり、世界中の専門家が用いている。立ち向かえば打ち勝てるが、逃げれば終わりだ！

❺新しい神経ネットワークを強化する

私たちは刺激と反応に従って生きている。刺激とは、私たちの感覚に働きかける何ものかだ。喫煙の例で言うと、刺激に相当するのは、ただタバコのことを思い浮かべること。例えば、タバコを見るとか、タバコの話をする、臭いを嗅ぐなど。それに対する自動的な反応は、快楽を連想してタバコを取りに行くことだろう。つまり、反応とは刺激に対してどう対応するかだ。私たちは刺激に出会ったらすぐ、従来の反応パターンを壊す必要がある。それが新しい反応を強化することにもなる。つまり、刺激は同じでも私たちの反応を変えるのだ。

もしあなたが、古い神経ネットワークという木に斧を打ち込み続ければ、いつかその木は倒れるだろう。前章では、新たな神経ネットワークを作っただけだった。ここで作ろうとしているのは、もうひとつの選択肢であり、あなたの心を鍛える別の方法だ。より多くの苦痛を古い習慣に、そしてより多くの喜びを新しい習慣に付随させる。あなたがこの喜びと苦痛の新たな切り替えを考えれば考えるほど、より多くのニューロンがあなたの望みどおりの反応をするために増殖し、つながることになる。そうするたびに、以前の神経の網からロープを取り出して、新しい神経の網をより強固なものにする。まもなく新しい網が強まるにつれて、古い網が消えていく。真剣さと回数が増すほど、古い習慣が弱まっていくのにはっきりと気づくだろう。

望ましくない習慣を行っている最中に、ほとんどの人は習慣的に行っている行為とは違うことを考えている。例えば、タバコを吸っている人なら、その夜に何をしようか考えている。過食の問題を抱えている人も同じだ。食べながら何か心の中にある苦しみをなぐさめようとしている。気持ちが楽になるのかもしれない。しかし、それは快楽だけ見て、その習慣がもたらす苦痛を忘れているからではないのか。タバコの例で言えば、ひと息吸い込むごとに、喫煙が人生に及ぼす影響や、それによってあなたが何をあきらめることになるかを考えなければならない。ぼんやりと他のことを考える代わりに、自分の行為の結果を考えることで、あなたの脳の神経組織に働きかけてその習慣と苦痛を関連付けられる。1週間か、2週間か、もしかしたら3週間かかるかもしれないが、古い習慣に直面したときの反応や思考、感覚などが目覚ましく変化していくのに驚くはずだ。これは達成のための条件づくりに相当する部分で、継続的に行っていく必要がある。人生の、生活のあらゆる部分でこうした条件づくりを行うことが、あなたが望む変化を起こすための鍵となる。

❻人に話すことで新しい習慣を強化する

ここで使う言葉はとても重要だ。強くて効果的なものでなくてはならない。古い習慣に対するとき、声に力を込めよう。タバコの例に戻ると、こんなふうだ。誰かがあなたにタバコを差し出したら。あなたはすぐにこう答える。「胸がムカムカする」とか「うえっ」とか。あまり長く考えず、心の底から確信を持って言うことだ。そして古い習慣に対したときは、キッパリと否定的に話すこと。体と言葉と心を総動員しよう。人に会って、あなたが恐怖症や習慣と決別したことを話そう。話せば話すほどそれが現実的になる。そしてより大切なのは、あなた自身がそれをもっと信じるようになることだ。

最終段階では、古い習慣の代わりに、何か別の前向きなことをして、それを習慣化しよう。タバコをやめたなら、毎日散歩にでかけるとか、もっと体に良いものを食べるとかしよう。代わりにすることがあると、変化が長続きする。一歩前進するたびに自分を誇りに思うことも忘れてはならない。喫煙や過食を我慢できたのが、たとえ４時間だったとしても、勝利の心地よさを感じよう。どんなにいい気分かを自分に話して、できるだけおおげさに喜びを表現しよう。報酬は常に行為の定着に役立つ。これをうまく利用して自分に報酬を与えることを覚えよう。

このステップ１であなたの望みを書き留めたメモを、捨てずにとっておこう。きちんとたたんで、体の一部のように持ち歩こう。常にポケットなどに入れて、この先３～４週間はすぐに目につくようにしておこう。今やっていることのすべては何のためだったのかを思い出すことができる。そして新しいパターンを強化できる。

ステップ②

エネルギー

大切な力の使い方

人生の力

強く、成功する人間は環境の犠牲者にはならない。むしろ自分にとって好ましい状況をつくりあげる。持ち前の力とエネルギーで、自分が望むように物事を変えるのだ（オリソン・スウェット・マーデン）

ブーメラン効果

社会は私たちを打ちのめすような物事の上に栄えているように思える。ニュースがいい例だ。ニュースは世界中で報道され、メッセージを伝える大きな力を持っている。だが、恐れや破壊に満ちたニュースの多さに比べて、前向きで元気が出るようなニュースのなんと少ないことか。私たちが見せられるのは、死、裏切り、レイプ、窃盗など人を傷つける話ばかりだ。世の中では本当にそんなことばかり起きているのだろうか。どうしてもっと身近な話題（学校に行くとか、買い物に行くとかいった普通の生活）について報道しないのか。その答えは、身近な話題は売れないからだ。そして、悲惨な話題が売れるのは、それらが、私たちが取り組むべき社会的問題や心理的問題を反映しているからだ。私は、世の中の出来事を追いかけるなと言っているのではない。だが、どうせなら自分や社会全体の役に立つと思うようなことを賢く選ぶべきだろう。世の中のほとんどの人が、人を刺したり、あおり運転をしたり、殺人を犯したりしているわけではない。ニュースは人類の多数派を反映してはいない。膨大な量のエネルギーが大衆に向かって放射され、大衆はそれを話題にし、恐れをもとにした生活を送るようになる。私たちは世界で今起きていることについてもう十分に知っているはずだ。むしろ注目しすぎなのだ。

不思議なことに、私たちは不満に思っていることについて話すと、満足を感じるらしい。こうした気が滅入る話題がなくなったら、会話がもたなくなるほど私たちは真理から遠ざかってしまったのだろうか。もしかしたら、それについて話したり注目したりすることで、私たちも破壊活動に加担しているのだろうか。もちろんそうだ。ほとんどの人は、この状況が私たちの人生にどれほど悪影響を及ぼしているかに気づいていない。オーストラリアの原住民はブーメランを作ったが、私たちのエネルギーもブーメランと同じように働く。投げつければそのまま自分に返ってくる。日に何度、不満なことについて話すか考えてみてほしい。その不満を解消するには、その中に一日中どっぷり浸かっていないほうが賢明だとは思わないだろうか。

もしも今、世の中に広まっている悲惨な話と同じくらい、愛と励ましに満ちた話も報道されたとしたら、私たちはまったく別の意識レベルに達することができるのではないだろうか。テレビをつけたり新聞を広げたりするたびに、愛を表現したり、世界をひとつにつなぐのを促すようなニュースに囲まれたとしたら……と想像してみてほしい。

文句をつけるとどんな利益があるのか?

私たちはいつも、仕事や人間関係、世の中のことや、自分の経済状態や、まわりの人たちについて文句を言っている。他人の噂ばかりしている人もいる。私もかつては、そうだったからよくわかる。そういう人は、自分の人生に何らかの慰めを求めてそうしているのだ。他人の欠点をあげつらう人は、自分も同じ問題に直面している。そして文句をつける事柄は大抵、自分にも問題があると感じている。ではなぜ他人を責めるのか? それは自分を責めるより他人を責めるほうが簡単だからだ。真実と向き合うのが怖いから、他の方法でごまかそうとするのだ。すべては、鏡の中であなたを真っ直ぐに見つめているその人から始まっている。私たちは自らの問題点を特定し、それに対処しなければならない。それができて初めて、自分には未来を創る力があるとわかるのだ。

希望する未来を創るには、今を楽しまなければならない。今を楽しむためには、過去と仲直りしなければならない。

尽きることのないエネルギー

情熱は活力だ。わくわくすることに集中すれば力が湧いてくる(オプラ・ウィンフリー)

エネルギーにあふれた人がいる一方で、いつも疲れてやっとのことで生きているように見える人がいるのはなぜだろう。睡眠時間が主な原因でないことは、私自身、経験から知っている。これまで多くの成功者たちと話をしてきたが、ほとんど全員の睡眠時間が、理想的とされる数値を下回っていた。人生と本当の意味で真摯に向き合うようになる前、私はだいたい1日10時間、最低でも8時間は眠っていたが、それでも疲れはとれなかった。今は6時間確保するのがやっとだが、エネルギーレベルは非常に高い。私が気づいたのは、エネルギーというのは意味のある有益なことや自己実現の助けになるようなことに使うときは、無尽蔵に湧いてくるということだ。何かわくわくすることに着手するときは、いくらでもエネルギーが湧いてくる。そのエネルギーがまた新たなエネルギーを生む。つまり、長時間の休養が必要になるのは、私たちが思っているような肉体的な疲れのせいではなく、私たちの心が刺激を必要としているからだ。

エネルギーについて、まず理解しておかなければならないことのひとつは、その製造ラインの主任はあなただということだ。人生のつらさを嘆いたり、なぜ犠牲にばかりなるのかと文句を思ったり、望まないことを何度も思い出したりしているうちは、エネルギーを生み出すチャンスはやってこない。実際そうした行いは、エネルギーを消費させてしまう。何かに文句をつけているとエネルギーレベルが下がると感じるのは、誰もが経験していることだろう。エネルギーレベルが下がるから気分も悪くなる。

ある日、私は、何に対しても一切文句を言わないと決意した。人の悩み事を聞いても、決してその人の肩を持つことはしなかった。相談者には別の面に目を向けるように促し、相手が聞く耳を持たないときは話題をまったく別のものに変えた。「愚痴を聞いて味方になってくれる人が欲しいなら、私には電話しないでくれ」と言ったこともあった。我慢の限界に来ているような人には自分を憐れむのをやめろと言って、肩をつかんで揺さぶって目を覚まさせた。同情を感じるのは素晴らしいことだし、人が持つべき何より優れた特質のひとつだ。しかし一方で、あなたは、あなたやあなたが大切にしている人にとって最もためになることをする必要もあるのではないか。

他人のつまらない愚痴に付き合っていると、あなた自身も同様の気分に冒されやすくなってしまう。一生愚痴ばかり言って嘆いている人がいる、しかも大勢いることはあなたも気づいているだろう。そういう人は常に自分を憐れむばかりで何も行動を起こさない。

そして、問題を全部あなたに押し付けようとする。自分のエネルギーが漏れ出て行くのをあなたのエネルギーで埋めようとしている。結果は2通り考えられる。彼らが彼ら自身のエネルギーを垂れ流し続けるか、あるいはあなたも彼らと一緒にエネルギーを浪費して共倒れになるかだ。こうした状況ではきっぱりとした口調で話すようにしよう。同情はしても、仲間に加わらないこと。たとえ1日でもネガティブな波動から逃れるだけで、望む人生に向かって遥かに前進していると感じられるだろう。前向きなことに意識を向けると、私たちのエネルギーレベルがアップするのだ。

週末に行きたいパーティーが3つ重なったことがあるだろうか。そういうときは、たとえひと晩に4時間しか眠れなくても、すべてのパーティーに参加して楽しむことができるだろう。いつもは夜の11時にはぐっすり眠っているあなたも、このときばかりは朝の5時まで起きていられる。精神を高揚させるエネルギーは、さらにより多くのポジティブなエネルギーを生み出すからだ。ポジティブなエネルギーは気分の良さでそれとわかる。反対にネガティブなエネルギーは気持ちを沈ませる。並外れた人生を手に入れるには、「感情を制御する力」が必要だ。そして、感情を制御するには、エネルギーの出入りに目を光らせていなければならない。あなたのエネルギー工場の前に警備員のチームを配置するのだ。今あなたが意識的に生み出そうとしているポジティブなエネルギーに、何者かが侵入しようとしていると感じるたび、ただちに心の中でそれを阻止しよう。初めは難しく感じるかもしれない。その理由は２つある。第１に、私たちをとりまくネガティブな物事があまりにも多いから。第２に、愚痴はクセになるからだ。

他人のネガティブな考えに影響されないようにしよう。人生をどんなに愛しているかを表現すれば、状況はコントロールできる。

新聞やテレビ、家族、友人、同僚、その他の誰にも、あなたが目標に向かって進むのを邪魔させてはならない。もしそれを許したら、あなたは自分にふさわしくない人生に甘んじて、みじめな結果しか手に入れられないだろう。友人や家族からは「一体どうしちゃったの？」と訊かれるかもしれないが、あなたはただ自分の真実に忠実であればいい。なかには無視されたとか、あなたを失ったと思って混乱する人もいるかもしれないが、くじけてはいけない。その人の人生をぶち壊すようなネガティブな感情を助長する手伝いをするより、断固拒絶するほうがよほど友人らしい行いだ。それだけではない。あなた自身の人生も救うことができる。面白いことに、結局はあなたの態度がまわりの人にも伝染する。人々があなたにつきまとって、どうしたらいいかと尋ねるときが来るだろう。

人生をもっと愛そうと呼びかけた私を、邪険にした人の数は数えきれない。彼らは私が偽物だとか、人生がそんなに素晴らしいはずがないとか、あらゆることを言って批判した。だが、そのコメントを聞けば、彼らが人生についてまったく知らないことは明らかだった。面白いことに、そういう人は大抵人生で道に迷っていて、何か素晴らしいことをなしとげられると思ったことのない人たちだった。そういう考え方が彼らの人生に及ぼしている影響を知って、私は気の毒になった。何カ月か経って、同じ人が私に教えを請いに来たとき、私は助けただろうか？　もちろん助けた。そうしなければ私も彼らと同じレベルになってしまうからだ。四六時中、いい気分でいられないことくらい、みんなわかっている。だが、訓練すればするほど、少なくともどんな気持ちでいたいかはわかるようになる。そしてそれが良い状態を回復する方法を思いつく助けになるのだ。

何より大切なのは、あなたがあなたでいることだ。素晴らしい本当のあなたを表現し続けることだ。もちろんこれは探究の旅だから、たくさん失敗もするだろう。だがこれだけは覚えておいてほしい。あなたがどう感じるかを決めるのはあなたなのだ。与えられたこの力を使って、自分で考え、自分で感じよう。

感謝のリストに書いたような人生の良い面や、達成したい事柄、周囲の世界の美しさなどに注目して良いエネルギーを生み出そう。携帯電話やパソコンを置いて、新鮮な空気を吸いに出かけよう。ほんの少しの間、鳥たちを愛で、空を見上げよう。私たちが生きているこの世界の圧倒的な美しさに心を委ねよう。私たちは欲しいものに囚われすぎて、今あるもののことを忘れている。ほとんどの人が気づいていないが、私たちに欲しいものを手に入れさせてくれるのは、私たちが今持っているものなのだ。

人生は美しさに満ちている。それに気づきなさい。ミツバチや、幼子や、人々の笑顔に気づきなさい。雨のにおいをかぎ、風を感じなさい。人生を精一杯生きて、夢のために戦いなさい

（アシュレイ・スミス）

完全さは練習から生まれることも知っておこう。人生のあらゆることと同様に、人生を上手に愛せるようになるには、練習が必要だ。くじけたらすぐに別の道を探せばいい。好奇心と不屈の決意があれば、必ず道は見つかる。

集中と発見

求めなさい。そうすれば、与えられる。探しなさい。そうすれば、見つかる。門をたたきなさい。そうすれば、開かれる（新約聖書「マタイによる福音書」7章7節）

誰かがあなたをないがしろにしているとか、欺いていると思ったことはあるだろうか。そのとき、どんな気持ちになっただろう。失望したか、傷ついたか、怒ったか、うろたえたか。あとでそれが思い過ごしだったとわかったときは、どう感じただろう。戸惑ったか、自分に腹が立ったか、愚かだったと思ったか。そもそもなぜ欺かれてもいないのにそう感じたのだろうか。答えを言う前に、ひとつエクササイズをしてみよう。少しの間、あなたが心から愛している人のことを考えてみてほしい。その人が実際にあなたの隣にいると感じよう。時間をとって、目を閉じてその人の存在をイメージする。必ずこれをしてから次を読んでほしい。……どうだろう？　実際にその人がそばにいるときのように愛に満たされるのを感じただろうか。こんなことが起こるのは、あなたの心が本当の経験と、想像上の経験を区別できないからだ。人は注意を向けた対象を現実として感じる。自分にこういう力があることを知ると、驚くほど早くものの感じ方を変えられる。

人生の質を高め、能力を最大限発揮するためには、注意をどこに向けるかを賢く選ぶ必要がある。人の心はその人が重要視しているものを発見する、というのが人生を決定づける真理だ。エネルギーを向ける方向を決めるのはあなただから、人生で祝福を見つけるか呪いを見つけるかはあなた次第だ。望ましくない経験ばかり続いたときは実にイライラするものだが、そういうことばかり続くのは、そちらにエネルギーを向けているからだ。望ましくないことに注意を向けると、望ましくないことがさらに起こるというわけだ！　そして、その不快さが私たちの現実を蝕み始める。無力感や怒り、失望といった内面の苦しみが募って、ついには生活の他の面にまで影響が及ぶようになる。

これは日常的に誰もが経験していることだ。怒っているときは、まわりの世界までおかしくなっているように思えて、さらに怒りが募る。いらついているときは、何もかもがあなたの神経を逆なでするだろう。反対に、幸せなときはすべてが素晴らしく見える。これが人生の法則だ。この法則に例外はない。だとすれば、私たちは感情面での健全さを保つことを学ぶべきだ。そしてそれは私たちが何に注意を向ける選択をするかによる。あなたが望むものに注意を向け続ければ、行為のすべてがその望みに沿ったものになる。身ぶり、話し方、声の調子、潜在意識の働きまでもが変化して、あなたをあるべき姿に変えていく。

　あなたが望んでいないことを人生の優先事項にしてはならない。そんなことをすると、あなたの現実を損なうことになる。

上級者のドライブコースであっても、インストラクターが強調するのは、生きることに注意を向けることだ。事故で制御不能になったとき、電柱や樹木に注意を向けると、自動的にそこにぶつかってしまうそうだ。同じことが人生のあらゆる面にあてはまる。お金がないとか、出会うのは夢を応援してくれないようなパートナーばかりだとか、時間がないとか、いつも体調が悪いとか、何か特定のことに注意を向ければ向けるほど、名指しで言えば言うほど、そうした傾向がより強まっていく。あなたの心が、注意を向けたものを何とかして惹きつけようと働くのだ。

聖書に「求めなさい。そうすれば、与えられる」という一節があるが、この言葉の意味するところを正しく捉える必要がある。あなたが何を見つけるかは、あなたが何を探すかによる。これまであなたが手に入れてきたものは、あなたが探していたものなのだ。あなたは今、自分が何を求めているのかはっきりとわかっているだろうか。どのドアをノックするかきちんと考えているだろうか。あなたの心が定まっていなければ、あなたが生み出すものも定まることはない。あなたは犬の散歩をした経験があるだろうか。リードをつけて一緒に歩いていて、ときどき犬があなたを散歩させているように感じたことはないだろうか。放っておくと犬はどんどん好きなほうへ行ってしまう。もちろんそうなったらあなたはリードで犬を引き戻すだろう。あなたの思考に対しても、これとまったく同じことをする必要がある。あなたの思考にリードをつけるのだ！　そうしないと思考のほうがあなたの主人になってしまう。

考え、感じ、行動し、実現する。

望ましくないことを考えるとき、どんな感じがするだろうか。私はやる気が出なくなったり落ちこんだり、時にはいらいらしたりもする。さらにそういう気持ちが行動にも表れて、初めに望ましくないと思っていたのと同じような状況を作り出したり、引き寄せたりしてしまう。だが望ましいものに注意を向け直すと、すぐに態度が変わってやる気が出て来るのを感じる。この良い気分がまた良い結果を生む。望ましいものに注意を向けると、私たちの心はもっとそれを発見するようになる。

新車を買ったら、急にそれと同じ種類の車をいたるところで見かけるようになった経験はないだろうか。あなたと同じ名前が呼ばれたときも、すぐにそのことに気づくだろう。誰かが子供の名前を呼んでいるだけかもしれないが、あなたは自分が呼ばれたと思って急いで辺りを見回す。

私がこの「注目と発見」の威力をまざまざと見せつけられたのは、兄と一緒に彼の結婚式の買い物に行ったときだった。必要なのは濃紺のネクタイだけだったから、私たちはその日はそれだけに注目しようと決めて出かけた。驚いたのは、青色のものが至るところに出現したことだ。まるで自分がスキャナーを持っていて、青いものがその視界に入った途端、他のものは消えていく仕組みになっているみたいだった。映画『ターミネーター』を見たことのある人なら、ターミネーターがロックオンした標的に近づくにつれて、彼のスキャナーの音がどんどん速くなるのを知っているだろう。まさにあんな感じだったのだ。どこに行っても青いものが見つかる。水色のものまで見つかる。ついには的外れの色までが青に見えてきてしまう。黒いネクタイを見ても、それが実は青なんじゃないかと目を凝らすようになった。店員からどれも黒だと言われても、私はまだそのうち何本かは青だと信じていたほどだ。青い靴、青い靴下、青い帽子、青い服、青いものすべてに注意が向いた。買い物から帰るとき、私は兄に「あと1年は青いものを見たくないよ」と言った。青いものがこれほど私の目を引いたのは、それを最優先にしようと考えたからだ。人は、自分が最も重要だと感じているものを至るところに発見するのだ。

あなたが注意を向けたところから、あなたの感情が生まれてくる。

多くの可能性の中から、探しているものに焦点をあてて見つけ出す人間の力は、驚くべきものだが、脳のある部分の働きがこれを可能にしている。それは網様体賦活系（ＲＡＳ＝Reticular Activating System）と呼ばれる部分で、脳幹と大脳皮質をつなぐ神経回路の束でできている。網様体賦活系は、あなたの意識と潜在意識の間のフィルターのような役割をしている。新たな物事に注目したり、外部に常に存在している情報の中から、あなたが心の中ですでに作り上げているイメージをより明確にするような情報を集めたりしている。私たちはふだん、刻々と移り変わる無数の情報に取り囲まれて暮らしている。もしそのすべてを意識していたら、間違いなく気がおかしくなってしまうだろう。そこであなたにとって重要な情報だけを選択するのを助けてくれているのが、網様体賦活系だ。マクスウエル・マルツ博士は、１９６０年刊行の自己啓発書『自分を動かす――あなたを成功型人間に変える』の中で、脳のこの働きを、私たち人間に備わった自動制御装置だと述べている。

大好きな調べ物をしていてわかったことだが、オートフォーカスのカメラにも自動制御装置が組み込まれているそうだ。あなたが使ったことがあるかどうかわからないが、その手のカメラはレンズを被写体に向けただけで自動的に焦点が合うようになっていて、はっきりした絵を撮ることができる。

同様に私たちがいったん何かを重要視すると、自分のためになるかどうかとは関係なく、その物事が優先事項になる。そしてあなたの脳の網様体賦活系が、その優先事項と関連する事柄をいたるところから探し出し、さらに明確なイメージを作りあげていく。ここで考えてもらいたいのは、初めにレンズを動かす役割を負っているのは誰なのかということだ。そう、それはあなた自身なのだ。

焦点を変える――心のレンズを向ける

人生の一分野を究めることに全力を注げば、どれほど大きな能力を発揮できるようになるか。そのことにほとんどの人が気づいていない（アンソニー・ロビンス）

人生の素晴らしい眺望を満喫している人がいる一方で、悲惨さの中に埋もれているように見える人がいるのはなぜだろう。他人よりはるかに大きな成功を収めて、心も満ち足りている人たちがいるのはなぜだろう。至るところから着想を得て、常に意欲にあふれている人がいる一方で、どんなアイデアも思いつかない人がいるのはなぜだろう。こうした問いに答えるには、人生の仕組みについて理解しなければならない。人はよく私にこう言う。「人生の仕組みなら知っているさ。起きて、仕事に行って、帰って来る。この繰り返しだよ」。私はこう答える。「いいえ。それは『あなたの人生』の仕組みですよ」

私たちが同じことを考えれば考えるほど、同じ感覚や行動を繰り返すというのが人生の仕組みの真実だ。ほとんどの人は、外の世界の変化が内面の自己に影響を与えると思っている。だから、自分に満足するためには何かを成し遂げなければならないと考える。だが、もしあなたが誰か本当に成功した人、人生のあらゆる面で豊かな人に会えば、彼らが結果から原因へと逆向きに人生を生きようとはしていないことがわかるはずだ。彼らは人生を、本来意図された順番で生きている。つまり、まず幸せだと感じ、それが引き金となって彼ら自身が素晴らしい行いをし、さらにその行いの結果として偉大な事業を成し遂げてきたのだ。そしてあなたがまず初めに幸せを感じるための唯一の方法は、何に注意を向けるかを賢く選ぶことだ。

今やっていることだけに集中しよう。太陽の光も、一点に集めなければ燃え上がることはない
（アレクサンダー・グラハム・ベル）

私たちの感情はすべて、私たちが注意を向けている場所から生じている。いったんレンズを向けると、以前は気づきもしなかった細部が目につくようになる。まるで舞台のスポットライトが、ひとつの場所から別の場所へ動くときのように。光を当てる場所をうまく移動させられれば、かつてあなたを破滅へと導いたものは闇の中へと消えて行く。反対に、同じ場所に光を当てたままでいると、同じような経験や状況が繰り返し起こって、あなたの知っている世界がそのままそこに居座り続けることになる。ひとつの現実認識のまわりにたくさんの状況が引き寄せられ、見当違いの物事が関連付けられていく。すべては私たちが心の中で作り上げた筋書きを満足させるための材料なのだ。

例として、被害妄想的な人たちについて考えてみよう。彼らは誰かそばにいる人が間違ったことをしているとか、自分を欺いているとか、何かを盗もうとしているとか考えることにエネルギーを注ぎ続ける。そうした考えに注意を向けすぎて、会う人みんながそうだと思い込む。実際にはそのようなことはまずあり得ないのだが、彼らはすべての状況を自分が作ったシナリオに関連付けてしまう。

初めて車を買ったときのことを、私ははっきりと覚えている。初めての車に夢中になっていた私は、その車に何か問題があるとは思いもしなかった。だが、私の目には完璧に見えたその車が、間もなく故障して、エンジンがオーバーヒートしてしまった。途端に私の車を見る目が変わってしまい、自分には車運がないと思うようになった。2台目の車を買うまでは、もう二度と信頼できる車に出会えないと信じていたほどだ。それからはウィンドウが動かないというようなちょっとした不具合が生じただけで、やはり私に車運がないせいだと考えて、また次にどこかが壊れるのを待ちかまえていた。かすかな異音がしただけで大騒ぎした。車というものがそもそも金属の箱であり、さまざまな音をたてるものだという点を忘れてしまっていた。会う人ごと車運が悪いと話し、車に乗るたびに神経をすり減らした。エンジンをかけるたびに車のどこかが爆発するのを心待ちにしているみたいだった。私はますますいらだち、消耗していった。

車に対する私のこの思い込みは、ある日、友人の車に乗ってウィンドウが動かなくなったときまで続いた。そのとき私は、苦笑いしながら首を振ってこう言った。「僕らは車運がないね」

私はてっきり彼も「被害者の会」の仲間入りをしてくれると期待していたのだが、彼は私のほうを向いてこう言った。「まあ落ち着けよ、ただ窓が壊れただけじゃないか」。このとき私は考え始めた。

私は本当に車運が悪かったのか、それとも人生につきもののちょっとした不具合を自分だけに向けられたものと解釈して、被害者の役を演じて気分を害していただけだったのかと。

それだけではない。世界には飢えで死んでいく人もいるというのに、私はここで、車のウィンドウが動かないと言って文句を言っているのだと思った。もっと言えば、毎週酒を飲むのに400ドルも使うのは気にしない私が、車の窓を直すのに100ドルかかったと言って嘆いていたのだ。責任を自分で引き受けるより、外部のものを責めるほうが楽だったからだろう。友人の一言のおかげで、車運が悪いなどという信念はすっかり消えて、ただ車が故障しただけだと思えるようになった。

なんでもないことだと思うかもしれないが、この話をあちこちでしてわかったのは、同様の経験をした人が少なくないということだ。人生を蝕むほど何かを強く思い込んでしまうことはよくあることだ。そして、その後何かが起きて、初めから心配する必要などなかったと気づいたことも少なくないはずだ。あるいは自力で克服して、もう影響を受けなくなっているという人もいるかもしれないが、その場合はまったく気分が違っているだろう。

私たちはそれぞれ独自の現実を作り上げていて、そこに何か欠陥が見つかると、自分が設定した基準に合わないからという理由でその現実自体を疑い始める。そして注意を他に向けて、それこそが人生で得られる最高のものだと思い込む。そう簡単にことは運ばないが、せめて何かがうまくいかなくて注意の対象を変えるときは、少なくとも前向きなことに注意を向けるべきだろう。

エネルギーを有効に使う

人生は美しくもあり醜悪でもあるというのが現実だ。すべてはあなたがどちらを見るかにかかっている。

何年か前、コールセンターで働いていたころ、私は同僚の男性がうなだれてひどく落ち込んでいる様子なのに気づいた。彼は無口な人だったので、私のほうから声をかけてみたが、彼は事情を話したがらなかった。彼を助けるとしたら、こちらから何かするしかないかもしれない、私はそう思った。翌日見かけたとき、彼がまた両手で頭を抱えていたので、私は思い切って彼の耳元でできるだけ派手に拍手をしてみた。飛び上がって驚いた彼に、私は言った。「気分は瞬時に変えられるとわかったでしょう」。その後、ふたりで話して、彼が恋人と別れたばかりだとわかった。彼は失恋の苦しみから抜け出せないでいたが、私と話したことで、考え方を大きく変えることができた。

間違っていたと思うことをいろいろ思い出して自分を責めるより、実はこの別れは自分も望んでいたことなのだと考えることにしたのだ。すると、それまで感じたことのないような勇気が湧いてきた。旅行に行ったり、彼女と付き合っていたころはできなかったことをしてみたいと思うようになった。そう話してくれた彼に、私は次のように説明した。「君は自分を救ってくれるような考えに注意を向け変えることで、人生を新しい方向へ進ませることができたんだ。自分に嘘をついて被害者を演じるのをやめて、今気づいたような良い面を見るようにしないかぎり、決して前には進めないよ」と。彼は短い間に、失恋から立ち直るのに役立ちそうなことをたくさん思いつくことができた。この先もまだつらいことはあるだろうが、もう彼の心は、耐えるより力強く行動する道を選ぶことができるようになっている。心の奥の本当の気持ちに沿った新たな考えを強めていくかぎり、古い考えはいずれ消えていくだろう。

望ましくないことを考え続けるのをやめれば、人生を食いつぶす悪い思考パターンから逃れられる。ある状況に、見当違いの物事を結び付けてしまうことも防げる。状況はただそこにあるだけということもよくあるのだ。

例えば、通りを横切って老婦人のほうへ走っていく男を見たとしよう。男はきっと老婦人から何か盗むつもりに違いない。私はそう思って不安になる。別の人は、男が老婦人に釣銭を渡そうとして追いかけているのだと思うかもしれない。だが男は老婦人を追い越して行ってしまう。実は男が走っていたのは、老婦人には何の関わりもないことだった。どちらのシナリオもしばらくの間は現実だったが、それは私たちが創りだしたものだ。あなたの人生に今まで起こったこと、これから起こることにも同じことが言える。外からの刺激に何を結び付けるかは、これまでもこれから先も、あなたの自由なのだ。その事柄を適切に分析して、物事を広い視野でとらえ、そのときあなたが本当に感謝すべきことは何か、あるいはあなたの本当の望みは何か考えること。そうすれば満足のいく結果を得られるはずだ。

どんな状況にあっても、実現したい人生から遠ざかるのではなく、そのために役立つようなものの見方をすること。行動を起こしたり人生をよりよくしたりするためのどんな知識をそこから得られるか考えることだ。よく考えればどんな経験からも学ぶことができる。実際、あらゆる状況に対して別の見方をすることもできる。一度は不幸と思われたことも、あなたが成長する最大のチャンスになりうるし、より良い人生に向けて一歩を踏み出す助けとなることもある。ほんの数回でもこれを試してみれば、物事がどう見えるかは、あなたがそれに結び付けることを選択した思考（つまり感情）次第だとわかるだろう。

気が滅入ることがあったときは、その気分が実はあなたの捉え方から来ていることを思い出そう。そういうときは注意力を最大限使って、心が勝手にさ迷って行かないようにすることだ。物事を瞬時に判断してはいけない。よく調べてもっと良い捉え方はないか探すようにしよう。そしてある経験をよりよく考えられる方法を見つけたら、たとえほんの少しましなだけだとしても、その新しい考えにしがみついてがむしゃらにその考えを育てよう。一度でもそれができれば、あなたはエネルギーを上手に使う方法を身につけたと言えるだろう。

ステップ ③

目標達成

その仕組みを作る

充電する

ずっと前から気づいていたことだが、偉人たちがじっとして事が起こるのを待っていることはめったにない。彼らは出かけていって自分から事を起こすのだ（レオナルド・ダビンチ）

私たちの誰もが、ことの大小によらず、人生で何事かを成し遂げてきた。その中には、克服してしまうまではとてもつらく、ほとんど耐えがたいとさえ思えることもある。達成というのは、人生で何事かを成し遂げることであって、その内容は、ある特定の状況を乗り越えることや、個人的な目標に到達すること、勇気ある行い、仕事でいつもより多めに頑張ることなど実にさまざまだ。すべての達成はその大小にかかわらず、あなたが次に達成したいことを決めるときに重要な役割を果たす。子育てや、家族を養うこと、人間関係を修復すること、あるいはどうしてもうまくいかない場合は、それを乗り越えることも含めて、すべてが達成だ。何を達成するにしても、そのプロセスには決まった順序がある。まず望むものを思い描く↓情熱が湧いてくる↓恐れを克服する↓実現方法を粘り強く考える↓計画を練る↓実行する。あなたが意識しているかどうかわからないが、物事は常にこのような順序で成し遂げられる。

達成が突然、空からバラの花束を抱えて降りて来て、玄関のドアをノックしてくれることはない。あなたのほうから出向いて手に入れるものなのだ。だが、何かを達成しただけでは、本当の意味での満足を得たことにはならない。偉業を成し遂げても、１カ月と経たないうちに、次に何をしたらいいかわからずに空しさを感じてしまう人の話を何度聞いたかわからない。億万長者でありながら、私の知るかぎり誰より不幸せな人たちにも会ってきた。彼らはただお金だけを求めた結果、それが情熱から生まれた行為ではなく、ただ物質的な幸せを見つけようとする試みに過ぎなかったと気づいてしまう。

このことが、彼らをもうひとつの行き止まりに向かわせる。とても裕福な人たちが薬物依存症になったり、自殺したりしてしまった話を、誰もが一度は耳にしたことがあるはずだ。その一方で、ほとんど何も持たないのに、とても幸せに生きている人たちがいる。「達成」という言葉を個人の欲望を実現することと考えるなら、どちらの人たちも達成者だ。しかし、本当の意味で成功した人になるには、欲望の達成と心の充足の両方が必要だ。私たちはこの両方を手に入れる方法を身につけるべきだし、私はその方法を見つけるために人生を捧げてきた。人が、それぞれの状況に応じて運命を切り拓いていくために必要な要素を、明らかにしようと努力してきた。その成果を、私たちをまっすぐに成功へと導いてくれる知識と戦略を、ここで紹介しよう。

説得力のあるビジョンが現実化する

夢見るだけでは不十分だ。もう一歩踏み込んで想像力を働かせ、その夢をはっきりと思い描くのだ！　人から教えられたことはすべて忘れて、夢があなたの思い描いたとおりに実現すると

信じよう。それが秘訣だ。それが人生の奥義だ（クリスチャン・アンデルセン）

1971年、10月1日、ウォルト・ディズニーが亡くなってからちょうど4年後にあたるこの日、ウォルト・ディズニー・ワールドの除幕式を見ようと何千という人が集まっていた。故人の親友がウォルトの妻リリアンに向かって言った。「ウォルトがここにいて、これを見ることができたらよかったのに」。するとリリアンは答えた。「もしウォルトがこれを見ていなかったら、今この場所は存在していないでしょう」と。このとき彼女は、ウォルトのビジョンのことを言ったのだ。今や莫大な資産を誇るウォルト・ディズニー社だが、そのすべてはミッキーマウスから始まった。ディズニーが語ったところによれば、「（ミッキーが）私の頭から飛び出してスケッチブックに降り立ったのは、マンハッタンからハリウッドに向かう列車の中だった。そのとき、兄のロイと私の商売は最悪の状態で、破滅の日がすぐそこに迫っていた」。だからこそディズニーは、あの有名な言葉「夢見ることができれば、実現できる」を残したのだろう。

私たちが能力を最大限使って生きるためには、目の前にひらめいた夢のビジョンをしっかりと捕まえる必要がある。ほとんどの人は、このビジョンという強力な道具を、がっかりするために使っている。彼らは、理想的な肉体や、すてきな車、大きな家などを思い描いては、怒り出したり、自分がそれを持っていないことを責めたりする。これは彼らが実際に夢を成就できると信じていないからだ。夢を思い描いたときに湧いてくる、前向きな感情に意識を集中することが何より大切だ。この感情が私たちを行動へと向かわせる原動力だからだ。休暇旅行の例を見ればそれがよくわかる。私たちはまず自分が旅行している様子を思い浮かべ、ほとんどの準備はその後で行う。旅行に行きたい気持ちの高まりが、準備するという行為を促すのだ。

事実、私たちが人生で望むものについての説得力のあるビジョンを持たないかぎり、決してそれが実現することはない。「夢」と「ビジョン」は別のものだということを理解してほしい。「夢」という言葉は、おとぎ話のように使われている。何か現実的でないもの、手の届かないもの、実現の見込みのないものと考えられている。何であれ、それが現実のものとなるには、まず初めに「ビジョン」が、言い換えれば誰かがはっきりとその姿を思い描くことが必要なのだ。

コーリー・ターナーは著書『ビジョン――未来への鍵（Vision: The Key to Your Future)』の中でこう述べている。

　未来に対する明確な方向性を持たないまま生活することは、目隠しをしたまま車を運転するようなものだ。しばらくの間はスリルがあって楽しいと感じるかもしれないが、これはきわめて危険な生き方だ。いつ事故にあったり、他人を傷つけたりするかわからないからだ。

こういう生き方が、私たち自身も傷つけることになるのは明らかだ。それは私自身が経験したことだ。

もし私たちが、人生で何を達成したいかについてのビジョンを持っていなければ、どのようにしてそれを達成すればいいのだろうか？　どこから始めたらいいのかわからず、決して心が満たされることのない物事の方に走ってしまい、結局どうしようもない怒りの中で、ただ何かが変わることを夢見るだけの生活をすることになるだろう。あなたは今、人生で真に手に入れたいものが何かはっきりわからないと思っているかもしれない。私はこのことについて、これまでたくさんの人たち、特に若者と話をしてきた。だが、私たちはもっとよく考えてみなければならない。ビジョンがはっきりしないのは、私たちが本当に自分の望みを知らないからなのか、あるいは夢見たことを達成できると信じていないからのか。外部の世界に何かが起きて、それが自分のビジョンを明確にしてくれるのを待っているような人が、大きなことを達成することはまずない。彼らが気づいていないのは、何であれ、まず初めにビジョンを作らなければならないということ、そしてそのビジョンが、外部のあらゆることを味方につけて、達成を後押しさせるということだ。平坦な道のりではないだろうが、常に初めのビジョンを手放さず、心の中にしっかりと抱き続ければ、実現のときは必ずやってくる。そのときは行動を起こすことも必要になってくるが、いずれにせよ、すべては説得力のあるビジョンから始まる。これは成功した人なら誰もが知っていることだ。

優れたビジネスリーダーはビジョンを作り、それをわかりやすく表現し、それが実現することを熱望し、その達成に向けて執拗に努力する（ジャック・ウェルチ）

ビジョンの種類はさまざまだろう。特定の人物やフェラーリ、水辺の家、増額された給与明細、家族の団らん、ドラッグなどの中毒から自由になること、他にもいろいろと考えられる。ビジョンはお金に関することだけではない。むしろ私たちの生き方そのものの豊かさに関わるものが多い。そしてあなたの望みが明確になればなるほど、そのために努力する意欲も湧いてくる。だが、ほとんどの人が、望みを表すときにあいまいな言葉を使ってしまっているようだ。例えば「お金が欲しい」「誰かいい人に出会いたい」「自分で事業を興したい」「もっと成功したい」というように、それが手に入るかどうかわからないまま、ただ漠然とした表現で求める。するとどうなるか。例えばあなたが「誰か人生をともにする人がほしい」と言いながら、ふさわしくない人と恋に落ちてしまったりするのは、望む相手の人物像がはっきりしていないからだ。その人の特徴や性質など、パートナーに求める要素が明確ではなかったのだ。こんなふうにしていると、結局、またもとの状態で我慢することになる。少ししか給料が上がらなかったと文句を言う場合も同じことだ。あなたは漠然と「もっとお金が欲しい」と願っていたのではないか？　欲しいものを手に入れるには、欲しいものが何かをできるだけはっきりと意識する必要がある。

あなたの過去は大切だ。しかし、あなたが未来をどう見るかのほうが、あなたの現在にとってはるかに大切だ（トニー・カンポロ）

ビジョンがどのように実現するかについては常識を働かせることも必要だ。初めに思い描いたとおりのことが起きるとはかぎらないからだ。人生の不完全さを受け入れよう。何事も永遠に同じものはない。変化するのが自然なのだ。あるいは、私たちが完全さを見逃しているだけの場合もある。つまり私が言いたいのは、あなたが誰かに出会ったとして、その人の靴のサイズが、想像したとおりの大きさではないからという理由で、切り捨ててしまわないようにということだ。他の例をあげよう。あなたに旅行の計画があって、浜辺に寝そべっていたところを思い描いていたとしよう。泊まるホテルの部屋の様子や周囲の景色も想像していただろう。実際に現地についてみると想像したとおりではなかったが、なかなかいい部屋だったということや、時には想像より良い部屋だったということもある。実現したことの本質と、その中に潜む情熱を見極めよう。ある絵画が完璧に見えなくても、理解する力のある人はそこに画家の情熱を感じることができる。同じようにすれば、あなたも夢と現実の隔たりを埋めることができる。本当の価値を正しく評価することだ。不完全さを許容しよう。だが、本当に手に入れるべきものをあきらめることだけは、許容してはならない。

自分の望みをわかっているか

世界が何を求めているかを考えるのはやめよう。自分が生きがいを感じられることは何か考えて、それをやり続けよう。世界が求めているのは、生き生きと生活している人なのだから（ハワード・サーマン）

ある晩、私が友人の女性と小さなカフェにいると、２人の若者が人生に何を求めればいいかわからないと話しているのが聞こえてきた。盗み聞きがよくないのは知っていたが、テーブル同士がほとんどつながっているような状況でそこに居合わせたことに、私は何か運命的なものを感じていた。「少しお話ししてもいいですか」。私は彼らに丁寧に声をかけた。そのとき一緒にいた友人はテーブルの下で私を蹴ってやめさせようとしたが、彼らの悩みを聞いてしまったうえに、自分が手助けできるとわかっていた私は、どうしても放っておくことができなかった。

私は彼らに尋ねた。「もしあなたたちが夢見ているような女性が今すぐ現れるとしたら、あなたたちはその女性とお付き合いしますか？」。彼らは笑って答えた。「ええ、もちろんですよ」。私はまた質問した。「もしあなたたちにランボルギーニ付きの豪邸を差し上げると言ったら、受け取りますか？」。彼らはまた「受け取ります」と答えた。私はさらに質問した。「もし毎朝、希望にあふれて目覚め、世界に貢献し、健康で、常に喜びを感じていられるような立場にいられるとしたら、あなたたちはそのような人生を受け入れますか？」。すると若者のひとりが私のほうを見て言った。「あなたは宝くじに当たって、人に施しをしたい気分なんですか？」。私は笑って答えた。「いいえ。私は証明しようとしているんですよ。あなたたちは自分の欲しいものをわかっているが、それが手に入らないと思っているだけだということをね」

これは今日の社会が抱えている大きな問題のひとつであるように思える。ほとんどの人は、欲しいものがわかっている。ただそれに手が届かないと思い込んでいるだけなのだ。欲しいものがわからないと言うのは、そう考えるほうが楽だし、堂々と逃げ出す口実ができるからだ。

しかし、もしあなたが本当に自分の望みを知らない人であるなら（私もかつてそうだった）あなたは、あなた自身のことがまだ深く理解できていないのだ。自分のことがよくわかっていないのに、本当の望みを知ることができるだろうか？　自分にどんな力があるかわかるだろうか？　人と信頼関係を築くことができるだろうか？　ほとんどの人がいつも自分自身を隠しているから、やがて混乱して自分の本来の能力を疑うようになってしまう。あなた自身がどういう人間かがわかれば、あなたの望みが何かもわかる。情熱のありかを見つけて、行為のひとつひとつを意識して生きるようになる。必然的に、あなたの望みが、本当のあなた自身と矛盾することもなくなる。

あなた自身を深く探求し、日々の生活を見守り、本来のあなたを育むことが、あなたの望みを見つけるための基礎となる。望みがはっきりわからないことにストレスを感じたり心配したりしていると、余計に真のあなたが見えなくなる。日々の生活の中で、どんなに小さな変化でも成し遂げることができたら、本当のあなたが現れ始めていると信じることだ。

前にも述べたように、かつて私は、人生で何に情熱を傾けたらいいか、はっきりとした目的を持っていなかった。私はただ人を助けるのが好きだとわかっていただけだ。最後に私がなりたいと思ったのは作家だった。正直に言うと、私の人生が変わり始めたころに私が望んでいたことは、すべて今私がしていることとまったく正反対のことだった。私はとにかく動いた。自分が何を望んでいるか考えてモヤモヤしているより、まず行動を変えようと思っていたからだ。行動を変えることで、自分も何かを成し遂げられるという自信が得られる。感じ、行動し、実現するという一連の流れを、自分の中に定着させる必要があったのだ。そして、私の生活のあらゆる領域でこれができると、自覚するようになっていった。

矛盾する信念と、それがさまざまな決定に及ぼす影響についても注意しておこう。あなたの「感謝のリスト」に「家族」と書かれていれば、家族はあなたにとって大切なものであるはずだ。そのあなたが、風俗店に入りたいと思ったとすると、それには信念の矛盾が生じることになる。どうするか最終的に決めるのはあなただが、その前によく考えてみなければならない。問いかけの章に戻ってみよう。私があなたの中にある素晴らしい性質に気づくよう促した部分だ。これを見ればあなたは、本来のあなたを反映し、あなたにとって大切なもののためになるようなことを選択すべきだと気づくはずだ。そのようなはっきりとした選択基準がなかったから、あなたはこれまで何度も決意を翻してきた。そしてこれからも、何か特定の欲望に対して喜びや苦痛の感情が湧くたびに、それに流されてしまうだろう。ヒトは感情の動物だ。だから、何かを心から望んだときに感じる気持ちが、大きな力を持つ。常に感情を大切にしよう。その下にあなたの願望が潜んでいるはずだから。

行為の意味を見つける

重要なことをしているのでなければ、何をしようと重要ではない。重要なことをしているのであれば、それが何であるかは重要ではない（発言者不明）

何かしなければならないことや、する必要のあることを言い訳として使っている人の、なんと多いことか。はっきり言って、あなたには、しなければならないことなどない。する必要のあることも、ほとんどの場合はしないですませられる。私たちは、車や仕事や周囲の人々に対する愚痴ばかり言って暮らしている。自分の車がどんなにポンコツかぼやき続けるくらいなら、野球のバットを持って粉々に叩き壊してしまってはどうか。誰も止めはしない。その車に乗り続ける義務はないし、明らかにあなたはその車を必要としていない。バスやその他の交通手段を使えばいい。もしあなたが誰かを嫌っているとしても、その人のそばにいるのはあなたが選んだことだ。もしあなたがしょっちゅう仕事のことで不満を言っているとしたら、今すぐ立ち上がって、どんなひどい会社かを上司にぶちまけ、私物をまとめて出て行きますと言えばいい。人生は一度きりだ、さあ、やりなさい。

あなたは、その車も友人も仕事も望んではいない。違うだろうか？　私が本気かどうか疑っているなら、もちろん本気だ。だが、あなたは本気なのか？　もしあなたが「私は車を壊したくないし、上司に本音をぶちまけたくもない」と言うなら、それはなぜだろう？　この「なぜだろう？」に答えようとして、あなたは気づくだろう。本当はそこにいたくない気持ちより、そこにいたい気持ちのほうが強いからだと。そうでなければ、あなたはすでに何らかの行動を起こしているはずだ。

あなたの不平があなたの破滅を招く。

家事についてはどうだろう？　皿洗いや床のモップがけは、どうしてもしなければならないこと、もしくはする必要のあることなのではないか。いや、答えはここでも「する必要はない」だ。床のシミ汚れは簡単に飛び越えられるし、先週のパンくずのついた皿で食事することだってできる。私が何を言おうとしているのか、わかってもらえただろうか。すべては、あなたがしたくてしていることだ。気に入らない車を使い続けるのは、それがなければどこへ行くにも歩いて行かなければならなくなるからだ。上司に抗議したくないのは、給料が欲しいからだ。皿を洗うのはバクテリアに感染したくないからだ。たとえ誰かが、あなたの頭に銃を突きつけて何かしろと言ったとしても、従うかどうか決めるのはあなただ。そうではないか？　問題を解決する方法はただひとつ。愚痴を並べたてるのはやめて、思い切って行動することだ。

以前、友人の女性が電話してきて、彼女の妹と甥が引っ越すのを手伝わなければならないとこぼした。そのせいで彼女はよく眠れないらしく、すっかり消耗しきっていて、手助けのために自分を犠牲にしてしまっているようだった。私は訪ねた。「それ、君がやらなくちゃならないの？」「ええ、だって他に誰がしてくれるって言うの？」そこで私は、彼女は何もする必要がないし、妹がひとりでやれると信じて一日中寝ていてもいいと言って聞かせた。すると彼女は「とんでもない、妹ひとりで引っ越しさせたりするもんですか」と答えた。私は笑って言った。「つまり君がそうしたかったんだね。立派な行いだとわかっていたからだよね？　今、君が引っ越しを手伝っているという事実からわかるのは、そうしたくない気持ちより、したい気持ちのほうが強いということだよ」。１時間後、彼女から再び電話がかかってきた。「何があったと思う？　私は今、ついさっき妹のためにしたことを思って本当にいい気分なの」

自分がしていることに意味があると思えるようになると、一歩踏み込んで、他の人がいやがることをやれる力も湧いてくる。成功している人々は、ただ何かをするだけでなく、なぜそれをするのかがわかっている。

人は私に問う。「人生にはどんな意味があるのですか」と。しかし私はこう問うべきだと思う。「人生で意味のないことは何ですか」と。人生で出会うことすべてに意味がある。

何かをするとき、自分がやりたくてしているのだとわかると、そのことの意味が大きくなる。人生に意義を見いだすことは、やる気を出す何よりの方法だ。しなければならないことをするより、したいことをするほうがずっとやる気が出る。そもそもなぜそれをしているのかという十分納得できる理由を見つけて、「しなければならない」を「したい」に変えるのだ。こうすると感謝の気持ちも強まる。実はしたいことではなかったとわかれば、それをしなくていいということもわかる。人生のすべては自分の選択だと気づけば、もう犠牲者の役割を演じる必要はなくなる。何かをすると決めたら喜んですること、くよくよと考えるのはやめること。代わりに、それをする理由や目的となるビジョンのほうに、注意を向けるようにしよう。

押さえ込まれてきた情熱を解き放って、あなたの人生を動かす原動力にする方法は……

あなたのプランを要約して書いてごらんなさい。書き終わった瞬間、漠然としていた望みの具体的な形が見えてくるはずだ（ナポレオン・ヒル）

【課題】

ここで前に予告しておいたとおり、３つめの「感謝のリスト」を作ろう。それを以前に作ったリストに付け加えて、あなたの「感謝のリスト」を完成させよう。

③望み……あらゆる制限を取り払って書き続けること。想像力を働かせて、手に入れたいと夢見ているものをすべて書き出す。あなたが人生に望むものを、それが手に入ったと想像して感謝しつつ、ためらうことなく書き進める。どんなに大きなことでも小さなことでもかまわないので、できるだけ具体的に書くこと。明確さがやる気を生むからだ。もっとお金が欲しいなら、金額はいくらだろうか？　１００万円か１０００万円か10億円か？　ビジョンがあいまいなままターゲットを撃ち抜くことはできない。望む結果がはっきりしていなければ、何も得ることはできない。

ほとんどの人は、何かを望むとき、具体的に考えない。手に入らなかったときがっかりするのを恐れるからだ。だが、なぜ前もって心配するのか？　私が探求の中で見つけたのは、並外れた人生を実現するには怖いくらいまでハードルを上げる必要があるということだ。自分の基準を引き上げることでしか、そのような高いレベルにステップアップする機会は訪れない。恐れからだけではない。ほとんどの人は、望みのものがいつか向こうから現れると、漠然と希望を持っているほうが楽だと思っている。そういう人が気づくべきなのは、彼らがいつになっても望むものを手に入れられないのは、初めに望みを明確にするのを怠ったのが原因だということだ。

私のクライアントのひとりに、父親に旅費を出してもらって海外に行こうとしている女性がいた。私は、彼女がもっと独立した人生を送れるよう手助けするために、ひとつの提案をした。旅費以外に旅に持って行きたい余分な金額を決めて、それを自分で稼いでみるよう勧めたのだ。その金額を決めるとき、彼女は大きな金額を書くのを恐れて２０００ドルと書いた。私は、彼女が父親の影響で自分の能力を低く評価する傾向があるのを知っていたので、その額を４０００ドルに上げさせた。結果的に、彼女は３８００ドル稼ぐことができた。素晴らしい成果だ！　もし４０００ドルを目標にしなかったら、決して３８００ドルに到達することはなかっただろうし、おそらく自分で決めた２０００ドルを下回っていただろう。もちろんその課程で、彼女が大きな成長と自信を得たことは言うまでもない。もしあなたが目標を決めずに矢を放ったら、その矢はどこへ飛んでいくだろうか？　狙わない目標にどうやって当てるというのか？

明晰さ——物事を具体的に考えることができる力、または、はっきりと理解できる力のこと
（マクミラン辞書）

あなたが人生で望むものを追い求めるとき、大切なことが２つある。ひとつは目標が明確であること。もうひとつは十分に感情を高めること。このいずれか、もしくは両方がないと成功の見込みはない。そして明確であることが、感情を高めるのにも役立つ。私は多くの人が「誰か特別な人に出会えたら、自分も変われるのに」とか「もっとお金があれば、欲しいものも決められるのだが」などと言うのを聞いてきた。そのたびに私は「出会いたい相手のイメージがはっきりしていないと、あなたはその相手を惹きつけられるような人になれないかもしれませんよ」と助言する。お金に関しては、こ

の逆行の法則がより完璧に働く。まず初めにはっきりと目標を決めることがあなたの感情を高め、その力を使うことによって必要なお金を稼ぐことができる。どんな場合も、まず欲しいものを具体的に設定すべきだ。はっきりと目標を決めるのは、こうなったらいいなと考えるのとは違う。あなたの望みをより現実味のあるものにすることだ。そして現実味があればあるほど、あなたはそれが現実になると信じるようになる。信じれば信じるほど、行動するようになる！

自分の限界を超えていく唯一の道は、目標値を常に高く掲げることだ。

ひとつ注意しなければならないことがある。細かい点まで完璧にしようと必死にならないようにしよう。まずは大きなビジョンを描いて、あなたが進歩していくに従って細部を埋めていけばいい。常により大きなビジョンを意識することで、一歩ごとに、なぜそのステップが必要なのかを思い出すことができる。並外れた成功を成し遂げた人たちはみな、欲しいものがまだ手に入っていないことを、くよくよ考えたりしない境地に達している。彼らは、欲しいものをもうすでに持っているかのような気持ちになることができる。あなたもあなたの成功を今、祝おう。今、感謝しよう。欲しいものが手に入ったらどんな気持ちになるか想像して、それとまったく同じ気持ちになろうとしてみよう。こうすると強い感情が湧いてきて、それがあなたの行動への意欲をかき立てて、目標との距離がどんどん縮まっていく。望むものがもうそこにあるように感じ、必ず手に入れられるという信念を作り上げないかぎり、あなたは決してそれを手に入れることはできない。存在すると信じてもいない場所に到達することはできないのだ！

今すぐ取りかかろう。今回の課題も、やり終えるまでは先に進まないようにしてほしい。あなたの感謝のリストを取り出して、書き始めよう。いらないものや、やめたいことなどは書かない。望まないものより望むものに意識を集中しよう。例えば、「私はマイアミにプールとバルコニーのあるマンションを持ちたい」と書くのはいいが、「私が住んでいるような、寝室がひとつしかないアパートには住みたくない」と書いてはいけない。分野ごとに項目を分けたり表を作ったりすると、書きやすくなるかもしれない。

- 経済面……
- 身体面……
- 精神面……
- 感情面……

注意してほしいのは、ここで作るリストは変化していくという点だ。時間がたつにつれて進化していくことになるだろう。だがまずは、スタート地点に立たなければならない。しっかり考えて大きな夢を見よう。必ず「私は……が欲しい」という形の文にしよう。

私はいつも、自分の感謝のリストを読み終えると、目を閉じて集中し、次のような言葉を繰り返す。「お金、体、精神、感情のあらゆる面で、私の望むものを与えてくださったことに、感謝します。私は望んでいたものすべてを持っています。神よ、私の内にある、さまざまな性質を授けてくださったこと、そして望むものは何でも、手に入れたり達成したりできる能力を与えてくださったことに、感謝します」

朝、目が覚めたらすぐにあなたの望みに注意を向けよう。そのときに感じたエネルギーを一日中持ち続ければ、目の前に道がひらけ、光に照らされるのが見える。日々進歩したことや、頭に浮かぶアイデアを、すべて書き留めよう。

これは、あなたが成長するために、どうしても必要な作業だ。やり終えるまで、決してこの先を読まないこと。

目的を持ち、十分に感情を高める

成長するためには目的が必要だ。ナポレオン・ヒルは『思考は現実化する』の中で、「絶対に成し遂げたい目的」について述べている。彼は読者に課す課題として、「私は本当は何を信じているのか」と自分に問いかけるようにと言っている。ヒルによると、98パーセントの人が、確固とした信念をほとんど、もしくはまったく持っていない。そしてそのことが、彼らが本当の成功を手に入れられない唯一の理由だ。ヒルも私と同じように、同時代の最も成功した人たち５００人について調査し、彼らにインタビューしている。トーマス・エジソン、アレクサンダー・グラハム・ベル、ヘンリー・フォード、Ｆ・Ｗ・ウールワース、ジョン・Ｄ・ロックフェラー、ウィリアム・リグレー・ジュニア、そしてフランクリン・ルーズベルトなどは、そのほんの一部だ。

これらのきわめて大きな成功を収めた人たちの態度には、明確なパターンが見られたのだが、当時のほとんどの人が（今もそう変わってはいないが）、成功するために必要な特質について大きな勘違いをしていた。恐れや自己中心的な考え、憤りなどのネガティブな感情が失敗の源だということも、人々に大きな衝撃を与えた。実はこれらとまったく逆の性質が成功の秘訣だとわかったのだが、このことには各自が自分で気づくべきであり、そうしてこそ、人生に真の影響を与えるような知識も獲得できる、とされた。

私の経験からすると、何かを達成した人々の中でも、勝つためには横柄であることや冷酷であることが必要だと考えているような人は、実際には得たものより多くのものを失っている。彼らはお金は手に入れたかもしれないが、他のすべてのもの（彼ら自身も含めて）を失っている。だが、あなた自身に正直なままで望むものを手に入れる道はあるし、そこにこそ本当の成功はあるのだ。

あなたの価値は、あなたの持ち物ではなく、あなた自身にある（トーマス・エジソン）

【課題①】なぜそれが欲しいのか

あなたの欲しいものリストを見て、それらを望む理由をできるだけたくさん書き出してみよう。なぜそれを手に入れなければならないのか、なぜそれ以下では我慢できないのか。何かを望む理由がはっきりしていないと、それを手に入れることを確実にしてくれる感情の高まりが得られない。情熱は作り上げるものであって、ただ待っていて手に入るものではない。このエクササイズは、あなたの願望に情熱を伴わせるために、どうしても必要な作業だ。ここでも、望まないものについては書かないこと。例えば、「私は○○がほしい。理由は、貧乏になるのがいやだから」と書かずに、「私は○○が欲しい。理由は、価値のあることを成し遂げたと感じたいから、もしくは家族に素晴らしい機会を与えたいから」というように書こう。さあ、今すぐ始めよう。

次に挙げた質問も、大いにやる気を高めるのに役立つ。ひとつに数分間かけて集中して考え、答えを書き留めていこう。

- もし私が人生で望むものを手に入れられなかったら、私はどんな気持ちになるだろう？
- そのとき私は、自分のことをどう思うだろう？
- そのとき私のしぐさは、どんなふうだろう？
- そのとき私は、毎日どんな気持ちでいるだろう？
- これらの質問の答えのなかに、今私がしていることが含まれているだろうか？

人生で望むものを、手に入れられなかったときにしているのと同じように、もし今あなたが行動しているとしたら、一体どうやって、何かを得ることを期待できるというのか？

【課題②】もしも今……

- 私が人生で望むものを手に入れたとしたら、私はどんな気持ちになるだろう？

- そのとき私の姿勢はどうだろう？　私のしぐさはどんなふうだろう？　私の身振りや表情や態度はどうだろう？
- 望むものを手に入れたときと同じ気持ちを持ち続けるには、どうしたらいいだろう？　どのように考え、話し、歩けばいいだろう？
- 自分が達成したことについてきちんと考える時間をとり、継続的にそのときの気持ちを保てるようにすべきだろうか？
- これらの質問の答えをもとに、なるべく早く変化を得るためにはどうしたらいいだろう？　何を変えればいいだろう？　今と違うどんな感情を持つようにすべきだろう？

こうした重要な質問に答えることによってのみ、あなたは、何かを達成するために必要な感情の高まりを得ることができる。望むものを手に入れたときに、抱くだろうと想像したのと同じ感情を、一日中持ち続けよう。そうした感情が決意を促す。リストに挙げたものを望む理由を、常に思い出すようにしよう。

あきらめないことの威力

この世で粘り強さに代わるものはない。才能も（才能がありながら成功できないのはよくあることだ）、天才も（「報われない天才」はことわざにしてもいいくらいだ）、教育も（世界は高学歴の落伍者であふれている）、どれも粘り強さにはかなわない。粘り強さと固い決意がひとつになれば、どんなことも成し遂げられる。「継続せよ！」というスローガンが人類の諸問題を解決してきた。それは今後も変わらない（カルビン・クーリッジ）

あなたは、人々が欲しがりそうなアイデアやものを思いついて、１年か２年後にそれが実際に売り出されているのを見つけた経験はないだろうか？　それはテレビで取り上げられたものかもしれないし、スーパーに並んだ新商品や、以前あなたが思いついた発明品かもしれない。あなたは「あれは私のアイデアだ！」と叫んで、それについてあれこれ人に話すだろう。たしかにアイデアは同じかもしれないが、大きな違いは、そのアイデアを実現した人は、あきらめないことを選択したということだ。私たちは実に多くの夢やビジョンやアイデアを手放してしまう。他の人に下らないと思われるとか実現は難しすぎると考えたり、行く手に立ちはだかるさまざまなハードルのせいで、あきらめたりしてしまうからだ。オリンピックのハードル選手は、最初のジャンプで転倒したからといって、走るのをやめたりはしない。やり直して最後まで走りきる。倒れることは失敗することではないのだ。

「失敗する」という考えは、成功することを恐れる人が作り出したもので、「あきらめる」ことと同じ世界に属している。もし私たちが辛抱強く努力するのを止めなければ、その先に失敗という選択肢はない。そもそも、失敗などというものは存在しない。失敗だとされていることはすべて、次の実践に生かすことができる知識だ。偉大な成功者が存在するのは、彼らがどんなことも失敗と考えなかったからだ。彼らは、失敗など存在しない、あるのは教訓だけだと、固く信じている。あなたも失敗はしない。ただ、さまざまな結果を得るだけだ。成功者たちは、骨をくわえたブルドッグに似ている。奪い取ろうとすればするほど、しっかりと食いついて放そうとしない。

トンネルの先に光が見えなくても、私はそこに光があると信じている。

優れた成功者たちの伝記を読めば、最初の仕事や挑戦では成功していない人がほとんどだとわかるだろう。早くに成功した人たちもいるが、それ以外の人たちは、ひとつひとつの経験を、学習と成長のための機会として使ったのだ。

あきらめるのが簡単に思えるのは、ほんの短い間だけだ。私に言わせれば、あきらめてじっとしていることほど最悪なことはない。むしろ動いているよりはるかに生きづらく感じる。たしかに、常に意欲満々でいることは難しいし、気持ちがくじけることもあるだろう。そういう時期を乗り越えるには1センチでも前に進むことだ。進むことは勝つことだからだ。勝つたびにあなたは強くなる。ビジョンを持ち続けることが、本当の意味での勝利なのだ。

あきらめないことの素晴らしさを教えてもらった話を紹介しよう。東南アジアのジャングルを11日間さまよったオーストラリア人男性の話だ。私が観たのは『ジャングルの奇跡（Miracle in the Jungle）』というドキュメンタリーで、ヘイデン・アドコックという人物が奇跡的な生還を果たした実話を元にしている。数時間の予定だった山歩きの途中で、彼は世界でも最も過酷とされている地域で道に迷ってしまう。警報が発令されるような嵐の中で、食べものもなく、ありとあらゆる困難に直面した彼は、自分の人生はもう終わりだと思ったそうだ。深い傷を負い、それがひどく化膿して体中が病に冒された。さらに寄生虫のせいで幻影も見え始める。ある日、滝の上に出た彼は、そこから飛び込んでしまいたいという衝動に駆られた。まさに命を絶とうとしたそのとき、彼は両親と愛する人たちのことを思った。そしてこう考えた。もし今あきらめたら、望みは完全になくなってしまう。彼は家族への強い愛のために、飛び込むのを思いとどまった。そして、さらに6日間をジャングルで生き抜いて救助された。その間、ほとんどの人がとても乗り越えられないような苦しみに、次々と遭遇した。だが、あきらめない心で、絶望的な状況をはねのけたのだ。

どんな障害があっても、心がくじけそうになっても、不可能と言われても、続けること、耐えること、あきらめないこと。何事においても強い魂を弱い魂と区別するのは、この点だ（トマス・カーライル）

あきらめないでいるためには、すべての逃げ道を断つ必要がある。成功することだけが、あなたの心にある唯一の道でなければならない。そういう状況でこそ、超えられないと思っていた限界を超えて、さらにもう一歩進んで行けるからだ。あなたの情熱をただひとつの道に向けよう。あなたが何かを成し遂げられると信じればそれはできる。そのときあなたは、心の中でそれを成し遂げているからだ。あらゆる創造はビジョンと信念から生まれる。たとえほとんどの人がそのアイデアを否定したとしても。あなたが本当に自分を信じていれば、その信念が、いずれはあなたのまわりの人たちに感染する。そのときあなたは、あきらめなくてよかったと思うはずだ。信念は自分で作るものだということを忘れないでほしい。カーネル・サンダースは、彼のレシピを９００のチキンショップに持ち込んで門前払いされ、どの店でも、そのレシピではうまくいくはずがない、ばかげたアイデアだと言われたそうだ。なんと９００回も！　たった5回の拒絶であきらめてしまう人がどれほどいるか考えてみてほしい。それでも彼は自分のアイデアを信じ続け、ついに成功を勝ち取った。あきらめない心と決意が、彼のレシピを、今では誰もが知るケンタッキーフライドチキンに変えたのだ。

ファッションデザイナーのトミー・ヒルフィガーは、ジーンズを車のトランクに入れ、販売して回ることから始めた。そんなことをする気概のある人はめったにいない。彼がもし途中であきらめていたら、史上最大の衣料品会社のひとつを持つことができただろうか。メダルを獲得した人も、テストに合格した人も、地方で会社を興した人も、社会奉仕に生涯を捧げた人も、みな、あきらめずに目標を見つめ続けた人たちだ。成功した人たちはどこかで好機をつかんだわけだが、その機会が訪れるまで粘り続けなければならなかったし、彼ら自身そのことがよくわかっていた。大多数の人の問題は、成功がすぐそこまで来ているのに、そうと気づかずあきらめてしまうことにある。だからこそ、続けることが大切なのだ。なぜなら、そのときは必ず来るし、いったん来れば大きな成果が得られるからだ。自分を信じるのが難しいと感じていても、そのときが来れば必ず正しかったと証明される。

あなたはこれまでに、新しい仕事に取り組まなければならなくなった経験が、一度はあるだろう。そのことを例にとってみよう。初日はひどく緊張したり興奮したりしたことだろう。仕事を理解したり進めたりするのが本当に難しいと感じたかもしれない。とてもやっていけそうにないと思ったかもしれない。だが数週間もすると、同じ仕事がすっかり易しく感じられて、なぜあんなにストレスを感じたのだろうと不思議に思ったはずだ。努力が十分であれば、あなたも自分の能力に目を見張るときが必ず来る。だがほとんどの人は、それに気づく前にあきらめてしまっている。実際、私たちは人生においてどんなことでもできる能力を持っているのだ。これまで歴史上のさまざまな人物が、繰り返しそれを証明してきた。

もちろん、生きていれば何か困難に圧倒されて、一体何をしているのかと自分の能力を疑ったり、人から笑われていると感じたりすることもあるだろう。しかし、偉大さに到達したければ、偉大な人がしているようにふるまうことが必要だ。何かを成し遂げようとしている人は誰でも、自分を疑った経験があるはずだ。だが、勝者は常に、それを自己への信頼で乗り越える。もしあなたが新車を買ったことがあるなら、初めに何度か乗ったときに感じた違和感を覚えているだろう。そのとき、身になじんだ昔の車を懐かしく思ったとしても、後戻りはしないだろう。新しい車のほうがいいとわかっているからだ。そして乗り続けるうちに、だんだんとその車にも慣れていく。

カタツムリは辛抱強く歩き続けてノアの方舟にたどり着いた（チャールズ・H・スポルジョン）

「手放す」ことと「あきらめる」ことを混同している人がいる。いらなくなったものを手放すことと、本当に欲しいと思うものをあきらめることは違う。例えば、うまくいっていない人間関係をあなたがもう続けたくないと思っているなら、新しい道に進むことはあなたの幸せにとって、どうしても必要なことだ。望まないことを手放すことができるのはその人の強さだ。だからそれを「あきらめる」とは言わない。人は心の奥底では望んでいないことを望んでいると思い込んでしまうことがある。あなたの本当の心は常にこう問いかけている。「私はこれを心から望んでいるのか？　それとも手放すことを恐れ、慣れ親しんだ限界から踏み出すのを恐れているだけなのか？」

これは、私たちが体を鍛えるのに似ている。まずトレーニングをし、不具合を感じた部分にはストレッチをする。やがて時間がたつと筋肉が成長する。自分の限界内にとどまっていたら向上はない。これは人生のあらゆる面に当てはまる。望んでいないことをぐずぐずと続けるのは弱さの証拠だと、自分でもわかるはずだ。

同様に、自分に相応しいことに挑戦したり手に入れたりしないために、何かと言い訳をしているときも自覚できるだろう。何かを求めるときに困難はつきものだが、それにしっかりと向き合い続けられる人は少ない。困難は、あなたが望んでいないことを排除する手助けをするためにあるとも言える。それによって、本当の望みが明確になる。

揺るぎない決意は、私たちのビジョンを実現するためになくてはならないものだ。あなたのアイデアやビジョンは、おそらく偉大な成功者の、最後のひとりのそれに負けてはいないはずだ。あとはただ情熱の力を借りさえすればいい。強くあること、信念を持ち続けること、自分を信じること。そして決してあきらめないこと、もしくは得られるはずのこと以下で満足しないことだ。何より大切なのは、必ずプロセスを楽しむこと。今していることに楽しみを付け加えるのを忘れた途端、あなたは確実に苦痛を感じるようになる。夢を生きることは、望むものを手に入れる瞬間だけを言うのではない。実は手に入れるまでのプロセスのことを言う。時には、物事が困難に感じられることもあるだろう、だが覚えておいてほしいのは、どんなことも、決してあなたが乗り越えられないほど難しくはない、ということだ。

困難と向き合った人々

逆境には、恵まれた環境で眠っている才能を引き出す効果がある（ホラティウス）

- コロンビア映画の副社長がハリソン・フォードに言った。「君は決して成功しない」
- ジョン・グリシャムの処女作は、12の出版社と16のエージェントから拒否された。
- あるレコード会社がビートルズについて言った。「彼らのサウンドは好みではないし、ギター中心の音楽はもう古い」
- チャールズ・ダーウィンが父に言われた。「おまえは何者にもなれない、おまえ自身と家族の面汚しになるだろう」
●音楽教師がベートーベンに言った。「作曲家としては見込みがない」
●エンリコ・カルーソーは、歌が下手だと言われた。
●ウォルト・ディズニーは、「想像力に欠けていて独創的なアイデアを持たない」からという理由で新聞社を解雇された。
●『こころのチキンスープ』の著者は、いくつもの出版社から「アンソロジーは売れない」し、内容的にも「あまりにも前向きすぎる」と言われ、合計140回断られた。現在では全世界でシリーズ累計5億部以上売れている。
●トーマス・エジソンは、教師から「頭が悪すぎて何も覚えられない」と言われた。
●ウィンストン・チャーチルは、小学生のころ落ちこぼれだった。
●アルバート・アインシュタインは、4歳近くになるまで話すことができなかった。教師たちは、彼は「決して優秀にはなれない」と言った。
●アイザック・ニュートンは、成績が悪く、家業の農場経営にも失敗した。
●F・W・ウールワースは、働いていた店で「センスがよくない」からという理由で客の応対をさせてもらえなかった。
●マイケル・ジョーダンは、高校のバスケットボール部を辞めさせられたとき、家に帰って部屋にこもって泣いた。
●マリリン・モンローは、プロデューサーから「魅力的でない」「演技もできない」と言われた

●リチャード・バックの『かもめのジョナサン』は、出版社から18回も断られたが、刊行された最初の年に100万部以上も売り上げた。
●ジュリア・ロバーツは、テレビドラマ「オール・マイ・チルドレン」のオーディションに応募したが選ばれなかった。
●エイブラハム・リンカーンは、婚約者を亡くし、事業に2度失敗して心を病み、選挙で8回落選した。

私たちは誰しも挫折するが、重要なのはそこから立ち直るかどうかだ。あきらめてはいけない！

人生で経験した困難のすべてが、問題と障害のすべてが私を強くしてくれた……受けたときにはそう思えなくても、顔面に受けた強烈な蹴りが、実はあなたにとって最善のものであるかもしれない（ウォルト・ディズニー）

障害にぶつかったら――素早く勇敢に

困難は、愚かな人を怒らせ、臆病な人をはねつけ、賢明な人や勤勉な人から能力を引き出し、凡庸な人に技能を高めるよう促し、豊かな人の奢りを正し、怠け者を努力家にする（発言者不明）

私の親友が、中国から品物を輸入する仕事を始めたが、すぐに大きな問題にぶつかってしまった。彼がいわゆる「成功アドバイザー」に相談したところ、宇宙の法則に任せておけばきっとうまくいくと言われたそうだ。この「専門家」は、実際に成功した人たちが、どれほど精力的に活動しているかについて言及するのを忘れている。商売というものは、ただ楽観的に考えていればいいと言えるほど簡単なものだろうか？　成り行き任せでうまくいくものだろうか？　私が答えを言わなくても、もうあなたにはわかっているはずだ。ただ座って「私の車が車庫に入る、車庫に入る」と唱え続け、目を開けたら車がいつの間にか車庫に入っていた、などということがあり得ないのは、誰にでもわかることだ。あなたがこの話をあり得ないと感じるのは、実際あり得ないからだ。立ち上がって自分で動かさない限り、車は路上に停まったままだ。だが、人はこういうことを信じたがる。安易な成功を唱える人や本やドキュメンタリーやセミナーが後を絶たない。講演家でもあり作家でもある人が、望みさえすれば「努力なしに実現できる」と言うのを聞いたことさえある。もしあなたが、このようなことを聞いて信じているとしたら、ひどくがっかりすることになるだろう。これまでも、そしてこれからも偉大なことを簡単に成し遂げる方法など、存在しないのだから。

だが、人生には肯定的な面もある。どうにもならないように思えるときにも、必ず切り抜ける方法はある。あなたよりひどい状況の人もいる、と教えてくれる友人は必ずいるものだが、それを聞いても励ましにはならないだろう。励ましになるのは、もっとひどい状況から立ち直った人の話だ！　常に何か方法がある。困難な状況を落ち着いて受け入れ、何とかして前進する方法を探すか、ただちに障害を回避するかだ。無理に抵抗しないこと。それより、どうすればその経験からあなたの人生をよりよく変えられるかを考えよう。私たちは障害から得られる成果より、障害そのものに全エネルギーを注いでしまう。目の前の車がウィンカーを出しているとしよう。その車を回避するのが、自然な反応ではないだろうか？　一番大切なことは、目的地に向かう流れを止めないことだ。障害にではなく、その結果に焦点を当てよう。

私たちはみんな知っている。人生で何かを望むなら、行動して手に入れるしかないことを。一日中ただ待って幸運を祈っているだけでは、決してそれは手に入らない。楽に成功する方法などないのだから、そのようなことを教える本を読んだり、セミナーに行ったりするのはやめよう。複数の選択肢があるときも、ほとんどの人は楽なほうを選ぼうとする。少ない努力で多くを得られる方法があると思いたいからだ。それはまったくの間違いだし、そのせいで多くの人が望むものを手に入れられないのだ。だが、嘘つきたちは容易な方法を売り物にする。彼らは決して本当のことを言わない。これと反対のことを言う人がわずかしかいないことに気づいてほしい。なぜか？　10年たってもまだ寝室に腰掛けたまま、フェラーリや理想の恋人が空から落ちてくるのを待っている、などと言うのは恥だからだ。人生は学びだ。そして成長するための唯一の方法は、困難を乗り越えることだ。

困難こそが人生の真実だ。困難をなくすことはできない。私たちにできるのは困難にどう対処するかを選ぶことだ（英語圏のことわざ）

例の友人は、商売を始める前に相当の準備をしていたので、大きな利益が得られると期待して「その後の」計画をおろそかにした。注文の電話が鳴らず、品物が積み上げられたままになったとき初めて、彼はこの商売が失敗だったと悟った。ほとんどの事業が実際は計画どおりにはいかないということを、彼は知らなかったのだ。

成功への道のりが、特定のひとつの出来事の上に成り立つのではないことは、非常に大切なことだ。もしそうなら、それに失敗したとき、ひどいショックを受けることを覚悟しなければならない。仮にあなたが何か大きなイベントを準備し、勢い込んで動き回ったのに、がっかりするような結果しか得られなかったとしたら、何もしないほうがましだったということになりかねない。これは何かを成し遂げるためにひとつの方法しか考えない人にありがちなことだ。もし失敗したとしても、あなたの最終的な目標が心からの願いであるのなら、目標自体を変えるのでなく、別の方法を探してみよう。さまざまなやり方で努力してみよう。

ブルース・リーがこれを見事に表現してくれている。「水はティーカップに入れればティーカップに、ボウルに入れればボウルになる。砕けることも流れることもできる。友よ、水の如くあれ」。彼がここで言っているのは、水は器に合わせて自在に姿を変えられるということ。私たちはひとつの方法に固執することなく、どんな状況にも柔軟に対応したほうがいい。常に道はたくさんある。もし困難に直面したら、実はそれはあなたの利益になると気づいてほしい。成功した人たちの誰もが、困難なときにこそ一層努力し、より広い視野で考えることができたと言うはずだ。逆境や困難は、実は学びのチャンスなのだ。

友人の商売に関して付け加えておきたいのは、1年後、ひとりのビジネスマンが彼のショールームに現れて、６５０万円相当の商品を１日で買い上げてくれたことだ。そこからすべてがうまくいくようになった。あとで彼から聞いてわかったのは、彼は幾晩も絶望の中で過ごし、何度も気分が悪くなってトイレに駆け込んだが、それでも、自分の信念に期限を設けることだけはしなかったそうだ。彼は成功を信じ続け、あきらめなかった。そしてついに成功をつかんだのだ。

友よ、人生は贈り物だ。君はもうあと一歩で、その包みを開けられるところまで来ているのかもしれない。

幸せが何かの実現を楽しみにすることだとして、そのために行動したいという情熱に駆られたら、私たちは、引き続き新たな挑戦に乗り出すべきではないだろうか？　その情熱が途切れることのないよう、ひとつの挑戦をクリアするずっと前に、さらにその先の新たなビジョンや試みを設定しておこう。そして、目的に向かって動き出すときに知っておくべき最も大切なことは、どのステップも一歩踏み出すごとに、達成に近づいていくということ。この考えを常に視野に入れていると、大きな刺激になって目標を見失わずにすむ。継続的に行動し、日々のステップを、目の前を照らすランプのように見て前進しよう。今している事を信じているならその信念を持ち続けよう。そうすれば成功の材料がたまっていく。その際、あなたの成功を確実なものにする戦略を、この後に列挙しておこう。

逆境は成長を促進する（ローズマリー・ロゼッティ）

❶数多くの計画を立てる

もしあなたに計画があるとしたら、素晴らしいことだ。計画をもうひとつ作ろう！　できればもう5つ。前に進むためのたくさんの選択肢を、常に持っていよう。もし計画がないなら、まずひとつ作ろう。どこから始めたらいいかわからないと言うなら、何かの賞をとることに目を向けるといい。それを感じ、それを生き、それを呼吸し、それについて瞑想し、それについて話し、そのために祈ろう。何でもいい、その計画に夢中になりさえすればそれでいい。こうするといたるところで発想が浮かんでくるから、それを書き留めておこう。そのときはごく小さなことに思えても、必ず紙に書き留めること。そこからさまざまなことが流れ出すはずだ。こうしておけば、障害物があるときは進む方向を変えられる。

❷適切な行動をする

毎日、何かしら行動を起こす。2つ、3つ、5つ、もしくは10でもいい。必ず何かしよう。そうすると勢いが生まれる。小さなステップが積み重なって大きな前進になる。お菓子が詰まったピニャータの壺をたたき続ければ、いつか必ずお菓子が落ちてくる。そんなふうに達成の瞬間を想像しよう。

❸障害や問題を正しく知る

物事をすぐに見かけで判断しないようにしよう。それでは視野が狭くなってしまう。目標に向かっていく過程では、心を開いておく必要がある。困難や逆境が現れるたびに、それがどんなに小さなことても学びのきっかけと考えよう。この単純な矯正作業に本気で取り組むなら、いつかあなたは、大きな成長の機会に恵まれるだろう。

❹目標を見失うな

決して目標から目をそらさないようにしよう。常に信念に集中すること。心が定まったら、絶対に立ち止まらないこと。最終目標のビジョンを常に心に置いて、その光で行く手を照らし続けよう。ビジョンこそが真に私たちを鼓舞してくれるものだ。

勇気よ、私の友でいてくれ（ウィリアム・シェイクスピア）

ビジネスに着手する

ひとつのアイデアを取り上げて、そのアイデアをあなたの命にしなさい。そのことを考え、それを夢に見て、そのアイデアを糧として暮らしなさい。脳を、筋肉を、神経を、そしてあなたの体のあらゆる部分をそのアイデアで満たし、それ以外のアイデアは放っておきなさい。これが成功するための方法です。偉大な霊的巨人たちが編み出した方法です（スワミ・ヴィヴェーカーナンダ）

何かを強く願っても、行為が伴わなくては実現しない。そして、行動しても計画がなければうまくいくとは限らないと知っておこう。一所懸命やれば報われると言われるが、30年間必死に働いてきて、しかも20年前に望んでいたものをまだ手に入れていない人たちがいるのを私は知っている。成功が容易には訪れないのは確かだが、あなたがプロセスを楽しむなら、それもさほど難しくはないだろう。結果として得られるものに感情的な喜びをたくさん関連づけて、それ以外の生き方が考えられないくらいになれば、あなたはプロセスを楽しむことができる。

私たちは賢く戦略的に行動することを学ばなければならない。生き方を変え始めたころ、私は自分に約束した。何であれ、学びたいと思う分野のエリートの真似をしようと。さほど成功していない人たちからあれこれ学ぶことに、どんな意味があるのか。まっすぐにトップに立つ人たちのところに行って、彼らの行動や思考のパターンを学べばいいではないか。テニスを学びたいと思ったとき、私はロジャー・フェデラーのスタイルを学んだ。そして、彼のラケットの持ち方や動き、試合中の心の持ち方をもとに練習していった。ビジネスについて学びたいとき、私は中国人か日本人を手本にする。私はいつも彼らのビジネスのやり方に魅了されてきた。彼らには、何か隠れた秘密があるように思えた。西洋人が知らないことを会得していると感じたのだ。あるとき、探求の旅の途中で『孫子』という本に出会った。中国古代の将軍であり軍師であり哲学者でもある孫武が書いた本だ。そして、中国人や日本人がビジネスの基本として、この本や類似の本を使っていると知った。彼らはビジネスを、戦いに赴くのと同じように考えている。実際、ほとんどの場合ビジネスは戦いなのだ。勇気、名誉、戦略、準備、攻防や退却のタイミング。これらはすべて、ビジネスで成功するための重要な要素だ。

あなたの情熱をもとに金を稼ぎ、富を増やすためには、ビジネスにすることを考えなければならない。そのときあなたのすることは、純粋な心から発したことではなくなってしまうのだろうか？　もしあなたが自分のためだけに働き、成功を人と分け合うつもりがまったくないなら、そのとおりだろう。だが、その仕事によって他の人たちの生活が向上したり、コミュニティが成長したりするなら、依然として純粋な思いは保たれるだろう。どちらになるかは、情熱をお金に換える際に、どのような考え方を選択するかによる。例えばここにナイフがある。このナイフが孤島にいる貧しい男の手に渡ったとしたら、彼はそれを果物を切るために使い、彼の生活はほんの少しでも楽になるだろう。だがもしこのナイフを連続殺人犯に与えたら、彼がそれをどう使うかは想像できるはずだ。ナイフには２つのまったく違う道具になる可能性がある。すべては、あなたがそれをどう見るかによる。

「金銭は悪だ」と言ったり、裕福な人を中傷したりする人のほとんどは、お金がないとこぼしている人だ。完全に矛盾した態度だが、こうなるのは、大多数の人が、自分には資産を増やす能力がないと思っているからだ。能力のある人をけなすほうがずっと簡単だし、手っ取り早く満足を得られるというわけだ。しかし、そのうちの何人が10億円の小切手を断るだろうか？　年間のボーナスを倍にすると言われてはねつけるだろうか？　そう考えると、悪いのは金そのものか、あるいは金で悪事を働く人がいるということか、どちらだろう？　人間を責めるより、紙切れを責めるほうが容易なだけではないのか。

タイで心の力について学んでいたころ、現地の僧侶たちと３日間ともに過ごす機会に恵まれたのだが、彼らでさえ、在家信者からの寄付を頼って生活していた。生きるため、バンコクの寺院を維持するために金銭が必要なのだ。金を愛するにせよ、仕方なく受け入れるにせよ、金が私たちの社会の主要な要素のひとつであることに変わりはない。あなたは何十億もの富を望んではいないかもしれないし、それはそれでいいことだ。一生かかっても使い切れないくらい金を持っているのに不幸な人たちがいる一方で、そこそこの暮らしでこのうえなく幸せを感じている人たちがいる。お金がなく憎悪の塊のようになっている人もいれば、世界のために素晴らしい行いをしている裕福な人たちもいる。あなたの経済状況にどう対処するかは、あなたが決めることだ。あなたが情熱を、一生の仕事に捧げるにせよ、巨額の富を得ることに使うにせよ、まず覚悟を決めければならない。ビジネスは浮ついた気持ちではできない。決意を固めて強い気持ちを持つ必要がある。そしてもし歴史から学ぶことがあるとすれば、それは、誰もが目的を成し遂げる力を持っているということだ。会社を買い取ることもできるし、自分で始めることも、あるいはひとりで仕事をすることもできる。何をするにしても、まず次の質問に答えてみてほしい。

- どうすれば、私のアイデアを実行して、利益につなげることができるだろうか?
- 販売計画はあるのか?　どう売り込むのか?　それを私が望むイメージを損なうことなく多くの人に届けるには、どうすればいいだろうか?
- 何らかのビジネスプランを準備しているか?
- 出資者を募るのか?　もし募るなら、損益分岐点をいつにするのか?　出資者たちはどの時点で利益を見込めるのか?

- 私のビジョンはまだあいまいだろうか？　自分の望むものをもっと明確にするべきだろうか？
- 学ぶべきビジネススキルがあるだろうか？　まず同種の会社で半年か1年、実務経験を積むべきだろうか？
- 専門家と話して意見を求めるべきだろうか？
- ローンを組むのか？　もし組むなら、自己資本との割合はどれくらいにするのか？
- すぐに利益が得られそうか？　もしそうでないなら、生計をたてるための仕事を探すか、もしくはこのまま投資を続けるか？
- このビジネスで推進したい理念や価値観は何だろうか？（例えば、名誉、誠実さ、忠誠、楽しさ、信頼など。成功したビジネスはどれも、この部分をしっかりと固めている。それを消費者や従業員と共有し、宣伝や販売の方法に反映させていくのだ。また、経営者がその理想を実践してみせることも忘れてはならない）
- 仕事がはかどるように稼働時間を増やすべきだろうか？　今8時間から10時間とっている睡眠を6時間にしたほうがいいのではないか？

あなたはなぜビジネスで成功したいのか？　それが使命だと思うからか、他の人の下で働きたくないからか、自分の人生に責任を持ちたいからか。あなたは仕事に情熱を持っているだろうか？　もし気持ちからでなくお金のためだけに働いているのだとしたら、あなたは決して幸せにはなれないだろう。得られる結果より、常に動機を優先すべきだ。そうでないといずれ困難にぶつかることになる。

大きなオモチャを欲しがるのもいいが、それを大切な決断をするときの基準にしてはならない。代わりにあなたの情熱に計画を決めさせよう。人は物欲に駆られると、人生を滅ぼすようなことをしてしまう。物欲に支配されることのないよう、常に心がけていよう。

金しか生まないビジネスは貧しいビジネスだ（ヘンリー・フォード）

これらの質問を見て怖じ気づかないように。私たちはときどき、こうしたことを無視してしまう。多くのビジネスが失敗したり、経営者があきらめてしまったりするのは、そのせいだ。私はこれらの質問の答えを得るために大学に通ったのではないし、ほとんどの成功者も同様だ。だから、あなたが今やるべきは、とにかく始めることだ。ただし、これらの質問のいくつかを心に留めておくと、ビジネスをやっていくとき、ギャップを埋めるのに役立つことがあるかもしれない。例えば、私のマーケティングプランは、ノートに鉛筆で本の売り方を書くことから始まった。約1カ月後、メモは10ページになっていた。運転中にアイデアが浮かんだときは、車を路肩に停めて携帯電話に書き込んだ。その後、それを分類して時間を割り振っていった。自分のビジネスに役立つことをインターネットで調べるのもいい。もしまだやっていないなら、すぐにやってみよう。実践的な情報がいくらでも見つかるし、しかもお金はかからない。そういう情報の上に成功を築けと言っているわけではないが、とても参考になることは確かだ。私は「本を売る方法」と入力し、瞬時に何千というアイデアを得た。

少しずつ成長を重ねていく

間違いを指摘することは非常に有益だが、励ますことはもっと役に立つ（ヨハン・ヴォルフガング・フォン・ゲーテ）

ビジョンの実現に向かって努力するとき、進んでいく一歩一歩を意識することはとても大切だ。私たちはよく、失敗したときのことを思い出して危険を回避しようとするが、反対に、何か良いことをするために、自分の背中を押してやることがあるだろうか？　例えば、勇気を出して誰かに愛を伝えることだったり、ビジョンの実現のためにメールを1通送ることだったり、自分を省みて成長した点を見つけることだったり。どれも心から誇りに思っていいことだ。

偉大な成功者の誰もが、頂点に達するために、この自己評価というツールを使いこなしてきた。ほんの少し考えれば、否定的なことから成長を得ることは不可能だとわかるはずだ。私たちは一歩ごとに自分に報酬を与えるように考え方を変える必要がある。警察犬の訓練法が良い例だ。警察犬になる犬は、エリート中のエリートで、非常によくしつけられていて、決して信頼を裏切らない。訓練士は、犬たちに餌を与えるタイミングを決めて、犬たちはその時間になると、正確かつ確実に餌皿に足をかける。トレーニング中、犬たちは決して叩かれたり声をあげてたしなめられたりしない。進歩するたびに、必ず褒めてもらえるよう条件付けられている。その繰り返しが動機となって、犬たちはよくできたことを何度もするようになり、やがてはマシンのように正確かつ確実に行えるようになる。同様に、私たちが心から人生を楽しみ、目標に到達するための唯一の方法は、報酬を得たときに感じる良い気分を、自分自身に条件付けていくことだ。

子供のころに両親からガミガミ言われたことは、たとえその批判が正当なものだとわかっていても、二度としたくないと思ったはずだ。反対にあなたがしたことを、両親が誇りに思うと言ってくれたり褒めてくれたりしたときには、幸せを感じて同じことをまたしようと思ったのではないか。私たちが住む社会では、悪事を懲らしめるのが物事の解決策だと思われている。そのため、不適切な行いが注意を引き、世間の注目を集めるようになる。だがその一方で、私たちは、世界のために良いことをした人をどれくらい褒め称えているだろうか？　彼らが注目を集めることがあるだろうか？　なぜこんなにも多くの人が途方に暮れているのか、疑問に思ったことはないだろうか？　そういう世の中を変えるには、肯定的な進歩を積み重ねていくしかないのだ。

私たちのやる気は、繰り返し自分自身を誇りに思うことから生まれる。どうしてあんなにもやる気にあふれた人たちがいるのかと、不思議に思ったことはないだろうか。これがその理由だ。彼らは、他人がやって来て褒めてくれるのを待っていたりはしない。自分で自分を褒めるのだ。あなたがそんなふうにしていると、まわりの人にもあなたの情熱が伝わって、その人たちも自分を褒めるようになる。あまり上手にできなかったと思うことの中にも、常に何らかの成長を探すようにしよう。

私は以前、ある野心的な歌手のコーチングをしたことがあるが、彼女は音程を外すたびに、ひどく自分を責めていた。うまくできなかったことだけに注目して、自分のパフォーマンスの良い面を見ることを忘れてしまっていた。ミスしたとき「どうやったらこの部分をうまく歌えるようになるかしら？」と言う代わりに、ただ失敗したと考えてしまっていた。私たちにとっては、自分自身が最も厳しい批評家だが、ひとたび、自分の批評が、人生で望みうる最高のコーチだと認識できれば、あなたはその先へ進むことができる。一歩前進するごとに、たとえどんなに小さな一歩に見えようと、体全体を使って喜ぶようにしよう。こうすることで、あなたは何かをやり遂げることが気持ちのいいものだということを、心と体の両方で覚えていく。体を動かし、声を出して、飛び上がって、家中を踊り回って……どうかしてしまったように見えても問題ない。とにかくやる気を育てるのだ。今日の感情があなたの明日を作るのだ

私たちのほとんどが、世界がまったく知らないような困難の波にあらがって泳いでいる。私たちに必要なのは、ただほんの少しの褒め言葉と励ましだ。それさえあれば私たちは目標を達成できる（ロバート・コリアー）

ピンチのときは正直に

危機に直面するたびに、より一層力が湧いてくる（ウィリアム・モールトン・マーストン）

この世でじっとしたまま成長も後退もしないものは、何ひとつない。私たちもその法則の例外ではない。つまり、今あなたが向上しているのでなければ、衰えていっているということだ。ときどき、私たちは自分が他の人より悪い状況にあることを自慢し、吹聴してまわることさえあるようだ。「でも、私にはあなたよりもっと大きな心配事があるんですよ」というふうに。そのように他人より状況が悪いことを示そうとするのは、人生の惨めさを競うようなもので、自慢したり吹聴したりすべきことではない。嫌な仕事ならやめればいいし、十分睡眠がとれていないならもっと早く寝ればいい。

世間では、仕事の愚痴を言うことが常識のようになっているが、それは、本当に仕事を嫌っているからなのか、あるいは仕事というものは嫌なものだと思い込んでいるからなのか、どちらだろう？私自身、かつては仕事の愚痴ばかり言っていたが、他のどの仕事も自分の仕事と同じくらいひどいと思っていた。やがてわかってきたのは、私たちが新しい仕事を好きになれない理由を見つけては、同じ愚痴を言い続けているということ、人は「仕事」という言葉に対して常にそのような態度をとるということだった。自分自身のビジョンを持っていないと、自分は進歩もせずただ働いて他人を裕福にしているだけのように感じてしまうから、決して幸せにはなれないのだ。

私には兄弟のように仲の良い友人がいる。ある日彼がこう言った。「システムに従っていれば成功できると信じて育ってきたが、それが偽りだとわかった」と。彼は大学卒業後、さまざまな企業で10年以上働いた。手堅い人生を選んでいると思っていたが、それさえうまくいかなかった。２つの会社が、人員削減のため、無情にも彼を解雇した。最後に勤めた会社で、彼は1年の目標利益が19億円という仕事を任された。彼はその目標を達成したが、給料はわずか９００万円だった。経営者に連絡して昇給を願い出たが、「多忙のため」話し合いが持てないという返事しかもらえなかった。ヨットの上で休暇を楽しむのに忙しかったのだ。

そこで友人は、経験を生かして、自分でマーケティングビジネスを始める決意をした。もし今あなたが会社で働いているなら、自分なりの目的があってそうしていることを確認しよう。その仕事が、自分の目的のための踏み台や基礎になるという信念を持つことだ。安定した収入を得ることは素晴らしいことだが、あなたが自分の枠を広げたいと思うなら、そのお金を将来のために役立てよう。誰か他人のために働くのではなく、自分のために働いていると考えよう。副業として不動産や株に投資するのでもいい。私は一時期、２つの仕事に加えて、共同経営している自分のビジネスを持っていた。夕方６時に仕事を終えてから夜の10時までピザの宅配をし、その後、自分の会社に行って仕事をしていた。本気で探せば、いつだって時間は見つけられる。言い訳は必要ない。

あなたはそれを仕事と呼び、私はそれを夢の実現と呼ぶ。

人は、被害者意識にとりつかれると、被害者でいるほうが楽なのではないかと考えるようになる。だが、本当はそうではないと、私たちみんなが知っている。被害者はすぐに心が折れてあきらめてしまうからだ。人はまた、物事を実際より悪く考えてどうにもできないと考える。人生のあらゆる場面で、これは格好の逃げ道に思えるが、実際には、私たちはこうして自分自身を追い詰めている。一方で、こういう態度をとる人は、失望したり、人から拒絶されたり、何かに失敗したりしたくなくて、良い対処法を示されても「私は疑い深いんです」とか「悲観的に考えるほうなので」と言う。だがそれは、ただ事実に向き合って、より良い道があると認める勇気がないだけだ。悲観的でいれば勇気はいらないからだ。人はつい物事を悪い方に考えてしまうが、組織のリーダーや自分の人生に責任を持ちたいと思う人は、同じ状況にあってもよい点に目を向けようと心に決めているものだ。

危機的な状況や被害者意識に対して、常に「前向きに考えよう」と言うだけでは答えにならない。前向きな考えという言葉を、明るくしていればおとぎ話のように何でもかなうように使うのは間違いだ。陽気でいることは素晴らしいことだが、四六時中そうしているわけにもいかないだろう。人生は障害物のない一本道ではないからだ。状況によって反応も変わる。あなたの家が燃えているとき、鼻歌を歌いながら通りをスキップして行くことはできないはずだ。そんなときに前向きに考えることなどとてもできないだろう。だが理性的であることはできる。理性的に考えることで、素早く我に返ってこう言える。「今、私にできることは何だろう？　事態を少しでもよくするにはどうしたらいいだろう？　まず消防署に連絡しよう」と。理性的な思考は、状況を正しく判断して対策を立てるのに役立つ。前向きな考えというのは、このように用いられるべきなのだ。特に人生の岐路に立たされているようなときには。問題は、私が出会ってきたほとんどの人が、前向きに考えようとしていたにもかかわらず、そのときの気持ちや経験の核心をつかめていなかったということだ。大切なのはただ前向きに考えるだけでなく、理性的に考えることだ。あなたが物事を実際より悪く考えるのではなく、ありのままに見ようと決意すれば、どんなときも成長につながる新しい道が見つかるはずだ。

かつて、私のクライアントに太りすぎの人がいて、自分は代謝が悪いせいで太っていると言っていた。彼はあらゆる方法で自分は被害者だと考えようとして、状況を実際以上に悪く語っていた。そのため、率直な事実を聞かされる痛みと向き合わなくてすんでいたのだ。だが私は、まっすぐ彼の目を見て言った。「いや、あなたは体質のせいで太っているんじゃありませんよ。あなたに必要なのはお尻を持ち上げて人生で経験したことがないくらい走ることです」。いじめと言われようが、お節介と言われようが、私はそう言うべきだと思った。

数カ月後、彼からメールが届いた。中国のホテルのプールにいる彼の写真だった。彼はそのころ中国で働いていたが、すっかり痩せたその姿を見て、私は衝撃を受けた。メールには、私に心から感謝する、自分に必要だったのは誰かに真実を吐き出してもらうことだけだった、それだけで新たな挑戦に乗り出していくのに十分だった、と書かれていた。これまでの人生で誰ひとり、彼の家族も友人も本当のことを言ってはくれなかったのだ。そんなことを言って嫌な気持ちになりたくなかったからだ。まわりの人間のそのような態度は、明らかに彼のためにならないばかりか、彼の健康上の問題をむしろ助長してしまっていた。私はこれまで「低代謝」だと思っている人や「太り気味」の人をたくさん訓練してきたが、彼らも同じように健康な体を手に入れている。

真実は人を傷つけると言われるが、真実は人を自由にもしてくれるのではないだろうか？　私たちを最も傷つけることは、多くの場合、私たちを自由にしてくれることでもあるのだ。

私の家族は裕福ではなかったので、私はいつも自分で稼ぐことを考えなければならなかった。両親は私の初めての車を買ってくれなかったし、休暇旅行にも行かせてくれなかった。私のビジネスにも投資してくれなかった。私のほうも両親に無心したことはない。もしそうできるならすでにしてくれているはずだとわかっていたからだ。長い間、まわりの人たちがそういうものを易々と手に入れているのを見て、自分は不幸な運命の犠牲者だと思ってきた。事実をありのままにではなく、最悪の方法で見ることを選択していた。だが、私はこのように多くの手段や機会に恵まれた国にいることができたし、両親から食べ物と教育と住む家と愛を与えられてもいた。このうちのどれひとつとして持っていない人もいるというのに。しかも私には、わくわくするような未来があるではないか。そのように物事を考えると決めただけで、状況がとても良いものに思えてきた。私たちは大抵、自分の力でどうにかできることに文句を言っている。自分に嘘をつくのをやめて心から正直になる必要がある。そうしないと変わることはできないだろう。最悪の方法で状況を見るのが現実的なことだと人は言うかもしれないが、それは本当だろうか？　大げさに表現しているだけではないのか？　本当の意味で現実的であるためには、まず自分自身に正直でなければならないのではないだろうか？

主体的に考える

状況を実際より悪くではなく、ありのままに観察しよう。状況を実際より悪く見ることをやめると、次の段階に進むことができる。もし、物事を実際より悪く見てそれを現実のことだと思い込むことができるとしたら、反対に実際よりよく見ることもできるのではないだろうか？　そうすると状況に対するあなたの反応が同じくらいの強度で、しかも良い方向に変わる。それによって状況に関するすべてが変化するし、もっと大事なのは、私たちの状況への働きかけが変わることで、その結果が変わってくるということだ。あなたは、状況を実際よりもよく考えるべきなのだ。たとえ何か困難に思えることがあっても、何か素晴らしいことが待っていると思えば、それを手に入れる方法を見つけられる。説得力のあるビジョンを描き、物事を広い視野から見て、目の前の状況から学びを引き出そう。できるだけ現実味のあるビジョンを描けば、おのずと別の方法が見つかるはずだ。

ビジョンを描く

実際よりよく考えよう。何か実現したい有益なことが見つかった今こそ、あなたのビジョンを明確にするときだ。明確なビジョンが行動計画や戦略を呼び寄せ、それらが新たな結果を生む。そのビジョンを現実にするために行動しよう。まずそのためにすべきことを考え、望ましい結果を思い描いて、その状態を現実のものとして感じよう。あなたは何を信じるべきか？　どのような姿勢でいるべきか？　何に集中すべきか？　誰と話をすることができるか？　他にどんな行動を起こすべきか？

新たな戦略

今あなたが考えた新たな方法で行動を起こそう。

３つの行為

　私が多くの人たちと人生について話して気づいたのは、肉体的な行為である行動が、心の行為である思考や、言葉による行為である発話より効果的だと思われているということだ。この章では、その思い込みを崩して、あなたが抱くすべての思考とあなたが話すすべての言葉も、肉体による行動に負けないくらい、運命を形づくる力を持っていることを伝えていきたい。すべては思考から始まるのだが、ほとんどの人はこのことに気づいていない。思考によって言葉が口から出てくるのだし、あらゆる行動を決定するのも思考だ。

　３つの行為はどれも同じように重要だが、そう思われていないところに大きな落とし穴がある。私たちは常に、この３種類の行為によって、私たちの運命や性質や信念を作りあげている。もしビル・ゲイツの頭脳をもらうことができたら、あなたは受け取りますか？　マイケル・ジャクソンのダンスの才能だったらどうだろう？　あるいはタイガー・ウッズのゴルフスイングだったら？　彼らの才能や技術を欲しがる人は多いだろう。ならばなぜ、世の中の人たちは、それを学んで自力で手に入れようとしないのだろう？　ここに挙げたプロフェッショナルたちも、それぞれ抜きん出た存在になるために努力してきたはずではないか。たしかにそれは容易なことではない。

　しかし本当の理由は、ほとんどの人が過去に縛られて、自分が特別な存在になれると信じようとしないことにある。自分という存在は、これまでの選択や経験の積み重ねでできたもので、これからもそれが継続していくと思い込んでしまっているのだ。

あなたがどこから来たかは、どうでもいい。重要なのは、どこへ向かっていくかだ（コンドリーザ・ライス）

何でも手に入る恵まれた環境に生まれても、最後は厚生施設で終わる人がいる一方で、悲惨な体験から抜け出して、世界規模の影響力を持つようになった人たちもいることを、考えてみてほしい。過去の経験で私たちの一生が決まるわけではないし、私たちが何者であるかが決まるわけでもない。過去の出来事で、この先起こることが決まってしまうわけでもない。ある賢者がこう言った。「明日は昨日と同じではない」。これは、私たちが今日考えたり行ったりしていることが明日の私たちを作るという意味だ。

私たちは常識から外れた世界のことにとらわれすぎて、かえって常識が一般的なものでなくなってしまっている。驚いたことに今日では、常識を働かせている人が「常識外れ」のレッテルを貼られていて、頭角を現すまではおかしな人だと思われていることが多い。彼らは特別な人間なのか？　そうではない。ただ常識を働かせただけだ。世の中には、私たちが今までそうしてきたから、この先も守らなければならないと思い込んでいる、行動や思考様式のようなものが存在する。そんなものは嘘っぱちだ。今この瞬間の選択が未来の私たちを作るのだ。

私たちのほとんどが、何をすべきかわかっているように見えるが、実際はそうではない。知識を得ることと、知識を身につけることは違うからだ。知識を手に入れても、それを実践しなければ身につけたことにはならない。誰かから「そのことはもう知っていますよ」と言われるたびに、私は「知るだけでは何も変わりません、それを実践しなさい」と返すようにしている。どんなに知識があっても、結局いつもと同じように行動し、同じような経験をし、同じように感じていては、決して成功や満足に至ることはできない。

一度、私の倍くらいの年の男性から「君に人生の何がわかるというんだ、私の半分しか生きていないのに」と言われたことがある。その人は私の友人の友人だったが、彼が怒ったのは、恋人の３度目の浮気が発覚したばかりだったからだ。私はたった一度の経験で決断しましたよ、と彼に言った。一見すると彼のほうがなすべきことを知っているようだが、それほど自分を苦しめる関係を続けたことから、彼は何を学んだのだろうか？　何も学ばなかったのだ。経験が10回だろうが1回だろうが関係ない。行動を起こして初めて、本当の意味で学ぶことができる。

変化が苦痛だという考えを、変化は喜びだという考えに変える必要がある。何かを耐え忍ぶようなやり方が長続きするとは思えない。有効なのは、何か前向きで新しいことに目を向けることだ。力を削ぐようなことに夢中になる代わりに、力が湧いてくるようなことに夢中になろう。このように考えていると意識的に変わっていけるし、実際に成長も早まる。知識を行動に変えて初めて人は成長する。この法則をうまく利用すれば、成長の無限サイクルを手に入れられる。

自分との戦い

戦う相手は常に自分自身だ！

人生の偉大さは単純さの中にある。問題は、私たちが物事を複雑にしてしまって、単純であることがとても難しくなっていることだ。私たちは満足や成功を手に入れるために、そうした複雑さを解決する方法を探し回る。だがその材料は、実はすでに私たちの中にある。難しいのは、あなたの中にある知識を実践に変えることだ。人生が続くかぎり、難しい問題は常に存在する。私たちの人格は、問題の有無でなく、問題にどう対処するかで作られる。

私は以前、人生と変化についてあるご婦人と話したことがあった。その会話が本書にこの重要な「自分との戦い」の項目を加えるきっかけを与えてくれた。私が意気揚々と話していると、彼女が言った。「自己啓発のセミナーみたいに簡単に言うのね」と。私は彼女に、自分は自己啓発のセミナーをしたいわけではない、と説明した。やる気の出る言葉を聞いて1時間ばかり気分が上がるのと、確かな戦略を得て一生続く意欲を得るのは、別のことだからだ。私は単にやる気を起こさせるだけでなく、教える。この2つの間には大きな違いがある。私は自分の経験をもとに、人々にやる気を出す方法を教えるのだ。だが私はこのとき、彼女に言われたことをもう一度考えてみた。そして思い出したのだ。変わることがどんなに難しかったか、そしてどんなに頑固に過去の自分にとどまろうとしたか。変わることは私にとって文字どおりの戦いだったが、適切な戦略と解決法を身につけてからは、二度とその戦いに敗れることはなかった。

変わることは難しい。公園を歩くのとは違う。だが幸いなことに方程式はシンプルだ。もし変化したければ、変化を起こすしかない。さもないとどんな変化も訪れない。私たちはこのことを忘れている、あるいは知っていても本気で取り組むのを恐れている。そんなことをしたら、本当に永久に人生が変わってしまうかもしれないと思っている。たとえ良いほうに変わるとしても、私たちは未知のものを怖がるのだ。

どんな戦いであれ、勝つためには最強の武器を装備しなければならない。心の戦いも例外ではない。

人生は学びと成長の場だ。時には容易でないこともある。変えるべき今までのあなたは、これからなろうとするあなたより戦いに長けているし、戦わずにあきらめてくれたりもしない。これまであなた自身が、目標を達成できないことへの恐れや罪悪感や失望（他にもいろいろあるはずだ）を感じるよう、自分を訓練してきたのだ。だが、あなたには自分の脳を配線しなおす力がある。体と心と言葉の行為によって、変化を起こすことができる。それしかない。それが唯一の方法だ。私にできるのは、道を示すことと、できるだけあなたの歩みがうまくいくよう助けることだけだ。旅に出て、その道を歩いていくのはあなた自身だ。華やかで楽しいことばかりではないと覚悟しておいてほしい。そして、心や言葉や肉体の戦いが始まったら、独りぼっちだと思ったり被害者意識に逃げ込んだりしないようにしてほしい。

この道を歩み、偉業を成し遂げたり、人生を大きく変えたりすることに成功した人たちはみな、あきらめたほうが楽だったと感じている。人生が簡単だったと言えるのは、スーパーマンかスーパーウーマンだけだろう。もし誰かがあなたに、突然人生がすっかり変わったとか、考えや認識が一瞬で変化したとか言ったとしたら、その人はあなたをだまそうとしている。そんなことを信じていては、決して目的地にたどり着けないし、途中で大けがをしてしまうかもしれない。私はこれまでにも、自分勝手なプログラムを勧める自己啓発系の講演者や著者に、誤った方向に導かれて闇の中に取り残された人たちを、たくさん見てきた。私たちは自分の頭を使って考えるべきだ。人生で何か意味のあることが簡単に達成できることはない。簡単にできるようなことが優れた結果を残すこともない。人生がそんなに簡単なら、凡庸な人生と並外れた人生も区別がつかなくなるだろう。だが、容易なことではないとしても、難しさばかりに目を向けすぎないのも大事なことだ。人が問題を避けようとする動物であるのは私も知っているが、困難にぶつかってこそ私たちは成長する。困難をきっかけに自分を改めることが、あなたにとっての真理の発見につながるのだ。

しかし、命に通じる門はなんと狭く、その道も細いことか。それを見いだす者は少ない（新約聖書「マタイによる福音書」7章14節）

こうした困難、特に精神的な困難を乗り越えるには、心の入り口に常に軍隊を配置しておく必要がある。備えあれば憂いなしだ。あなたが、あなたの進歩を妨げるようなネガティブな考えや感情を乗り越えるたびに、その軍隊に新たな兵士が加わる。そうしてあなたの心の軍隊は、いつの間にか何ものにも負けないくらい力強いものとなるのだ。

最悪の敵でも、あなた自身の無防備な思考ほどあなたを傷つけることはない（ブッダ）

自分を改めていくプロセスを、右利きのボクサーが左利きになろうとするようなものと考えほしい。彼はトレーナーから、勝つためには左で打つことを覚えるしかないと言われて、フォームの矯正に乗り出す。スパーリング中は混乱して、何度も右を繰り出してしまうが、今の彼は、勝つために何をしなければならないかを知っている。常にそのことを考え、間違えるたびにすぐに自分を矯正して、ついには、左打ちを完全に自分のものにする。

心の中の戦いで、ネガティブな考えが勝利していまいそうなとき、即座にあなたが態勢を立て直すための方法を教えよう。

抵抗をやめる

自分の心に逆らいすぎていると感じたら、そこで立ち止まろう。心を落ち着けて、ネガティブ陣営に向かってこう言おう。「わかった。君がここにいることも、ここで何をしようとしているかも知っている。だが君が勝利することは絶対にないんだ」。穏やかな声でそう言ってからうなずいて自分の言葉を確信していることを示す。誰かがあなたを怒らせようとするときも、同じようにするといい。こうすると最後にはネガティブな思考が去っていくはずだ。

書く

どう感じているかを書こう。気分がいいときはその気持ちを、怒ったときはどうしたら気分を変られるかを書き留めよう。そうすれば気分が良かったときに書いたものを読み返して、いつでもそのときの状態に戻ることができる。おそらくあなたも気づいているだろうが、心の中の抵抗が増してくると何もかもが気に障るようになる。友達やパートナーや仕事に関する問題など何もかもだ。その抵抗を取り除かないかぎり、心が解放されることはない。自分の思考と戦っているときも同じだ。思考そのものを取り出して書き留めるのだ。

心の行為――すべては心の中に

金持ちになるには、ある特定のやり方がある。だがそれをするには、ある特定の考え方ができるようにならなければならない。行動は思考の直接の結果だ（ウォレス・ワトルズ）

あなたが考えることのすべてが、あなたの運命を作り、あなたの現実を作り続けているのだと気づけば、もう半分勝ったも同然だ。この感覚に慣れる一番の方法は、自分の思考をよく観察することだ。これまでの経験を思い返してパターンを見つけよう。あなたの考えが特定の行動を促し、特定の種類の経験を引き寄せていないかチェックしてみよう。やってみると、ほとんど常に何らかのパターンが、しかもそうする必要性のないパターンが見つかる。つまり私たちは日々、まわりの環境に対して自動的に反応しているだけなのだ。

私たちは、何を経験するか、困難が生じたときにどう考えるかは、自分でどうにかできることではないと思っている。だが実は、すべてが進む方向を決めてきたのは、自分なのだ。今ある自分を作ったのは自分なのだ。それに気づいて責任を全面的に引き受けたとき、初めて、私たちは変わることができる。たしかに私たちの力では制御できない経験や人々は存在する。それでも私たちは、それらが私たちの人生や考えにどんな意味を持つかを決めることができるし、それらにどう反応するかを決めることもできる。ほとんどの人は、私たちの考えは私たちが何を見るかで決まる、と思っている。私はそうは思わない。私たちが何を見るかは私たちが何を考えるかで決まる、だからどう感じるかも考え方で決まる。心が勝手気ままにさまようのを許しているかぎり、次々と予期せぬ経験に見舞われることになる。私たちが本当に外の世界に影響されるのは、自分の心をコントロールできなくなったときだけなのだ。

思考を監視することで、それを望ましい方向に向けていくことも可能になる。並外れた人生を生きるためには、良い思考を生かし、それ以外は手放していかなければならない。実はどの人の中にも同じような考えが流れ込んでいるのだが、特定の人が特定の考えをつかまえているだけなのだ。あなたから力を奪うような考えにしがみつくか、それとも来た道を通って出て行かせるかはあなた次第だ。そんな考えにしがみつく必要はない。

すべての経験を、あなたが人生のために描いた、より大きなビジョンのために役立てよう。

人間は1日に約6万のことを考えると言われている。あなたは望む人生を手に入れるために、そのうちのいくつを使っているだろうか。潜在意識の領域で考えていることを変えるのは難しいように思える。おそらくあなたもそう思っているだろう。私たちはこれまで実に多くの思考を、そのプロセスを意識することなく繰り返してきた。成功するためにはこの潜在意識を作り変えなければならないのだが、本当の意味でそれを行う唯一の方法は、思考のひとつひとつが人生に及ぼしている影響を見つめることだ。

人が例え話や物語を好むのは、物事を外部から見て、それを自分の経験と関連付けたいと願っているからだ。思考を外から眺めると、思考との関わり方がはっきりしてくる。人並みでない人生を送るためには、自分の行いのすべてを意識している必要がある。あなたの力を削ぐような無意識の思考パターンを破って、あなたを不幸へと向かわせる悪循環から抜け出すには、すべての思考の原因と結果をしっかりと監視することだ。

思考のひとつひとつがどれほどあなたの状態を物理的に変えるかについて思い出したければ、ステップ1の神経可塑性について述べた部分を読み直すといいだろう。考えが浮かぶたびに次のように質問してみるのも役に立つ。「今私が考えることを選択した事柄は、私が望む方向に進むためになるだろうか？」

私は本書でずっとこのことを説明し続けてきたわけだが、ここでさらに具体的な例をあげてみよう。誰かがドライブ中にあなたの進路をさえぎったとしたら、あなたは誰もがするように怒るだろう。そしてそれは、あなたが次にすることに影響を及ぼす。次にすることが何であろうと、その中に怒りのエネルギーが流れ込んでいくからだ。

さらに重要なのは、それによってあなたが、何か困難にぶつかったときに「怒る」という、成長のためにならない選択をするようになってしまうことだ。ただし、そのように反応した直後に、それを正すこともできる。なぜなら、今のあなたは、思考が人生に及ぼす有害な影響に気づいているからだ。困難に直面したとき、それに反応するなと言っているのではない。ただ、常に思考を見張っていれば、いざというときにそれを良い方へ向けられるよう準備しておくことができる。そうしておけば、いつもと違った建設的な思考にのっとった対処ができる。日々の思考を観察して、それを修正したり逆方向に考えたりしてみよう。その試みは、時には戦いのように感じられるだろう。それはあなたが特定のやり方で物事を見ることに慣れているからだ。だがあなたはもっと別の、あなたのためになる考え方を探すべきだ。日々、あなたの思考があなたの人生を作りあげていくのを知ることは、決して難しいことではない。

人は、その人自身の思考の産物にすぎない。人は自分が考えたものになるのだ（マハトマ・ガンジー）

成功した人はみな、これに真剣に取り組んできた。思考を見張り、常に望ましい方向へ向かうよう正していく意外に、成功の道はないからだ。なかにはそれが自然にできていて、他人から尋ねられるまでは自分でもそうしていることに気づかない人もいる。だが、そうでない私のような人たちは、経験から学んでその方法を意識的に身につけてきた。私の場合は、ただ自分の感じ方にうんざりして、考え方を変えようと決めたのが始まりだった。人生の方向転換をするのが狙いだったが、驚いたことに、変化はすぐに訪れた。実際、たった1週間、思考を観察しただけで、どれほどの学びと成長が得られるかは信じられないくらいだ。

物事を大きく考えることにも挑戦してみるといい。成功するには、より大きなビジョンを描く必要がある。小さな目標ばかりだと、手に入るものもそれ以上にはならない。常に大きく考えるようにしていれば、あなたの目はその目標に向いているから、それより小さなことに振り回されることもなくなる。ほんの1年半前、自分の部屋に座ってこの本を書き始めたころのことを思い出す。私はまだたった1ページ書き上げただけで、コーチングのクライアントもいなかった。だが、自分が何を望んでいるかはわかっていた。私は自分に問いかけた。「ダニエル、一体どうやったら一冊の本を書き上げられるだろうか?」。残りのページ数に圧倒されそうになったり、自分の考えを文章にできるだろうかと考え始めたりするたびに、私はその考えと戦った。というのも、学校で作文の時間に書いた、もうすっかり忘れてしまったような文章以外に、私はものを書いた経験がなかったのだ。私は持てる力を振り絞ってネガティブな思考を追い払おうとした。必ずできると自分に言い聞かせ続けた。常に完成した本を開いているところを想像し、数カ月後にはそれを実現した。この本のアイデアや言葉は自然に流れ出るように湧いてきた。コーチングを望んでいる人たちとも出会い、ずっと願っていた多くのものが私のまわりに集まってくるようになった。

現実的に考えて、あなたの人生を変える方法はただひとつ、考え方を変えることだ。

最終的な結果を考えることは、時間の短縮にもなるのが面白い。それによってほんの小さなステップもはるかに速く進行するようになる。1週間か2週間、より大きなビジョンに集中すると、それまであなたの中に蓄積されてきた大きな成長が、一気に始まるのに気づくだろう。大きなスケールで考えていると、アイデアもその方向に向かって流れるようになる。新たに目指す方向について学んだことは、たとえ小さなことでも、前進として書き留めよう。できるだけ現実的に書くことで、想像上の考えを具体的な形にしていこう。大小にかかわらずどんなアイデアも取り逃がしたり、忘れたりしてはならない。そうしていると、やがてアイデアが、常に流れてくるようになる。

心を強く広くするには、投資も必要だ。本を読み、オーディオテープやCDを聞き、セミナーに行き、そして何より大切なのは、あなたの思考を正しく導いてくれるようなものに出会うことだ。私の成長に大きな影響を与えてくれた人たちに敬意を表して、名前を挙げておこう。ラルフ・ウォルドー・エマソン、ナポレオン・ヒル、カリール・ジブラン、ウォレス・D・ワトルズ、マヤ・アンジェロウ、ディーパック・チョプラ、マハトマ・ガンジー。彼らは世界をより良いものにしてくれた偉大な人たちのうちのごく一部だ。秀でた人たちから学ぶことは、あなたの成長への素晴らしい投資だ。自分に投資することは、最も優良な株に投資するようなものだ。投資すればするほど、配当も多くなる。正しい情報を与えて強い心を養い、素晴らしい人生を実現しよう。

私はもはや貧困に苦しむことはない。自分の心をしっかりとつかんでいるからだ。その心が望みのものは何でも、必要以上に生み出してくれる。そして、この心の力は特定の人だけでなく、高い地位にある人も、つましい生活をしている人も、誰でも使うことができる（アンドリュー・カーネギー）

言葉の行為――あなたの言葉はあなた自身である

偉大な人たちはアイデアについて語る。普通の人たちは物事について語る。卑小な人たちは他人について語る（トバイアス・S・ギブソン）

子供たちはとんでもないことを言うことがある。私が子供のころ、何か決定的な悪口を言われたときに必ず投げ返す言葉があった。「お前の言っていることがお前自身だ」。この言葉にどれほどの真実が含まれているかを知ったのは最近のことだ。人は使う言葉の選択が、人生にどれほどの影響をもたらすかわかっていない。思考や肉体による行為と同様に、私たちが使う言葉も、私たち自身を作り私たちの状態を左右している。どんな文脈や話題で使われているかは問題ではない。制限的な言葉を使っているかぎり、あなたは自分自身の状態を制限し、そして成功をも制限していることになる。例えば、私たちが毎日の会話の中で「できない」という言葉を使うときのことを考えてみよう。よく考えれば、あなたが「できない」という言葉を使うときも、ほとんどの場合はそれが客観的な真実ではないことがわかるだろう。あなたがその言葉を選んだだけだ。できないのではなく、あなたがしたくないのだ。あなたができないと言えば言うほど、あなたの心はますますその言葉に反応するようになり、困難が生じるたびにそう思うようになる。

今使っている言葉を前向きなものに替えると、日常で経験する感情に変化が現れる。どんな感情を抱くかで、私たちの行動とそこから得られる結果が変わってくる。私たちが使うすべての言葉が、私たちの潜在意識をプログラムしていく。そして、それが習慣となり、やがて本性となる。私たちは言葉を、それが人生に与える計り知れない効果を意識せずに使っている。このことの重要性はいくら言ってもいい足りないくらいだ。あなたの成功にとって最も重要なものと言っていいだろう。ここで私たちが避けるべき言葉と、その代わりに使うべき言葉の例を、いくつか挙げておこう。

- そんなことできっこない――**できる**
- 私はあまり頭がよくないから無理だ――**私はとても頭がよくて、情報を外から得られるし、知ら**

ないことを学ぶこともできる

- 決して裕福にはなれないだろう――**必ず裕福になれる**
- いつも気分がすぐれない――**とてもいい気分だ**
- 私は太りすぎだ――**私は健康で体調も良い**
- 私は魅力がない――**私は美しい**
- 自分でビジネスを始めたりしたらきっと失敗するだろう――**成功につながることなら何でもする**
- 両親ほど稼げない――**両親より稼げる**
- 私は負け犬だ――**私は必ず勝つ**
- 面倒なことはしたくない――**私はやる気にあふれている**
- 疲れ果てた――**今こそ元気を出すときだ**
- 本当にひどい――**良いところは何か？**
- あり得ない――**どんなことでも可能だ**
- 力を使い果たした――**力が湧いてくる**
- できない――**できる**
- なんという偶然か、またはなんて幸運なんだ――**原因があって結果がある**
- たぶんいつの日か――**日を決めよう**
- できれば――**必ず**
- 難しすぎる――**ぜひやってみよう**

- 後でやろう――**いまやらなくちゃ**
- もうどうにもならない――**まだ始めたばかりだ**
- 万が一……――**まだ起きていないのだから前もって心配することはない**
- すべきだった――**しなかったが、今ならやれる**
- いつかやってみたい――**今やるか、やらないかだ**
- **人生を呪う――人生は愛にあふれている**
- 幸せになれたらなあ――**私が幸せか不幸せかを選ぶのは私だ**
- 彼は運がいい――**彼はよくやった**
- 私は彼／彼女が嫌いだ――**私はとても自分を愛しているので人を嫌ったりはしない**
- 彼らに何か悪いことが起きればいい――**彼らの幸運を祈ることで私も祝福される**
- そこにたどり着きたい――**そこにたどり着けるとわかっている**
- そんな人を見つけられないだろう――**信じていれば必ず見つけられる**
- それが必要だ――**それが欲しい**
- 大丈夫／まあまあです――**とてもいい気分です**
- わかりません――**調べます**
- それについて私にできることはない――**本当に私にできることはないのか？**

どれも前半は制限的な言葉だ。これらを習慣的に繰り返し使っていると、そのような考えから抜けられなくなる。後半の部分は、あなたを勇気づけて人生を豊かにしてくれる言葉だ。状況がどんなに困難に思えても問題ではない。人生のためにならない言葉を、あなたに力を与えてくれる言葉に置き換えよう。運動選手がチームのためにならないプレイをしたら、コーチは最後まで彼を使うだろうか？　優れたコーチなら、チームの勝利のために他の選手と交代させるだろう。あなたも言葉のコーチになって、彼らを戦略的に使うべきだ。

もうひとつ私が一掃したいのは、縁起が悪いという考えだ。私たちは、自分の人生のためになるようなことを言うと、何かよくないことが起こると教えられてきた。あなたもこの明らかな嘘をどこかで耳にしたことがあるはずだ。その力を感じさせられたのが、ある試験の前に友達が、どんなに自信があるか繰り返し言っていたときだ。それは大学最後の年に彼が受け取る成績を決める試験だった。彼の父がこれを聞いて言った。「私ならそんなふうに言わない。縁起が悪いぞ」。そんなのばかげているとと思うだろう？　だが、一体何度こうした言葉を聞いたか考えてみてほしい。そしてもっと重要なのは、何度この言葉を受け入れたか、だ。

もしかしたら最悪の事態が起きるかもしれないから、この考えに従っていたほうがいいと思っている人もいるだろう。まさにそのもしかしたらが問題なのだ！　一体なぜ最悪の結果を想定するのか？　現実にまだ起きてもいないことを、なぜ心配するのか？　理性的な考えはどこにいったのか？　現実的に考えて、その考えに従ったほうがいいと言えるのか？　望みを決して実現できない人がいるのは、自信が足りないからだ。何かを始めようというときに、恐れから自分の能力を信じることができないようでは、そこにどんな希望を見いだせるというのか？

制限的な言葉はすべて、冗談で使おうと本気で使おうと関係なく、同じ効果を発揮する。あなたの成長を後押ししてくれるような言葉だけを使うようにしよう。私は～できる、私は～する、私は～だ、私は～するに違いない、というように。これらの言葉はあなたに自信を持たせてくれる。ここで少し時間をとって、あなたが1日に何度、人と会話するかを考えてみてほしい。そして、そのうちのいくつがあなたの望みを実現するのに役立っているか、いくつが望まないもののためになっているか、おおまかな比率も考えてみよう。またいくつがあなたを力づけ、勇気を与えてくれているか、いくつがその反対の気分にさせているか、そしてあなたが愚痴を言うのはそのうちのいくつくらいか、についても考えてみよう。

ネガティブな表現や言葉から距離を置く

行く先々でポジティブな言葉だけを話すというのはやや滑稽だと思うかもしれない。だが、ここで問題にしているのは、言葉が「ポジティブ」であるかどうかだけではない。これまで私たちが身につけてきた常識を、どう使うかということだ。人生において他者より秀でた行動をとるのを制限するような言葉を使うことに、何か意味があるだろうか？　あなたが日常使っている言葉があなたの現実になる。だとすれば、言葉はあなたの状態を決める際に、現実そのものとして働くということだ。「難しすぎる」と言えばそのとおりになるし、「不可能だ」「できない」と口に出せば、あなたはそのように現実を受け止めるようになる。何であれ、あなたが言うと決めたことは、本当に現実になる。言葉があなたに働きかけてそのとおりに行動させるからだ。私が誰かに会って「調子はどう？」と尋ねると、大抵「悪くないよ」とか「まあまあです」という答えが返ってくる。もしあなたが絶好調を望むなら、まずそう言って自分に信じこませることだ。私が「悪くない」と言ってしまったときは、その理由をよく考えて、すぐに状況を変えるように心がけていた。私たちは、力強くて勇気が湧いて前向きになれるような言葉を使って話すように、自分自身を訓練すべきだ。

言葉が私たちの運命にどれほど強く影響しているかを意識しながら、ネガティブな言葉を使っている人たちの様子を観察してみるといい。彼らの振る舞いをよく見てみよう。彼らの日常がどんなにみじめでどんなに非生産的か、そして彼らが、現実的なビジョンに向かって少しも前進していないのがわかるだろう。今度、職場やカフェで人が話しているのを聞く機会があったら、愚痴の対象となっているまさにその状況や感情に、彼らの会話がどれほど力を貸しているかに注意してみよう。彼らがそのためにどれほどのエネルギーをつぎ込んでいるか。何より大事なのは、その発見を、あなた自身を見つめて正しい方向に導いていくためのきっかけにすることだ。そうすればあなたは、すぐにも望ましい言葉づかいができるようになるだろう。

死も生も舌の力に支配される。舌を愛する者はその実りを食らう（旧約聖書「箴言」18章21節）

最も成功した人たちや世界に貢献した人たちが、無駄なおしゃべりで時間を浪費しているだろうか？　そんなはずはないとあなたも思うだろう。もしあなたが世界に貢献したいなら、話すときもそれらしく話そう。人生の頂点を極めたいなら、やはりそれらしく話すべきだ。本気で成功したいなら、あなたの会話を成功に関することで埋め尽くそう。そして自分や自分が助けたいと思っている人たちを、ふさわしい言葉でできるかぎり励まそう。人はよく「口で言うことに大した意味はない」と言うが、それは「話すだけなら簡単だ」という意味だ。だが大きなビジョンを持って話すことは、あなたがそれを実行しようと考えているときにはとても意味のあることだ。話さなければ、あなたがそれを達成することもないし、それらしく語らなければ、あなたがそのような人になることもない。

体の行為――小さなステップが大きな進歩になる

千里の道も一歩から（老子）

ほとんどの人が、望むものを手に入れるために何をしなければならないかよく知っているはずだ。だが最大の問題は、その人たちが行動を起こさないことだ。他の人が語る成功の秘訣には耳を傾けても、決してそれを実行しようとはしない。そういう人たちが気づいていないのは、本当の秘訣はそれを実行することにあるということだ。実行して初めて、学んだことが実際にどう働くのかがわかる。本書に書いた戦略は、並外れた人生を実現するためのものだが、それも実際にやってみなければ役に立たない。実行した人だけが、ただちに結果を手にするのだ。

何かがあなたの人生のためになるかもしれないと、ほんの少しでも感じたら、実行してみよう。そうした直感は大抵大きな満足につながる。何でもいいからふだんしていることを5つ選んで、いつもより10パーセント多めに行うだけでも、あなたの人生は大幅に進歩する。

何かを始めるときに立派な人間である必要はない、だが、立派な人間になるにはまず始めなければならない（レス・ブラウン）

誰もが知っているように、「立ち上がって成長のための行動を起こそう」と自分に言うことと、実際に行動することはまったく別物だ。あなたは、何かをしたいと本当に思っているのに、心がさまざまな考えやしなければならないことにとらわれて、身動きがとれなくなるという経験をしたことはないだろうか？　本書を書いているときの私もまさにそんな状態だった。そして他にも同じような状況を切り抜けてきた人たちがたくさんいることを知るようになった。アイデアは浮かんでくるが、考えるより実行するほうがはるかに難しい。私たちはビジネスの素晴らしいアイデアを持っていて、そのための資金や、講習や、人脈について考えたりしていても、決して動き出そうとはしない。それはなぜか？　情報ばかりを集めすぎて、全部実行することなどできそうにないと感じてしまうからだ。積み上げた情報の量に怖じ気づいてしまい、それと向き合うより逃げ出したほうがずっと楽だと思ってしまうからだ。「あとでやろう」とか「明日でもいいだろう」と言ったりするが、本当にあとで、もしくは翌日にやったことがあるだろうか？　あとで、もしくは明日やることをため込んでいるうちに1日が1年になってしまうだろう。しかも、そのときにはもうやるべきことが変わってしまっているのに気づく。もしすぐやるかどうかでランキングを付けたら、私はきっとチャンピオンになるだろう。

選択肢をたくさん抱え込むのはやめよう。なるべく自分を身軽にしてあげよう。そして、ただやってみよう！

実行を伴わない人生は失敗だ（アーノルド・トインビー）

小さなステップの積み重ねが大きな進歩になるというのは、素晴らしい真理だ。この世界の何事も自分から動き出すことはない。まず私たちが始めなければならない。雪玉は斜面を転がるたびにたくさんの雪を集め、大きさとスピードを増していく。だがその雪玉も、誰かが最初にひと押ししてやる必要があるのではないか？　ダビッド・J・シュワルツが『大きく考えることの魔術——あなたには無限の可能性がある』の中で書いている。「アクションの前にアクションがなければならない。これが自然の法則だ。何事もそれ自身では始まらない。私たちが日々使っている無数の機械でさえも」。彼はさらに続けて、私たちの家の温度を自動的に調節してくれる暖房器具でさえ、まず人が温度を設定する必要があると述べている。初めてのステップの大きさにはこだわらなくていい。大きなビジョンと比べて、どんなに些細で意味がなく思えることでもかまわない。誓ってもいい、すべてのステップに価値がある。まず初めにそういう小さなステップがなければ、より大きなステップを踏むための強さも勢いも手に入れることはできない。

私たちはこの世界で、いきなりフルスピードで走り出すわけにはいかない。この世に存在する他のすべてのものと同じように、私たちは人生において、まず成長する必要がある。成功した人たちがみんな知っているのは、ぐずぐずせずにエンジンをかけてスタートを切るべきだということだ。成功できない人は、すべきことをする代わりに、なぜできないのか、なぜ難しいのか、なぜそうすべきではないのか、といったことばかりを考える。それに対して、成功した人たちはこうしたネガティブな質問とは正反対のことを考えている。彼らはなぜそうしなければならないのか、どうやったらできるのかを考える。そして、そうするしかないと再確認する。私たちが決断を下すかどうかは、自分自身を説得できるかどうかにかかっていて、そのために何らかの説得材料を必要とする。自分をうまく説得して、エネルギーを最終的に自分のためになるような事柄に向けなければならない。

人は、小さなステップのあれこれを、すべて苦痛と結びつけて考えるから圧倒されてしまう。最終目標のとてつもない価値に注目する代わりに、途中でしなければならない100万通りのことをあれこれと考えてしまう。例えば、洗車を考えている怠け者を想像してみてほしい。彼は作業にとりかかる前に、洗車が終わるまでにしなければならない面倒な作業のすべてを思い浮かべるだろう。まずカウチから立ち上がり、バケツに水を汲み、石けんとスポンジをつかみ、服を着替える。その後、車を洗い、乾かし、作業着を脱ぎ、シャワーを浴びる。考えているうちにすっかりやる気をなくしてしまった彼は、お気に入りのカウチの深いくぼみに背中を沈めると、その日もう6度目のうたた寝を始める。そのとき彼の奥さんが部屋に入ってきて、通りの先に洗車場があって、今日だけ10ドルに値引きしてくれるらしいわよと彼に教える。彼はそれを聞くなり起き上がってドアから飛び出していく。自分でやるより10ドル多くかかるわけだが、それでも彼は最終的にそちらのほうが価値があると考えた。自分で洗車するより楽だと判断したのだ。このとき彼は、洗車を頼むとしてもやはりカウチから起き上がり、服を着替え、車に乗り、洗車場まで運転していかなければならないということを考えていない。彼がこうした小さなステップをすべて無視したのは、喜ばしい結果だけを考えるほうが楽だったからだ。

人生で何かをやり遂げるためには、最終的な結果の喜びだけに注目することだ。そうすれば、それまでのステップのほとんどが苦痛から喜びに変わる。

何か結果が楽しみなことに取りかかれないのは、些細なことがひっきりなしにあなたを引き留めているからだ。

成功者たちは、彼らの偉大な業績も最初の第一歩から始まったことを知っている。たとえ小さな一歩でも、踏み出してしまえば、先に進む意欲がどんどん湧いてくるようになる。その結果として得られる進歩と、ごくわずかの間にどれほどあなたが成長を遂げるかは、本当に驚くほどだ。いくつかの小さな課題を粘り強くやり通した後で、あなたは自分がもっとやりたいという気持ちになっているのに気がつくだろう。10分が30分になり、1時間になる。心から望むものに向かって努力するのが楽しくなり、まもなくそれが人生そのものになる。あなたにはビジョンがあるから、途中過程も少しも退屈とは感じないはずだ。

私たちはずっと、自分を信じれば物事を達成できると聞かされてきた。これはたしかに何より重要な真実だが、ではどうやって自分を信じればいいのだろうか？　その答えは、行動することによってだ。いったん行動し始めれば、あなたは自分には望ましい人生を築いていく力があると信じるようになる。あなたの中に、大量のエネルギーがいつでも引き出せる状態で眠っているのを感じて、それが自信につながっていく。そして、一歩一歩前進するに従って誇りのようなものが湧いてきて、その結果あなたは、とても力強い存在になる。私はあなたに今すぐ動き始めてもらいたい。「望むものリスト」のひとつに向かって行動を起こしてもらいたい。私が何かをしなさいと言うときは、本気で言っている。メールを1通送ることでも、電話することでも、出かけていってパンフレットを手に入れることでも、誰かに話すことでも、インターネットで検索することでも、必要な情報を手に入れることでも、ダンスのレッスンを予約することでも、思いついたアイデアを書き留めることでも、どんなことでもかまわない、今すぐ始めよう。

優れた人は、話すときは控えめだが行動は突出している（孔子）

ここでどうしても理解してもらいたいのは、もしあなたが、電話するというような小さなことは大きな目的にとっては意味のないことだ、と思うとしたら、そのときあなたは自動的に多数派に逆戻りしてしまうということだ。あなたは一体、偉大な成功者たちがどうやって成功したと思っているのだろうか？　彼らがどこからスタートを切ったと思っているのだろうか？　あなたは、あなたが望むものに向かって、毎日何らかの行動をとるべきだ。たとえどんなに小さく思えることでもかまわない。毎日少なくともひとつは何かして、進歩を自覚し、それができた自分を誇りに思おう。日々の進歩は、あなたが前日より一歩目標に近づいたことを意味している。それが重なれば、1週間後には大きな前進だ。あなたが歩む小さな一歩一歩が、あなたが何を達成するかを決める。時には前進は少しだけお休みにして、生活を冷静に振り返ってみるのもいい。そうすると世界が違ったふうに見えてくることもある。

私も心の戦いに直面したことがあった。夢のために戦い続けるべきかどうか思い悩み、自分を元気づけようとして、私が人生の目標にしていたことについて、「すべてもうすぐ実現する」と繰り返し言い続けた。だが、しばらくして私はそんなふうに言うのをやめた！　誰かに大声でこう言われたような気がしたからだ。「もうすぐ実現するのではない、もうすでに実現しているよ」と。今も私は、目標の実現に向けて一歩ずつ進み続けている。本当の終点や目的地はどこにもない。人は確実に成長し続け、それは決して終わることがない。どこまで行ったら止まるのか？　私たち人間にはさまざまな目標があり、それらは決して1日では実現しない。実現には長い時間がかかる。私たちは毎日行動し続けることで、その目的の実現に寄与することができる。その旅を続けることこそが成功なのだ。

誰もが目的や結果ばかり考えて、今していることに目を向けようとしない。

【課題】

さあ、今すぐ行動を起こしなさい。どんなことでもいい。とにかく始めて、山の上から雪玉を押し出そう。少なくとも何かひとつやり終えるまでは、この先を読まないこと。どんなに小さなことでもいいから行動する。その後でここに戻ってくること。

短期の目標を設定するのもいいことだが、常に大きな目的を念頭に置いておくことを忘れずに。あなたが大きな目的を見失わなければ、小さなステップのひとつひとつがあなたの足もとを照らしてくれる。大きな目的を思うとやる気が湧き、それがさらにあなたに力を与えてくれるだろう。

高速道路を運転していて、工事のために極端な速度制限にあった経験はないだろうか。時速100キロのはずが60キロしか出せないと、どんなふうに感じるだろう？　ほとんど這って進んでいるように感じるのではないだろうか。あなたは工事区間を早く通りすぎることを期待する。そうすればまたスピードを上げられるからだ。しかし、一般道で走っているときは、この60キロがふだんのスピードだから特に遅いとは感じない。ではなぜ高速道路ではあれほど遅く感じたのだろうか？　それは、一度でも100キロで運転すると、カタツムリに戻りたいとは思わなくなるからだ。人生もこれと同じで、いったんスピードを上げると、もう二度と以前のやり方に戻りたいと思わなくなる。目的に向かう行動が減速するたびに、すぐに気づいて速いペースに戻さなくてはと思うようになる。だが、想定していた時期に目標に到達できなくてもがっかりしないようにしよう。物事は最適のときに起こる。あきらめずに続けていれば必ずそのときは来る。面白いことに、あなたの準備ができたときにそれはやってくる。誰であれ、私たちにその贈り物をくれる人はとても賢いので、いつも私は、当初の希望より遅れてその贈り物が届いたことに感謝する。もしそれが初めに私が望んだ時期に起きていたら、私は精神的あるいは感情的に、まだ準備ができていなかったかもしれないと気がついたのだ。だからと言って、私がその実現のために手を尽くしていなかったというわけではない。もちろん、毎日行動していた。あなたも信念を持って行動し続けてほしい。「どんなに時間や労力がかかろうと、私は必ず目標に到達する」という信念を持って。

階段の全体を見る必要はない、ただ最初の1段だけを上ればいい（マーティン・ルーサー・キング・ジュニア）

体が心の状態を作る

あなたは、あなたのボディーランゲージ（身振りや仕草で語ること）が人生にきわめて大きな影響を与えていることに気づいているだろうか？　自信を育て、目的の実現を確信するには、新たな考えや言葉と、あなたの体とが協力し合う必要がある。あなたが何かを批判するとき、顔の表情や肩の動きが変化するのがわかるだろう。もしかしたら、あなたは常にしかめ面をしている人かもしれない。私は、笑いたくなったときこらえられるように顔面筋を鍛えている人たち会ったことがある。太陽の光がさんさんと降り注ぐなか、彼らの頭上だけ灰色の雲が垂れ込めて、雨を降らせているようだった。ここで簡単なエクササイズをしてみよう。あなたの両肩を後ろに反らせて、上半身をまっすぐにして座ってみてほしい。そう、もっと背筋を伸ばして。そしてできるだけ大きくにっこり笑う。これをやってみるまでは本書の先を読まないように。やってみてどんな感じがしただろうか？　ばかばかしいと感じただろうか？　気持ちが引き締まったように感じただろうか？　自信が湧いてきた？　やる気が出た？　気分がよくなった？　もしかしたらあなたは今、笑っているかもしれない。姿勢を変えただけで、あまりにも簡単に気分や心の状態が変わったことが、信じられなくて。ボディラーゲージはあなたの感情を作り出す助けになる。これを知っていればあなたは、怠惰な状態からやる気にあふれた状態へ、悲しみから喜びへ、不安から自信へと、たちどころに心の状態を変えることができる。

気分を変える公式――体＋集中＝制御

自信に満ちた状態を作るには、体をうまく使うといい。どんな交渉事でも、常に自信のあるほうが優位な契約を結ぶ。体をうまく使えば、あなたは相手より早く最高のコンディションを作って、自信満々で交渉の場にのぞむことができる。交渉の場で他の人が自信を持とうと努力しているのに、あなたは部屋に入ってくるずっと前に最高の状態になっている、という具合だ。ほとんどの人は、成功することで自信を得ようとする。無意識のうちに、成功が人生に確信をもたらしてくれると考えている。だが彼らは、初めに確信があって、それが成功をもたらすという事実を見落としている。成功した人たちはみな、この法則を使っている。そして残念なことに、この法則に気づいていない人たちは、夢をかなえることができないでいる。私たちのボディラーゲージはまた、他人との付き合いにも重要な役割を果たす。

平均的な人が初対面の人を無意識のうちに判断するのにかかる時間は3秒から7秒だと考えられている。相手は気になる異性かもしれないし、商談の相手や偶然出会った人かもしれないが、最初に受けた印象で、その人と一緒にいたいかどうかが決まる。私たちは、出会った相手から苦痛や危険を感じるか、もしくは心地よさを感じる。最初の印象を受け取ると、私たちはそれに感情や、言語、姿勢、声の調子を合わせていく。そして、この最初の反応の最も重要なシグナルが、もうおわかりだろうが、笑顔なのだ！　私たちは第一印象を口のまわりでとらえる。そして笑顔は、幸せや親しみやすい態度を意味するサインだ。笑顔には2種類ある。本物の笑顔と、偽物の笑顔。「偽物の笑顔」とはどういうものかは、おわかりだろう。私たちは、他人が偽物の笑顔を見せるとすぐに感じ取る。なぜだかわかるだろうか？　相手もあなたをそう見ているからだ。本物の笑顔には口元だけでなく、顔の上部の筋肉の動きも含まれる。偽物の笑顔は大抵口元だけの笑いで、目や顔の上部は無表情だ。歯も見えないことが多い。誰かと会うとき、くれぐれも偽の笑顔を作ったりしないように！　大多数の人が、相手の顔の上部を見て無意識のうちに本物の笑顔かどうか見分けている、という調査結果が出ている。つまり、顔全体を使って微笑むことができれば、初対面のときの印象が大きく違ってくる。

笑いの生理学にも注目しておきたい。人が笑うと、エンドルフィンという物質が分泌されて、脳にメッセージが送られる。気分がよく、自信があり、満足しているというメッセージだ。試しに本物の笑顔を浮かべて、同時に悲しい気持ちになろうとしてみるといい。とても難しいことがわかるはずだ。私たちは赤ん坊のときに、誰かが笑いかけてくれたら自分も笑うことを覚える。だから誰に会うときもそうするようプログラムされている。つまり、あなたが誰かに微笑みかけると相手も微笑み返し、互いの体内にエンドルフィンが発生して、その結果、「この人といると気分がいい」という無意識のメッセージを受け取るわけだ。だから、私たちが自分自身に向かって微笑むときも、「この人といると気分がいい」と言いたくなる。あなたもこの作用を使えば、たとえ悩みや苦しみの最中でも、自分の感情を作ったり、コントロールできたりする。多くの人が、このようにして瞬時に気分を切り替えて、より有益な方向へと注意を向けている。

ある日のこと。私が久しぶりに会った男性に「仕事はうまくいっている？」と尋ねると、彼はいきなり愚痴を並べ始めた。まるで何年もその質問をしてくれる人を待っていたようだった。話し始めると彼に変化が起きた。疲れきって低い声になり、体が前に傾いて眉をひそめ、人生への嫌悪でいっぱいという様子になった。私は、彼が私の友人たちと休暇旅行を計画しているのを知っていたので、話題を変えてそのことを尋ねてみた。すると、またもや彼の様子が一変した。まるで急に空が晴れて、頭上に光が差したみたいだった。背筋を伸ばして座り直し、声も強くて自身に満ちたトーンに変わり、笑顔まで見え始めた。まったくの別人と話しているようだった。そこで、私がその変化について話すと、彼はとても驚いていた。彼の身に起こったことはとても単純だが、私たちがふだん見逃してしまっていることだ。私はこのとき彼に、仕事のときや、誰かに仕事について訊かれたときに、さっきと同じようなボディラーゲージを使うと、気分を変えられるよとアドバイスしておいた。2日後、彼が電話をくれて、ここ半年で最高の気分で仕事ができたと言ってくれた。自分の態度がいかに毎日の暮らしに影響を及ぼしていたかにようやく気づいたのだ。自分の日々の暮らしをどう受け止めるかは、常に彼次第だった。ただ、誰かそれに気づかせてくれる人が必要だったのだ。

あなたも、誰かしら人生で成功した人に会ったことがあるだろう。そのときのことを思い出してほしい。ここでいう成功とは、偉業を成し遂げることだけではなく、人生のあらゆる分野における成功を意味している。おそらくその人は、憂鬱な声で話したり、肩を前にすぼめたり、うなだれたり、力なく足を引きずったりはしていなかったはずだ。反対にエネルギーと自信にあふれ、胸を張り、頭を上げ、力強い声で確信に満ちた話し方をしていただろう。そんなふうにしているだけで成功できるなどという浅はかな考えは、持たないでほしい。だが、まず初めにこういう態度でいることが成功へとつながることは確かだ。こういう態度がリーダーを作る。成功するためには日々のあなたの態度が重要だ。愚かな人々はふさぎ込んで暮らし、ただ生まれてきたから生きる。真の勝者は、知っている。彼らが生きるために生まれてきたのだと！

バランス

この世のあらゆるものがそうであるように、人生にもバランスが必要だ。バランスが崩れると、物事は本来の姿を失い、正しく機能しなくなる。ひとつのことだけをやりすぎて、他のこととの間にバランスを欠くと、最後には燃え尽きてしまう。ジムでトレーニングしたことがある人なら気がついているだろうが、バランスのとれた生活をしていないかぎり、長くトレーニングを続けることはできない。体だけに集中すると、他の要素にひずみが生じる。2年間は素晴らしい体を維持できるかもしれないが、その後、体以外のことが重荷になって結局もとの状態に戻ってしまう。これと同じことが、人生のすべての面にあてはまる。あなたの心と言葉と体による3つの行為についてもバランスをとることが大切だ。

自分には能力がある、人生で大きなことを成し遂げると言っていたのに、５年後には道を踏み外してしまってまったく進歩していない、という人に出会った経験が、おそらく誰にでもあるだろう。私たちは考えと発言と行動の間のバランスをとる必要がある。もし言うことと考えることが違っていたら、私たちは決して言葉どおりの達成を得ることはできない。もしあるやり方で行動しているのにそのように話さなければ、やはり達成はおぼつかない。もし特定の考えを持ちながら、そのように行動することも話すこともなければ、やはり成功することはない。あなたは成功について考え、成功について話し、成功のために行動しなければならない。すべてが揃ったとき、あなたは自分の成功を生む能力に驚かされることだろう。この３つのバランスがとれた瞬間、あなたの成長が大きく増幅される。

単に前向きな考えをしていれば人生が変わると、あなたがそう信じているなら、もう一度考え直そう。その考えに従って行動していなければ、決して望むものを手に入れることはないとわかるはずだ。私たちが最初に心に抱いた望みを、実現するのは心と言葉と体のバランスだ。そしてそのバランスを手に入れるためには、この後の章で述べる「最高の状態作り」が欠かせない。それはまた、私たちがくだすすべての決定の基盤となる感情のコントロールにも役立つ。心と言葉と体、それぞれの行為が目標に向かって力を合わせるとき、私たちは思いどおりに夢を実現できるのだ。

恐れ――友か、それとも敵か

チャンスではなく安全を求める人が多すぎる。彼らは死ぬことより生きることを恐れているようだ（ジェームズ・F・バーンズ）

子供のころ、朝起きて体がいつもと逆向きになっていたら、その瞬間恐れを感じたのではないだろうか。見えるものがいつもとまったく違う。あるはずのものがあるはずのところにない。毎晩、寝ている部屋が突然見知らぬ場所になって、あなたはパニックになりそうだ。だが、落ち着いてまわりをよく見ることができるようになると、その意味が次第にわかってくる。安心が恐れに取って代わり、初めからパニックになるようなことは何もなかったのだと気づく。恐れを感じたときに落ち着くには、このようにまわりをよく見るといい。

これまでの人生で私たちはずっと、恐れは敵であり、どんなことをしても避けなければならないと言われ続けてきた。だが実は、恐れはあなたの一番の親友かもしれないのだ。恐れは私たちのためになるメッセージを無意識のうちに送ってくれる。まさに親友がするように、恐れはあなたに、もうそのゲームから降りたほうがいいと教えてくれる。それはあなたにとって不慣れな分野だったのかもしれない。恐れはそのことを思い出させて、その場から立ち去るべきだと気づかせてくれるのだ。「今すぐ私の言うことに耳を傾けなければ、あなたは人生から多くのものを得ることができなくなりますよ」。恐れを、あなたにこんなふうに言ってくれる成功警報器だと思えばいい。何も恐れないということは、どんな機会もつかめないということだ。恐れの感覚は、何か重要なことがもうすぐ起こることも教えてくれるからだ。私たちは恐れの感情に深く分け入って、それが教えてくれることに注意深く耳を傾けるべきだ。一度それができるようになれば、恐れにひるまず行動する方法もわかるようになる。

恐れを有効に活用せずに取り除こうとすればするほど、火に油を注ぐ結果になる。恐れの炎がさらに燃え上がる。この本を書いているとき、私はこれが思いどおりのものにならないのではないかと恐れていた。すっかり自信をなくして書けなくなった時期があって、私は何とかしなければと思い始めた。急いでこの気分の正体を解明しなければならないと感じ、それについてじっくり考えてみることにした。そしてわかったのは、私は、本書がさまざまな人生を歩んでいる人たちの共感を得られるかどうかわからなくて、恐れているということだった。私はこの本を、経済的状況や宗教、社会的地位を問わず、あらゆる人に読んでもらえるものにしたかった。そのためには、恐れの声を聞き、恐れを味方にして戦わなければならないとわかっていた。恐れは親友のように、私にもう一歩前に踏み出すときだと教えてくれていた。そこで私は、さまざまな人生を歩んでいる人たちに会って、この本の同じ章を読んでもらった。問いかけについての章を読んでもらうと、みんな気に入ってくれた。このことが私の恐れの本質をつかむ力を与えてくれた。恐れとは最悪の結果を予想して物事を見ることだ。人は、ヘビそのものを恐れるのか、それともヘビに噛まれることを恐れているのか？　人は、高いビルそのものを恐れるのか、それとも高いビルから落ちることを恐れているのか？　新しいビジネスを始めるのを恐れているのか、それとも失敗することを恐れているのか？　実は人は、結果を想像して恐れているだけなのだ！　私がただ「怖い」と思う代わりに、まず自分に問いかけるようにしていた３つの質問は以下のとおりだ。

①私が今本当に恐れているものはなんだろう？
②どうすれば違う見方ができるだろう？　そして、どう考えれば人生のためになるだろうか？　この恐れに打ち勝つことが、人生からできるだけ多くを得るための唯一の道だと信じるべきだろうか？
③どうすれば、この恐れを行動や成長のために生かすことができるだろう？

ここでもまた、ただ受け入れるのではなく、深く問いかけるプロセスが必要になる。そうすることで、私たちは成長し、期待以上の進歩を遂げられる。仮に月曜日の午後３時にどこかで大切な約束があるとしよう。当日、起きてシャワーを浴びるとすでに２時40分になっている。あなたは恐ろしくなる。ちょうどバスが出た時間だからだ。次のバスが２時55分発だとすると、どんなに楽観的に考えてもどうにもならない。そこであなたは、恐れから反射的に次の行動に出る。タクシーを呼んで出かけたのだ。最後にあなたの恐れが、次はもっと早めに準備したほうがいいと教えてくれる。これはひとつの例にすぎないが、私たちがよく経験することでもある。要するに、日常生活では恐れと協力することなしに学ぶことはできないし、学びは成長だと私たちの誰もが知っているということだ。恐れに逆らわず、友のように抱きしめるのだ！

できないかもしれないという恐れを克服するたびに、あなたは強さと勇気と自信を手に入れる。不可能だと思ったことこそやってみるべきだ（エレノア・ルーズベルト）

特定の恐れを乗り越えるには、どうしてもそうしなければならない理由が必要だ。それが恐れを克服する目的になる。恐れを感じるたびにその理由を思い出そう。もし私たちがヘビを恐れているとして、常識的に考えて身の回りにはいそうにないときは恐れを感じないだろうか？　感じるはずだ。なぜなら、恐れとは心の中だけに存在するものだからだ。

あるクライアントの女性が友達にこう言われたとき、彼女は泣きそうになった。「おシュごとはうまくいっている？　ジェシィィィ」。ばかげた話に思えるが、ヘビに似た音を聞いて彼女は震え上がったのだ。その恐れを乗り越えるべき理由をはっきりさせることで、あなたは脳神経に働きかけて反応のパターンを変えられる。意外なことに、新しいパターンを作るのに長くはかからない。変化はとても早いので、習慣や癖や恐れが、たった1週間で文字どおり跡形もなく消え去った人を何度も見てきた。とても簡単なことだが、実際に時間を費やして試してみようとする人は少ない。あるいは、やってみたが「うまくいかない」と言う人もいる。それはその人がそんなにすぐに生活を変えられると信じていないからだ。

恐れに直面したとき

自信とは自分を信頼することだ。自分の能力を信頼する唯一の方法は、恐れに立ち向かって乗り越えることだ。

これは私が常に言ってきたことだが、人はみな、２つの面を持っている。あなたの中にも臆病なあなたと積極的なあなたがいる。臆病なあなたは弱いあなたで、恐れに直面すると震えあがり、もう人生は終わりだと考えて一番近い出口を探す。積極的なあなたは、あなた自身を助けようとして言う。「逃げないで私と一緒に来なさい」。そして必要なら引きずってでもあなたに恐れを直視させる。問題は、どうやって臆病なあなたを退けて、積極的なあなたを強く育てるかだ。私たちは何とかして恐れに立ち向かわなくてはならない。

誰にでもわかることだが、赤ん坊を育てるときに、栄養をつけさせるためだからといってステーキを２枚も喉に突っ込むわけにはいかない。あなたの目的は強くなることだから、恐れに対しても強さを示すべきだが、途中で自分が死んでしまっては元も子もない。例としてランニングマシンを考えてみよう。ランニングマシンの上を走ると、最初はほとんどの人が、苦しいとかつらすぎると感じたり、まごついたり時間の無駄だと思ったりする。考え方を変えるには、まず思い込みを変える必要がある。ランニングマシンをとても喜ばしいものと思うようにするのだ。健康的な生活や体、自信、強さ、成功するためになくてはならないもの、そして、あなたの望むものリストにあるたくさんのものを手に入れるための一歩を象徴するものとして見るといい。大切なのは少しずつ慣れていくこと。まずは歩くことから始めよう。アプローチの仕方を変えるのだ。ほとんどの人はランニングマシンを見るとすぐ走ることを考えるが、それだと戸惑ったり苦痛に感じたりしてしまう。だが歩くことから始めた途端、それほどつらくもないと感じるようになる。初めから難しいものにぶつかるとショックで余計に苦痛を感じるものだ。この方法なら楽しいし、次にマシンを使うときに恐れをなして逃げ出してしまうこともないだろう。そうしているうちに、いずれはあなたも限界ぎりぎりの速さで走りたい、もっともっと強くなりたいと思うようになる。

勇気とは恐れないことではない。恐れよりもっと大切なものがあると決断することだ（アンブローズ・レッドムーン）

恐れは、肉体的な反応でもある。だから私たちは、体で恐れと向き合って平静を取り戻さなければならない。私たちは恐れを全身で感じるので、恐れが頭や心だけでなく、体の反応だということをよく知っている。恐れに直面したときは体を動かし、声を出して自分を励ますといい。このやり方はどんな恐れにも使える。私たちは、私たちの中にある強さを引き出す方法を学ばなくてはならない。問題は、あなたが強いかどうかではなく、強さを引き出すために何をするかだ。時とともにあなたが強くなり始めると、かつて不幸だった人生に戻るのが怖いと感じ始めているのに気づくだろう。そう思っただけで頑張れるはずだ。なぜなら、本当に望むもののビジョンをはっきりと思い描いたあなたにとって、望まない人生を送ることほど恐ろしいことはないからだ。

①過去にどんな方法で恐れを克服したか、自分に問いかけてみよう。そのときあなたは何をしただろうか？　誰と話をしただろうか？　誰か他に、似たような状況を切り抜けた人はいないだろうか？

②特定の経験や物事に関する思い込みを変えよう。達成するとどんな良いことがあるか考えて、それを楽しいことだと考えられるようにしよう。

③望ましい結果だけに注目しよう。そうするとあなたの恐れが興奮に変わる。

④今すぐあなたの恐れに対抗しよう。体を使って恐れに打ち勝てる状態を作ろう。

この恐れを克服できたら、どんな素晴らしいことが達成できるかを書き出そう。得られる良い結果だけを考え続けること。そうすればあなたの恐れは、すぐに挑戦すべき課題に変わり、やがてわくわくするような楽しいことになる！

成功への恐れ

マイクロソフト社には多くの目を見張るようなアイデアがある。それがすべてトップの人間から出ているというイメージがあるが、残念ながらそれは誤りだ（ビル・ゲイツ）

私は、多くの人がトップアスリートや巨額の富を持つ人たち、セレブリティなどについて話すのを聞いてきた。「ゴルファーに生まれるってどんな感じだろう」とか、「彼女はもともと頭の切れるビジネスウーマンだった」というふうに。私もかつてこういう会話をしていたからよくわかる。私たちは、成功した人は何かに迷ったことがないかのように話す。彼らはそうなる運命だったのだ、だから、どう進んでも最後には成功したのだと思い込もうとする。彼らが成功するためにどれほど情熱を注いでいるかを知ってもなお、それを無視するようなことを言う人がいる。もしあなたもそのように考えているとしたら、自分に嘘をついて成功者と自分はまったく違うと考えるのをやめて、恐れに立ち向かい、それが間違いだと自分自身に証明してほしい。私は心からそう願う。

成功できない人たちは、一部の人は生まれつき何もかも持っている、というたぐいの話を見つけては、誰かが成功したと聞いたときの言い訳にしている。例えば、「彼はお父さんがお金持ちなのよ」「彼らは運がいい」「彼女のころは新しいアイデアを実現しやすい時代だったんだよ」というふうに。だが、それは、自分が人生で行動を起こさなかったことの言い訳にすぎないと、誰もが知っている。そんな考えは捨ててしまいなさい！　現代は、若くチャレンジ精神旺盛で、自分の力で億万長者になった人がかつてないほどたくさん存在する時代だ。１億円どころか１０００億円クラスの富豪が次々に誕生している時代なのだ。これを知って勇気づけられ、その背景にある成功者たちの努力と強い意志に気づく人もいる。彼らの真実を知ることで、あなたはこの人生というゲームをこれまでよりはるかに尊敬する気持ちになるだろう。そして、成功への道のりで苦しい経験をしているのはあなただけではないとわかって、大いに勇気づけられるだろう。

大きな成功を収めた人がいるということは、他の人たちも同じように成功できるという証拠だ
（エイブラハム・リンカーン）

私は、自分がかつて、成功した人たちを中傷していたことに罪悪感を抱きながら、今では、成功を恐れる心が私を引き留めていたと気づくようになった。私は成功できるなんて思ったことがなかったので、真実と向き合うより恐れに逃げ込むほうが楽だったのだ。だが成功した人たちは、このような成功に対する否定的な考えを克服してきた。それが彼らと私の大きな違いだった。彼らは生まれつきそのような強い心の持ち主だったのだろうか？　彼らの人生の歩みは挫折のない完璧なものだったのだろうか？　成功者の中には、私たちが絶対に取り替えたくないと思うようなつらい経験を経てきている人もいる。私たちはみな、同じ世界に、同じ能力を持って暮らしているのだ。

タイガー・ウッズの例を見てみよう。コース外での愚行にもかかわらず、彼は本当に仕事のできる人だ（もちろんゴルフのことだ）。５歳のとき、「ザッツ・インクレディブル」というテレビ番組に出演して、20歳までに史上最高のゴルファーになってみせると宣言した。彼が、それ以後も決してその目標を見失うことがなかったなんて、信じられるだろうか？　実際、どんな困難にあっても、その目標が揺らぐことはなかった。彼はその目標に向けて、ひたすら実績を積んでいった。ウッズは成功するために、極端なほど懸命に努力した人なのだ。父親に軍隊式のコーチをしてくれるよう頼んだのも、彼自身だ。父親は、ウッズがスイングするたびに、あれこれ口出ししたり、大声を出したり、うるさ

い音を立てたりした。集中が必要なときにわざとウッズの気を散らすようなことをしたのだ。おかげでウッズは厳しい訓練が終わるころには、どんな妨害にも動じなくなっていた。父親はある日ウッズに、お前の訓練は終わりだと言い、お前は地球上で最も強い精神力を持ったゴルファーになったと告げた。この言葉は正しかった！

ウッズはメンタルトレーニングの重要性をよく知っていた。そのためのコーチを雇っていたほどだ。ジェイ・ブルンザ医師は、ウッズを座らせて、完璧なショットを何度も繰り返し思い描く練習をさせた。これは私たちが本書で学んできたのと同じ視覚化のテクニックだ。ウッズは成功に向けて独自の「信念実現システム」を作り上げていた。タイガー・ウッズよりも潜在能力のあるゴルファーが50人もしくは1000人いないと誰が言えるだろうか？　いてもおかしくはない。だがその人たちはビジョンに向かって戦い続けるだろうか？　それとも恐れに行く手を阻まれてしまうだろうか？

人生は、恐れるものでも抗うものでもない。抱きしめるものだ。あなたがなりうる最高の人になるために、あなたが夢見る人生を生きるために。

私たちは、成功した人たちがお金をいくら使ったとか、どんな暮らしをしているかは知っていても、彼らがどんな努力をしていたかは知ろうとしない。彼らも普通の男や女であり、自分の能力をとことんまで追求しようと決意した人たちだということを忘れている。彼らが成功する前にしていたこと、彼らの忍耐、説得力あるビジョン、情熱、そして彼らが身につけなければならなかった強さのことを忘れている。こうした要素を積み上げてきたからこそ、彼らは成功できたのだ。かつてアルバート・アインシュタインがこう言った。「私は特別に頭がよかったわけでも、才能に恵まれていたわけでもない。ただ、とてもとても好奇心が強かっただけだ」

オプラ・ウィンフリーは子供のころ、性的虐待と貧困の中で育ったが、人生に対する情熱を燃やし続け、彼女が考える最高の暮らしを手に入れた。グーグルを作ったのも、ハンデをものともしなかった人たちだ。彼らは小さなガレージから始めて、当時すでに大会社だったヤフーと競り合った。一代でこれほどの成功を収める人がいるとは考えがたいほどだが、彼らはそれを数年で成し遂げた。ここで取り上げた人たちの誰もが、人生のある時期に、決してこのままでは終わらない、どんな困難が待ち受けていようとも夢に向かって進み続けようと決意したのだ。

このような姿勢で努力していると、世界があなたに微笑んで、思ってもみなかったような好機が訪れる。何億円も何千億円も望む必要はない。何を望むかはあなた次第だ。あなたを幸せにするものなら何でもいい。何を望むにしても、まずは偉大な人たちの本から1章選んで読むことから始めるといい。私はそうやって調べて、その中から私の知るかぎり最も大きな成功を収めた人たちの何人かに会ってみた。そして共通のパターンがあることに気づいた。本書はまさにそのパターンをもとにしている。成功した人たちは、自分には何の目的もないと考えたり、話したり、信じたり、そのように思って行動したりするのをやめて、どうやってこの世界により高い価値を見いだすかを考え始めた。成長のために恐れを利用し、先人たちの行動に学び、まさに今あなたが読んでいる戦略や価値観に従って生活したのだ。恐れから逃げることなく。

他の人の成功を喜ぶことは、私たち自身の成功にも大きな意味を持つ。嫉妬したり疑ったりすると、あなたが持っている良い性質を理解することができなくなる。成功した人たちをよく見て、他の人たちとの違いを見つけよう。彼らを疑ったり、成功が単なる幸運や偶然の結果だと思ったりするようになると、たちまちあなたはうまくいかない人たちのひとりに戻ってしまう。だが、他の人の成功について調べ、興味を持つようになれば、そのときあなたは世界でも有数の成功者たちの仲間入りをすることができる。

どんな仕事を成し遂げる人も、進んであらゆる逃げ道を断つべきだ。そのとき初めて、成功するために必要な、勝利への燃えるような思いを持ち続けることができる（ナポレオン・ヒル）

7日間で最高の状態を作る

最高の状態＝心＋言葉＋体

落ち込んだときに、素早く冷静に気持ちを切り替えられる力は、成功への道のりに不可欠な要素だ。そろそろ私たちもハードルを上げて、大胆な行動に出るときが来たようだ。

本章の課題は、毎日の生活の中で行う課題なので、時間がないという言い訳は受け入れられない。思い出してほしい。本書の冒頭で、あなたは誓約書にサインして、変わる準備ができていると宣言したはずだ。もし行動を起こしたくないなら、この本を閉じて片付けてしまったほうがいい。自分で自分を助ける気持ちがなければ、誰もあなたに手を貸すことはできない。人並み以上になりたいと思うなら、あなたがそれを実現するのだ。

一日の初めに鏡を見て、今日から7日間、次の言葉を10回ずつ唱えよう。必ず感情を込めて声に出し、身振りも交えて、自信にあふれた状態になるまで、自分自身に言い聞かせるように繰り返そう。

「日々の精神状態や、自分で選ぶ気分や、行動を通して、私の人生のすべてを作り上げているのは私自身です。この7日間にどんな困難にあっても、私の魂は力強くまっすぐに成功へと進んでいきます。これを続けることで私は大きな力を得ます。私が人生で望むことを何でも達成することができます」

7日間、毎朝これを続けると、あなたは本気であることを自分自身にはっきり示すことができる。その結果あなたの行動は具体的になり、あなたのコンディションが短時間で整うようになる。抜きん出た人生を送っている人たちは、即座に気分を変える力を持っている。それが彼らの武器であり、他の多くの人たちと違う点だ。あなたの人生より大切なものは何だろうか？　人生をより良いものにするために、あなたは何をしたいだろうか？　あなたは本当に人生を永久に変えたいと思っているだろうか？　だとしたら、あなたはそのために十分に努力していると、心から言えるだろうか？　もう十分やったと思ったとき、あなたの成長は止まる。

【課題①】心をコントロールする

信念は何より大切なものであるから、あなたは自分の考えを見張る必要がある。そしてあなたの信念は、あなたが見たり考えたりすること次第でどこまでも素晴らしいものになるのだから、何に注意を向けるかをしっかりとコントロールすることが大切だ（ウォレス・D・ワトルズ）

- 目的：あなたの思考を監視して適切な方向に向ける
- 期間：1日目〜3日目

これまでの課題で、あなたはすでに大きく変化しているが、ここでさらにステップアップしよう。あなたが何かに対して落ち込んだり、悩んだり、ストレスを感じたりするのは、ただあなたが注意をそこに向けているのが原因なので、即座にそれを正す必要がある。そうしたネガティブな考えがあなたの成功にどう影響しているか観察しよう。思考の影響について考えるだけでなく、それを実際に見つめることで、あなたは「自動的な反応サイクル」から飛び出して人生を高めることができる。思考の力を自覚することは、幸せやあなたの望むことを実現するために、どうしても必要だ。それができて始めて、あなたは歴史上の偉人たちと同じ心的態度を手に入れられるのだ。

ネガティブな考えにこだわりすぎないようにしよう。できる限りブロックして、代わりに好きなことや楽しいこと、わくわくすること、満足を感じられることを考えるようにする。あなたが望むものに関して描いているビジョンや、あなたが心から感謝していることなどについて考えるのも、注意の対象や感情を素早く切り替えるいい方法だ。気分が乗らなくても関係ない。とにかく何らかの方法で気持ちを切り替えよう。本当に成功するための秘密があるとしたら、それは心をコントロールすることだ。

何でもいい、ネガティブな考えを頭から追い出すためにあなたができることをすればいい。叫ぶなどして、その考えがもうあなたの人生を支配することはないと自分に言い聞かせ、新たな考えを何度も繰り返そう。以前、私が叫んでいるのを聞いた叔母に、どうかしてしまったと思われたことがあった。叔母はそのときの私の声を、１週間も餌にありついていないライオンみたいな声だと言った。私はそれを聞いて、実に面白いたとえだと思った。というのも、私は文字どおり成功に飢えていたからだ。正当な攻撃は、怒りとは別物だから混同しないように。困難な状況で強い態度をとることは良いことだし必要なことでもある。問題が何であろうと、いかに困難であろうと、あなたは戦わなくてはならない。「大丈夫うまくいく、すべては心の中のことだ、私は常に自分の心をコントロールできている」と繰り返し言おう。物事には常に他の見方が存在する。考え方を選ぶことによって、感じ方も選ぶことができる。あなたの心に向かって、今はあなたが主人であり、決して手綱を緩めないと教えてやろう。

ある考えがあなたの人生に有害な影響を及ぼすかどうか見極めるには、その考えに対して抱く感情を吟味する必要がある。あなたの心の入り口にはあの軍隊が常に待機しているはずだ。例えば、もしあなたが「私にはできない」と思ったとすると、あなたはすぐさま「私はできる、私はできる」と何度も力強く繰り返す。これは心のトレーニングだ。心の中で起こることが人生を決める。1週間後には、ネガティブな考えがただそれを意識しただけで消えていくのに気がつくだろう。的確な方向に意識を向けることは、奇跡のように突然できるようにはならない。あなたの心にしっかりと指示を与え、意識的に方向づけしてやる必要がある。

【課題②】言葉と体を変える

苦境にある人への励ましの言葉は、しばしば線路の切り替えのように働く。ほんの少しの差で、一方は破滅へ、もう一方はなめらかに加速して繁栄へと向かっていく（ヘンリー・ウォード・ビーチャー）

- 目的：言葉や身振りを意識的に使う

●期間：4日目～6日目

あなたの言葉が人生にとって重要だということはすでに学んだ。ここでは実際に言葉や身ぶりを監視して、それをより力強いものに変えていく。

「言葉の行為」の項に示した選択肢のリストを見て、手がかりにしてほしい。この3日間はネガティブなことを思わせるようなことや、制限的な言葉を一切使わないこと。自信と熱意を持って話すこと。「できない、不可能だ、疲れた、難しすぎる」と言うたびにすぐに修正すること。これを意識しているだけでも、あなたは古いパターンを抜け出して、かつて一日中感じていたことから自由になれる。この練習をするだけで、毎日が見違えるように素晴らしいものになるだろう。人が愚痴を言ってきても、同調してはならない。週が終わるころには、あなたはこの訓練の成果を見て笑ってしまうかもしれない。なぜあんな会話で自分の人生を左右していたのかと不思議に思うだろう。この期間中はテレビや新聞のニュースや、何であれあなたの心にネガティブな考えを植え付けるものは見ないようにしよう。そうすると、感情的に消耗するような話題について話すことができなくなり、その時間をあなた自身や他の人たちの役に立つことに使うことができる。そして、もっと知的な事柄について知るようになる。これは幸せな人生の大切な要素だ。

この3日間は姿勢についても同じようにしてみよう。控えめでいながら自信ある態度でいるとき、あなたの中に力が湧いてくる。決して尊大な態度をとったり、ふんぞり返って歩き回ったりしないこと。そんなことをすると、かえって目標から遠ざかってしまう。自信ある態度を身につけるには、脳の手術をしても無駄だ。あなたが自分の行動を自覚しないかぎり、成功も満足も得られない。「望むものリスト」の中の何かひとつに向けて、できるだけたくさんの行動を起こしてみよう。メールを送る、電話をかける、インターネットで情報を集める、人と話す。すべてが行動だ。まずは小さなことから始めよう。

【課題③】自信を持って楽しむ

何かが起きるのを待つのではなく、自分で起こそう！

- 目的：信じる心を高めて新たな挑戦をしよう
- 期間：7日目

冒険の準備はできているだろうか？　この課題は、あなたの恐れを興奮に変え、あなたの能力を発掘して人生の経験を豊かにするためのものだ。人生のあらゆる面にとって重要な課題なので、絶対にやり遂げてほしい。あなたがいつもしたいと思っていたことをする、あるいは何か新しく考えたことでもいい。バンジージャンプ、スカイダイビング、アイススケート、俳句や料理の教室に通う、ゴーカートに乗る、絵を描く、職場やカフェですてきな人に話しかける、短編小説を書いて出版社に送る、ジムに通う、山に登るなど、あなたが思いつくことなら何でもいい。もしあなたが60歳でペイントボールをするには年をとりすぎていると思っているなら、考え直したほうがいい。私が最後にペイントボールをしたとき、それくらいの年齢の人と対戦して徹底的にやられた。女の子のチームだけでなく、その年配の人にも見事に撃たれてしまった。

私が言いたいのは、何かをしてはいけない理由などない、ということだ。あるのは恐れだけだ。１日だけその恐れを棚に上げて、何かあなたの魂を奮い立たせるようなことをしよう。何でもいいので、あなたの限界を広げるようなことをやってみよう。私たちは日々の生活を繰り返すのに精一杯で、生きることを忘れている。来る日も来る日も同じ感情を繰り返し経験しているだけだ。人生を幸せなものにするには、わくわくしたり何か楽しみをもったりする必要がある。ぜひこの課題に挑戦してみてほしい、何より楽しむことを忘れずに！

成功をもたらす資質

心の教育を伴わない知性だけの教育は、教育ではない（アリストテレス）

達成という概念や、「成功」という言葉について考え違いをしている人があまりにも多いようだ。これまでにも、多くの人が抱いている成功の考えが、神話でしかなかったと証明された例がたくさんある。２０１０年２月、親友が電話してきて、著名なファッションデザイナーのアレキサンダー・マックイーンが自宅で首を吊って自殺したと知らせてくれた。あれほどの富や名声を手にしていた彼が、なぜ自殺などしたのだろうか？　彼の他にも、自ら命を絶った偉大な成功者は大勢いる。１９５４年にはＦＭラジオの発明者であるエドウィン・アームストロングが、１９９３年には元フランス首相のピエール・ベレゴボワが、１９９４年にはニルヴァーナの結成メンバーであるカート・コバーンが、２０１４年には俳優のロビン・ウィリアムズが自殺している。他にも多くの俳優やアスリートや芸術家など、それぞれの分野で頂点を極めた人たちが、薬物の乱用や精神的な苦悩から命を絶っている。

その一方で、幸せと成功の両方を手に入れた人たちも多数存在する。両者の違いはどこにあるのか？　それは成功に対する捉え方の違いかもしれない。ある人は何かを達成することだけに成功を求める。また、ある人は成功を、何を持っているかではなくその人がどんな人間か、人生をどう生きているかで決まるものと考えている。

私たちは死ぬまで成功を求め続け、それでもまだ満足しない。それが真実だ。

あなたは、子育てや健康、経済状態や人間関係など、人生の中のある特定の分野、もしくはその全部で成功したいと考えているかもしれない。ただ、私があなたに知っておいてほしいのは、成功はあなたの外にある何かではなく、追い求めるものでもないということだ。成功はフェラーリや豪邸の中にはない。ここに挙げたことの中にもない。かつて追い求めていたさまざまなものと同じく、感情も永久には続かない。外部のものを得ることに成功を求めている人たちはみな、結局はこう思うようになる。「これは手に入った。じゃあ次は?」。あなたもそういう経験をしたことがあるだろう。そしてそれがずっと繰り返されるのだと知っておこう。求めていたものは新しい腕時計かバッグ、休暇旅行、もしくは新車だったかもしれない。何であれ、それが手に入ったとき、あなたはまたもや行き止まりにぶつかっていることに気づいたはずだ。

あなたに必要なのは、人生の深さと意味だ。真の成功とはあなたの中にある巨大な力を、あなたが何者であるかを、そして日々をどう生きるかを見つけることだ。一度これをつかんでしまえば、他のことは自然に流れ込んでくる。外部のものを手に入れる前に、こうした成功を手に入れるべきだ。真の成功を手に入れて素晴らしい人生を生きるようになると、他のものはケーキに飾られたチェリーにすぎなくなる。何かの事情でチェリーがなくなっても、大した変わりはない。ケーキの本体はすでに完成しているからだ。回り道をせず、あなたが心の底から望むものを手に入れることが成功だと気づくことが、何より大切だ。

心が安らかでなければ、何の意味もない。

長い間、人は富を成功の基準にしてきた。だが近年、真の成功を得ようと努力し、豊かさについて考える人が増えてくるにつれて、成功の意味がすっかり変わってきている。めまぐるしい社会のプレッシャーや要求に取り囲まれて、私たちは今、本質的な成功を求めるようになった。これは、内面の平安と継続的な成長の間のバランスがとれた状態を言う。この状態を手に入れることが、人生のすべての面での達成につながっていくという考えだ。当然、何を達成とするかは、各人が何を望むかによって変わってくる。

時間は止まらない。だから私たちは、人生において、常に次のレベルを目指して成長していこうとする。本質的に重要なことに成功の基礎をおくことで、堂々巡りをしながら完全な満足を得られる日を待っているだけ、という事態を避けられる。思い違いをしないように。多くのものを得た人が成功した人とは限らない。本質的に言って、成功とは心が満たされることだ。このことをよく理解してほしい。それぞれ追いかける夢は違っても、私たちの誰もが、この満たされた状態を達成するために努力している。だからこそ私は、成功へとつながるさまざまな内面的資質（成功をもたらす資質）を探し続けてきた。

成功をもたらす資質を養うことは、内面から否定的な傾向を取り除いていくことだ。そうすることであなたの周囲からも否定的な傾向をなくして、より多くのものを意図的に引き寄せたり、実現したりできるようになる。もし成功しているかどうかで人生の質を評価してしまうと、進む方向を間違えて本当の充足とは反対の努力を続けることになる。成功によって人生の質を向上させようとするのではなく、人生の質を上げることで成功をつかむようにする。そうしないと、貧弱な基礎の上に最新式の家を建てるようなことになってしまう。そんな方法で建てた家は不安定だし、何より本当に良い家にはならない。しっかりとした基礎にあたるのが、これから示すいくつかの資質だ。成功への道のりの途中で困難に遭遇しても、このしっかりとした基礎があれば、あなたは外圧に立ち向かっていける。

私はこうして育てたさまざまな資質のおかげで素晴らしい経験を引き寄せたり、隠れた知恵を発見したり、忍耐力を強化したり、高いレベルの成功を手に入れたりすることができた。これは本当に強力な武器だ。素晴らしいのは、これらの資質を私たち全員がすでに持っていて、いつでも取り出して使えることだ。どうか、忍耐力や愛や強さや真実を求めて、人生の道を闇雲に歩き回ったりはしないでほしい。思いがけないことかもしれないが、あなたがずっと探し求めてきたさまざまな資質をあなたはすでに持っている。それらは常にあなたの中にある。それを使うか使わないかはあなた次第だ。

❶愛――究極の資質

臆病者は愛を表現することができない。それは勇者の特権だ（マハトマ・ガンジー）

愛はさまざまな形をとって現れると言われている。愛はまた、私たちを狂わせるとも言われる。愛が本当にそんなことをするのだろうか？　それとも私たちが愛という神聖な感情の評判を傷つけているのだろうか？　愛をおとしめて、あれこれいらぬ想像をしてしまっているのだろうか？　私は愛の形はひとつしかないと信じている。それは純粋な愛だ。「愛がさまざまな形をとる」ことに関してこんな話をした人がいた。ある男性が元の恋人に執着して3年間もつきまとっていたというのだ。愛がそうさせたのではない。嫉妬や独占欲、嫌悪や復讐心を完全な愛と取り違えてはいけない。真実の愛はそうした感情とは正反対のものだからだ。愛は私たちを狂わせたりはしない。それは私たちの内面にいて、愛と戦っている悪魔の仕業だ。

愛は、私たちを空しさから解放してくれる何より大切な資質だ。ここで言う愛とは、純粋な愛のことだ。見かけに左右されることのない愛、母親やペットや我が子や伴侶、もしくは、人生そのものに対して抱くような、内面から湧き上がる愛だ。そういう愛には外見など関係ない。あなたの飼い犬は、他の人からすれば見栄えも頭もよくないかもしれないが、そんなことお構いなしに、あなたはその犬を愛するだろう。真の愛は愛すること以外何も求めない、愛することそのもので充足する。だからあなた自身が、内からあふれてくる愛を感じることが、真の充足を得る唯一の方法だ。愛を感じられるチャンスがあっても、私たちが気づかないでいることのなんと多いことか。愛こそが人生の真の導き手であり、私たちが仕えるべき唯一の相手だ。従うべき唯一の感情だ。私たちが物事を純粋な気持ちで行えば、愛は必ずそれに応えてくれる。愛を通してあなたの夢は現実となり、日々の生活は最高に素晴らしいものとなる。愛はあなたの目から覆いを取り除き、世界の本質を見ることを可能にしてくれる。あなたはこの世界と、この世界にあるすべてのものと力を合わせられる。そしてそのことがあなたの夢を実現する基盤となる。

何かと取り沙汰されることも多く見落とされがちだったが、実は愛にあふれた人だったと私が思っているのが、マイケル・ジャクソンだ。私が真理だと感じた彼の言葉がある。「明日を夢見よう。僕たちが魂の底から愛せる日を。そして愛が万物の心に宿る究極の真理だとわかる日を」。彼の外見とも、彼に対する評価とも関係なく、この言葉は誰にも否定することのできない真理だ。偉大な人は、愛こそが偉大だと知っている。

一度でも心に真の愛を感じれば、生涯かけてその発見を世界中に知らせようとするだろう。

人生の充足を感じるための重要な要素はすべて愛から生まれる。私はこの後、目標達成に大きく関わる主な要素のいくつかについて説明していきたいと思っている。種はすでに私たちの中に蒔かれている。その種を育む水と日光にあたるのが、あなたの経験と行動にかける時間だ。この2つが互いに影響し合ってこそ種が育ち芽吹くための準備が整う。やがて根が生え外の世界に向かって伸び、愛から生まれるあらゆる効果が花開く。それは例えば、内なる平安、我慢強さ、尊敬、感謝などだ。根はさらに深く広く伸び広がり、ついには他の植物と絡み合う。私たちはみな、このような種を持っていて、それは水と光が与えられるのを待っている。愛は本来的に何かを生み出していくもので、私たちも例外ではない。歴史上の偉大な人々はみんな、愛を原動力にしてきた。愛はあなたという存在の本質であり、あなたに限界を超えさせ、かつては不可能に思われたこともやり遂げさせてくれる。この愛があなたの人生にやってきたら、シートベルトを締めて、夢見たこともないような大きな飛躍に備えるべきだ。この愛は大きく広く、すべての人、すべてのものの中に見いだすことができる。この愛によって、あなたは最高の人間になろうと思うようになるし、他の人やものに対してもこれと同じ愛をもって接するようになる。これが充足した人生の秘密だ。

愛のない人生は、花も咲かず実も結ばない木のようなものだ（カリール・ジブラン）

人間の偉大さも愛から生まれる。本当は、誰でも今すぐに偉大さを発揮できるのだが、ほとんどの人はそのことに気づいていない。あなた自身を愛することは成功するための重要な要素だ。もし自分を愛せなければ、自分の成功を信じることもできないからだ。あなたはこれまでの人生で、愛していない相手を本当に信じたことがあるだろうか？　それならば、もしあなたが心の底から自分を愛し、日々それを感じていないとしたら、自分が望むものを手に入れられるなんてどうして信じられるだろう？　本当のあなたを愛することと、あなたがそうであるふりをしているあなたを愛することは違う。自分を愛することは、自分を他の人の上に置くことではない。むしろ真の自己愛はあなたと世界を等しいものにする。自分自身を理解できるようになればなるほど、他人も理解できるようになる。私たちは、自分を愛することは利己的なことだと思い込まされてきたが、私たちが利己的になるのは自分を愛しているからではない。神の存在を忘れてしまっているからだ。もしあなたが本当に自分を愛していれば、モラルに反したことはできないはずだ。

他の人たちの成長はあなたの成長であり、その逆もまた成り立つことを知っておいてほしい。つまり、まずあなたがあなた自身を助けなければ、本当に他人を助けることもできないということだ。自分を助けることができれば、他人に手を貸すこともできるようになる。助けるといっても物質的な意味ではない。あなたの真の自己に尽くすことは、それよりはるかに重要なことだ。私たちは人を外見や、宗教、おかれた環境などで判断すべきではない。私たちはみな人間であり、この世界で等しく重要な役割を演じている。他人に対して差別的な行動をすることは、自分自身との関係を傷つけるばかりで、そのような方法では決して本当の成功を得ることはできない。敬意をもって他人に接すれば、自分に対する敬意も育つ。たとえて言うなら、同じチームを応援している人や同じ文化的背景を持った人と出会ったときのように、すぐに絆ができ、敬意が生まれる。相手との連帯感を感じ会話が始まる。たぶん何度か一緒に笑ったりもするだろう。そして友情が生まれる。想像してほしい、すべての人類を同じチームの仲間だと考えることを。今すぐにその気持ちを、他の人たちと結ぶ親密な感情を思い描いてみてほしい。出会う人に対するあなたの態度や行動がどうかわるか想像してみてほしい。

あなたは他人に対してすることすべてを自分にもしている。それが人生の法則だ。この法則に例外はない。

私の他人との付き合い方はきわめてシンプルだ。彼らも愛する能力を持っていること、愛によって創られた人であることを常に念頭において、誰もが奥深いところでは、本来は素晴らしい人だと信じて接している。私は人を見かけで判断しないようにしているが、それが人との付き合いにとても良い効果をもたらしている。こうしていると、相手の人はあなたの態度が、利己心からでなく真心から出たものだと感じてくれる。そして相手も無意識のうちに同じように反応してしまうのだ。それは愛から出た本物の行動であり、あなたのまわりのあらゆるもの、あらゆる人に影響を及ぼす。

私たちはこんなふうに、ともに生きている。これがつながりとか社会と呼ばれるものだ。だが忘れないでいてほしいのは、進んで自分を助けようとしない人を誰も助けてはくれないということだ。反対に、愛や良い志をもって何かをするときには、常に誰かが手を貸してくれる。「私たち」は「私」より大きく温かく力強い。だがそのためには、まずあなたから変わらなければならない。鏡を見て、鏡の中の人をどれほど愛しているか、あなた自身に言ってみよう。あなたがこれまで何をしてきたかは関係ない。初めはばかばかしく感じるかもしれないが、それは社会的な常識とか、満たされない人たちの言葉に影響されているからにすぎない。鏡の中にいる今までのあなた、さまざまな経験をしてきたあなたを見つめよう。どのあなたも逃げも隠れもせずここにいる。それこそ愛と尊敬に値することではないか。強さと、決してあきらめない気持ちが、そこに見えるではないか。もしあなたが愛したり愛されたりしたいと思うなら、まずあなた自身を愛することだ。あなたの内に愛があるとき、あなたの外にも愛が見つかる。あなた自身が愛なのだ！

誰かが愛してくれるのを待つより、自分を愛することから始めるほうがいい。

自由は純粋な愛から生まれる

いつかあなたも気づくだろう。愛がすべてを癒やすことを。愛がすべてであることを（ゲーリー・ズーカフ）

自分の人生をコントロールできるとわかると力が湧いてくる。自由はそこから始まる。物事をどう感じるかは自分で選べる、つまり生き方も自由な選択の積み重ねでできていると知ることは究極の気づきだ。私たちは、自由は外の世界で起きることに左右される、言い換えると、内面にいる本当の自分を満足させるためには、何か外部の出来事が私たちを幸せにしてくれるのを待つしかない、そう思い込まされてきた。

人生で真の自由を経験するには、あなたに見える世界は、あなたが創り出す内部世界を鏡のように反映したものにすぎない、と気づく必要がある。あなたが何を見るかは、あなたがどう感じるかで決まる！　最初に内面が変わることによって、外の世界が幸せに包まれていると感じられるようになる。私たちが世界の見方を変えるとき、実はそこで起きること、つまり世界自体を変えていると言うこともできる。私たちは日々、体と心と言葉をどう使って行動するかを選択し、それによって世界を作り出している。このことを理解していないと、人はただ闇雲に同じ選択を繰り返して、自分のいる世界をますます強固なものにしてしまう。そうして自分の人生を創る自由を奪われていることに、ほとんどの人は気づいていない。

私たちの自由は仕事や、休暇や、他の誰かによって決まるのではない。仕事は変えられるし、旅行に行くかどうかも決められる。先に自由を見つけるからこそ決断できるのだ。自由に選択できるようになることが、人生の充足を得るための唯一の道だ。自由を物質世界に求めても、決して見つけることはできない。永遠の自由は純粋に自分を愛することから生まれる。その愛から力を得て、あなたは自由に選択するための直感力を養うと同時に、同じ愛を世界に投影していく。暖かい夜だけでなく寒く湿った夜も必要だ。困難の中で人は成長し、信念という花を咲かせ、そしてついには周囲の世界が美で覆われているのを見る。あなたは毎日、自由でいるかいないかを選んでいるのだ。

愛のどこがそんなにも魅力的なのだろう？　地上の時間概念を超えてしまう力だろうか？　不平等をものともしないパワーだろうか？　無限性だろうか？　何事も乗り越えていける勇気だろうか？　万物の中に存在していることだろうか？　それとも愛そのものだろうか？

❷真理を聞きとる資質

真の自己を見つけようと思う人は、まず一歩を踏み出そう。まだ何もわからないということと愛が出発点だ。

以前、私が働いていたボクシングジムで、鏡を磨いていたときのことだ。突然ある考えがひらめいた。鏡は遠くから見るときれいに見えるが、近づくにつれて汚れが目立つようになる。だから、鏡をきれいにするには近づいて見るしかない。私はこのことを自分の人生にあてはめてみた。自分自身が本当に見えているだろうかと。私たちが、本当の自分や自分を取り巻く状況の乱れに気づくためには、近づいてよく見なくてはならない。距離があると、自分の心に従っているからこれでいいのだと思い込んでしまう。だが、よく見るとそうではないとわかってくる。本当の意味で幸せになって望むものを手に入れるには、自分に正直でなければならない。

私たちが幸せになる力を失っていくのはなぜなのだろう？　私たちが、最終的には人生のためになるとわかっていることを無視してしまうからだ。何かを決断するとき、どうするのがいいかを、誰もがきちんと理解しているはずだと思うのだが、その判断に従うよりも自分に嘘をつくほうが楽なのかもしれない。初めはそれでうまくいくように見えても、真理は見逃してはくれない。クリスという名の男性からこの問題について質問があった。彼は言った。「もし愛が究極の真理や私たちの心の声で、どんな人にもそれに気づく力があるとするなら、テロリストの真理はどうなんですか？　彼らの真理は人を殺すことですよね」。そのとき私が彼と交わした会話はこんなふうだった。

私　　：テロリストも何かを愛しているだろうか？　母親や妹、ペットやなんかを。

クリス：ええ、たぶん愛しているでしょうね。

私　　：だとすると彼も愛の素晴らしさを知っているわけですよね？

クリス：ええ。

私　　：では、誰かが来て彼の愛するものを殺したとしたらどうなるでしょう？　彼はどう感じるでしょう？

クリス：人間ですから、本当につらいでしょう。

私　：テロリストは愛の素晴らしさと命が奪われることのつらさを区別できるということですね？

クリス：あなたが何を言おうとされているのかわかりません。

私　：イエスかノーで答えてください。

クリス：ええ、そうです。彼は愛と悲しみを区別できるということです。

これが真実ではないか？　テロリストがある人を、その人を愛している人たちがいると知りながら殺すとしたら、それは欲や病んだ考えや自己満足のためだ。それが真実だからではない。彼は自分に嘘をつき、そのことを自覚しているのだ。だからテロ行為をしている間は、心の充足を得ることはない。なぜなら、彼は自分を、本当の自分から引き離してしまっているからだ。人は本来、真理に向かっていこうとする性質を持っている。それを常識、良心、理性、なんと呼ぼうとかまわない。私たちはみな、愛すべき行為と忌むべき行為を区別することができる。私たちは愛という究極の真理でできているので、私たちが何か決断するたびに愛がそれを審査する。自分に嘘をついても真理は隠せない。だからあなたは常に真理が現れてくると信じて人生を賭けることができるのだ。

私たちは心理的な不調和に耐えることができない。だから、自分を欺くことはその人の意識に破滅的な結果をもたらす。それは特に高いレベルの意識を持った人でなくても同じことだ。意識レベルの高さとは関係ない。

人は誤ったことも想像できるが、真理しか理解することはできない。もし誤ったことを理解していると思っていても、それは本当の理解ではない（アイザック・ニュートン）

自分にとっての真理を知るためには、内面の声に耳を傾けよう。何が正しいかはその声が教えてくれる。最終的にあなたが幸せになれる道と、一時的な満足を得られるだけの道の違いを教えてくれるのもこの声だ。この声を心の声と呼ぶ人もいる。現代科学によって、私たちの体における感情的変化と生理学的変化にはつながりがあることが証明されてきた。ティーパック・チョプラ博士はこの２つがどう関係し、私たちの人生にどれほど大きな影響を与えているかを探求してきた人だ。私は「心の声に従え」という言葉が私たちの運命を形作るためにどれほど重要であるか、まったく理解していなかった。問題は、私たちがこの心の声にめったに耳を傾けないということだ。実際、私たちは自分が望むような答えに出会うまで、何人でも人に会い、いくらでも質問することができる。だが驚くべきことに、そうして得られた答えが真理とは別のものだということが、私たちにはわかるのだ。いっとき偽りの答えで満足を得られると思っても、決して長くは続かない。

偽りは片足で立ち、真理は両足で立っている（ベンジャミン・フランクリン）

私たちは自分で下した決断の当否を自己判断できる。人生でどこに向かっていくかを決めると同時に、その選択が正しいかを判断する。これもすべての人に神から与えられた能力だ。私たちはまた、偽りと真実を見分ける力も持っている。だがその判断に従って行動する代わりに、苦しみにつながるとわかっていることに身を任せてしまう。こうして不本意な人生を生き続ける。自己判断はどうしたのか？　もちろん私たちは自分に嘘をついた罪で、何千回も心の法廷に引き出されることになる。

ほとんどの人は、原告と被告の両方を演じる。そのとき何が正しいかわかっていたとしても、いつも真理の側につくとは限らない。公正に自分を判断することができないのだ。だから、自分自身のモラルや本来の自分に反するとわかっていることをしてしまう。心の法廷で負ければ負けるほど、次の裁判では勝とうとする。そんなふうに真実を偽って人生を生きていても、決して幸せにはなれない。私たちは公正な立場で正しく判断しなければならない。

もしあなたが、ある信念に従って、あなた自身や人生、周囲の状況や人々に対して一定のやり方で行動しているとしたら、こう問いかけてみてほしい。「この信念なり決断は、私と私のまわりのあらゆるものや人に、より多くの愛を表現することにつながるだろうか？」と。答えが「ノー」なら、わざわざ心の法廷に引き出される価値もない。誰もこの人生の法則からは逃れられない。愛があるかどうかであなたの信念を判断し直すことは何より大切だ。本書の内容にも同じことをするよう勧めたい。本書の内容を、私がそう言っているという理由だけで信じて欲しくない。あなた自身の真実に照らして判断してほしい。あなたの真実に、今も、そしてこれから先も、常に最高の充足を与えてくれるものとしての愛が含まれていることを確認してほしい。もしあなたが愛を（特にあなた自身への愛を）

表現しないと決めたとしても、人生が無理やりにでもそうさせるだろう。時には容赦なくあなたの目を覚まさせるようなことをするだろう。人はみな、人生のどこかでそのような経験をするはずだ。

　私たちが求める答えはすべて、常に私たちの中に存在していたし、今も存在している。

　真理を引き出すには、冷静に自分と対話する必要がある。有名な詩人カリール・ジブランの傑作『預言者』の中に素晴らしい言葉がある。「神は理性の中に安らぎ……情熱の中で行動される。だから神の世界の息であり神の森の葉であるあなたも、理性の中に安らぎ、情熱の中で行動する」。こう言ったほうがいいかもしれない。私は静かに自分と対話できると知っただけでなく、その声に従って行動したことで心の平安を見つけることができたと。賢者や、真理を教える人や、悟りに達した魂を見つける唯一の方法は、その人が究極の真理としてすべての人への愛を謳っているかどうかで判断することだ。もしこれを教えていないなら、残念だがあなたは騙されている。
あなたの真実と偽りを見分けることと、それに従って行動することには大きな違いがある。そこで、この次にあげる資質を身につけられるかどうかが、ほとんどの人にとって夢でしかない喜びを経験するための鍵となる。

❸内面に真理を育てる――永遠の幸せを手に入れる資質

人が真理への道で犯す2つの誤りのうち、1つ目は途中であきらめること、2つ目は出発しないことだ（ブッダ）

何かに栄養を与えれば、それは育つ。なかには恐れや悲しみ、無気力、不幸せといった心の性質を養い続けている人もいる。あなたが、あなたの真実（愛、思いやり、幸せ、人に与えること、忍耐）に反するような決断をしたり、行為をしたりするたびに、あなたはあなた自身との関係を壊していく。実に多くの人たちが望みや進む道を見失っているのも無理はない。その一方で、あなたの真実にせっせと良い栄養を与えて、想像もしなかったほど大きく育てることもできる。そうして育った真実の中に人生の充足も存在する。私たちが真実を育て始めると、幸せがふくらみ、そのなかに心の平安が見つかる。この成長はどこまでも続き、永久に幸せや平安を供給し続ける。あなたが栄養を与え続けるからだ。あなたを育てるのはあなた自身だから、いつも自分自身だけを頼りにしていればよい。栄養を外の世界に求め続けると、いつか成長は止まってしまう。人も金も状況も永遠には続かないからだ。だが、あなた自身から供給される栄養は、あなたが成長すればするほど、増加していく。

私は、自分の真理を育てる訓練をしておいて良かったと思う。あなたが今、本書を読んでくれているのはそのおかげなのだから。もしそうしていなかったら、私は自分が教えていることを発見できなかっただろう。私は優れた業績をあげた人たちと話をしてきたが、それより大切なのは、真の成功者といえる人たちと会ったこと、そして彼らの言葉にある共通点を見つけたことだ。彼らはみな、心の奥深くから聞こえてくる声に耳を傾け、それに従って行動していたのだ。大きな決断をするときだけでなく、日々の些細なことについても。どの瞬間にも、どの機会にも、どの経験にも真理が見て取れる。もしあなたが進んで自らに向かって問いかけるなら、あなたは心の声をはっきりと聞き取り、そしてさらに重要なのは、それに従って行動することができる。

　私たちはまず、この知識と叡智を備えた内なる声に耳を傾けることから始めよう。この声を無視するような生き方をしているとしたら、今すぐに変えるべきだ。私がどのようにして私の真理を育てたか、ひとつ例をあげてみよう。私たちは誰でも、ごみ箱が何のためにあるのか知っている。ごみ箱がその目的のために置かれているのがわかっているから、ごみを投げ入れる（私の常識はそうするようにいつも私にささやいていたが、私は何度もそれを無視する選択をしていた）。だが、今の私の中では、真理（常識）が大きく育っているので、それが私にごみをごみ箱に入れろとはっきり教えてくれる。ごみ箱があるのにごみを地面に投げ捨てることは、敬意を欠く行為だ。私は思う。敬意を払われる人になりたければ、敬意を払う人にならなければならない。私自身の真理について考え、実際にそれに耳を傾けることによって、それが私の人生にどんなに重要な役割を果たしているかがわかるようになった。この変化から学んだことは他にもある。本当にやりたいことに打ち込めるようになったこともそのひとつだ。心の声に真摯に耳を傾けると、たちまち前向きな気持ちが湧いてくるからだ。

> あなたの心の声に従いなさい、でもまずしばらくの間は静かにしていること。問いを投げかけ、

このように、態度を変えるだけであなたは忍耐強くなれる。何か（ごみ箱のようなもの）がすぐに見つからなくても、手近な満足を得ようとしてするべきでないとわかっていることをしなくなる。それが私たちの大きな望みをかなえるのにどう役立つか、わかるだろうか？　一見するとなんの意味もないように思えるかもしれないが、それによってあなたは、自分のために考え、行動し、何かを実現する力があることに気づく。その結果あなたは自分を幸せにして、それによって自分の決断を尊重するようになる。もっと大切なのは、そこに充足感が感じられることだ。たとえ一時的にとてもつらい決断をしたとしても、真理に沿った決断であれば、あなたは決してそれを後悔することはない。何かを十分に信じれば、それによって生きていけるのだ。私たちは真理に反することをすると、自分を責めて落ち込む。反対に何か良いことをしたとき、どれくらいそれを意識しているだろうか？　意識の声に従って行動したとき、喜んだりよくやったと感じたりすることは、人生においてきわめて強力な武器となる。思い出してほしい。それが小さなことから始まることを。それが雪玉のように転がって大きくなることを。もしあなたに小さな課題を行うエネルギーがないとしたら、どうして能力を最大限発揮したり、人生から最高のものを得たりすることができるだろうか？　あなたがあなたの真理を育てると決めたなら、躊躇してはならない。必要ならエネルギーを作り出してでも、強い意志をもって必ずやり抜こう。

喫煙者がいい例だ。喫煙の習慣について尋ねると、彼らはこう言う。「でも私は吸いたいんだ」と。

だが「もし想像の世界でタバコをやめられるとしたら、そうしたいですか?」と尋ねると、彼らはこう答える。「もちろんだよ」。彼らの心の声はタバコをやめろと言っていて、彼らにもそれがわかっているのだ。

心の声は常にあなたに話しかけている。あなたはそれを無視して人生を台なしにしたいのだろうか? もちろん、あなたも人間だ。人生でいつも最良の決断ができるわけではないだろう。だが、初めからそう思っていてはいけない。成長できなくなるからだ。

真理を追い求める人は、土埃よりも控えめであるべきだ。そうなって初めて、真理を垣間見ることができる。真理に向かって進むとき、怒りや利己心や嫌悪などの感情は当然捨て去らなければならない。そうでなければ真理に到達することなど不可能だ（マハトマ・ガンジー）

真理に従って行動することを表す一般的な言葉は、誠実だ。西洋の倫理学では誠実とは、嘘がないことと真理にのっとっていること、この2つを基準として直感的に行為を選び取ることのできる性質と考えられている。偽善の反対と考えることもできる。「integrity（誠実）」という単語は、ラテン語で「全体」や「完全な」を意味する形容詞「integer」からきている。この文脈で考えると、誠実とは、正直で堅実な性格から来る内面的な完璧さだと言うことができそうだ。つまり、人が誠実であるかどうかは、その人が、標榜している価値や信念や信条に従って行動しているかどうかで判断できる。あなたの心の声をよく聞いて、それに従って行動する。まさにそういうことだ。

心の声についてはマハトマ・ガンジーがうまく説明してくれている。

人生には外部の証明を必要としないような気づきの瞬間が訪れることがある。心の中の小さな声が私たちに教えてくれる。「お前は今、正しい道を進んでいる。左でもなく右でもなく。まっすぐに狭き道を進め」と。

人生には、親友に反対されても行動しなければならないときがある。板ばさみになったときは、いつもあの「小さな優しい心の声」が、決断を下してくれるだろう。

私は常に自分を純粋に保つよう努力を重ねた結果、あの「小さな優しい心の声」を正確にはっきりと聞き取るささやかな能力を手に入れた。

「小さな優しい心の声」が聞こえなくなった途端、私は何の役にも立たなくなるだろう。……私にとっての苦行は機械的な行為ではない。どれも心の声に従ったものだ。

（マハトマ・ガンジー『Mahatma: A Golden Treasury of Wisdom-Thoughts & Glimpses of Life』より）

❹許すという資質——後悔の中で生きることをやめる

あなたはしっかりとつかんで放さないことが強さの証しだと思っているが、本当の強さは手放すことにある（アラン・マンデル）

何かについて「できたのに」とか「すればよかった」と思って一生を過ごすことは可能でも、過去に戻ってやり直すことはできない。小説を読むときは、ページをめくりながら先へ先へと読み進む。逆向きには読まない。そんなことをしたら、わけがわからなくなって混乱してしまうだろう。後悔することは、あなたが生きてきた人生から意味を奪うことだ。なぜなら、何にしても決断したときには、それがあなた望みだったからだ。理由があってそうしたのだ。

大切なのは、そのときどうすればよかったかが、今のあなたにはわかるということだ。成功する人は、このように過去から得た知識を次の経験のために使う。これが一般の人との違いだ。過去の経験から学ぶことはとても大切なことだが、過去の決断を悔やむのはやめよう。後悔して生きることは、暗い穴の中に閉じ込められて、脱出する希望も方法もないと考えているようなものだ。ライトを布で覆って部屋が暗くなったからといって、ライトそのものがなくなったと言えるだろうか？　いや、ライトはそこにある。ただ布で覆われているだけだ。

私たちはいつでもこの布を取り払う力を持っている。この布にあたるのが、あなたの後悔する心とそれが作り上げたさまざまな考えだ。多くの人の人生を支配している過去の経験は、実は心が作り上げたイメージにすぎない。それは私たちが心の中で自分を責めながら、なんども再生してきた物語だが、実際はもう終わったことなのだ。まわりを見よう。今のあなたはもうその瞬間にいないのだから、傷つけられることもないだろう。そのときの記憶はあなたが作り上げたものなので、それについてどう考えるかはあなたが決められる。そこから先に進めないと思わせているのは経験ではなく、あなたの受け取り方だ。どんな経験にも、いくつもの見方が存在する。

物事の見方を変えると、そのこと自体が変わる（マックス・プランク）

常に後悔しながら生きるほど、つらいことはないだろう。過去に下した決断が私たちの人生を作り上げたのが事実だとすれば、今下す決断で新たな人生を作ることもできるということだ。過去の決断を後悔しているかぎり、新たな決断を下すことはできない。

私たちは許すことで、後悔を乗り越え、捨て去ることができる。許しは、私たちに与えられた最も素晴らしい能力のひとつだ。許しによって、私たちは心の平安を奪う重荷から自由になれる。他人や自分を責めても成長することはできない。自分を許すことができなければ、いつまでも後悔から抜け出すことができず、それがその後の人生にも大きく影響してしまう。私たちは過去と和解することで、できる限りの可能性を思い描き、心の制限を取り払い、将来に向けて新たな決断をくだせるようになる。過去の中に未来はない。

痛みを受け入れ、喜びを育て、後悔を手放すとき、最大の祝福が訪れる。もしも人生をやり直せるとしたら、私はまったく同じ人生を生きるだろう（発言者不明）

重要なのは、自分や他人が過去にしたことを成長の機会として受け入れることだ。誰かに謝ってもいいが、受け入れてもらうことを期待してはいけない。期待していると、常にがっかりすることになる。ただ、自分で自分のしたことを受け入れることは必要だ。人に謝ることは、あなたの間違いを認めることではなくて、今のあなたならもっとうまくやれることを、他人や自分自身に伝えることだ。一番大切なのは、あなたがあなた自身を許すことだ。そうすることにより、あなたは前に進んで、未来のさまざまなビジョンを自由に思い描くことができるようになる。あなたが誰かを許したときのことを思い出してほしい。その状況に身を置いてしまった自分自身を許せたとき初めて、心から相手を許すこともできたのではないだろうか？　人があなたにすることを変えることはできないが、それに対するあなたの見方を変えることはできる。だから自分と人を許すには、出来事をどう見て、どう感じ、そこから何を学ぶかはすべて自分が選択することだと認める必要がある。過去にしがみついたまま、未来をつかみ取ることはできない。

10代の若者にレイプされた経験をもつ女性に話を聞いたことがある。その若者への憎悪が、特に男性との関係において、彼女の人生の足かせとなっていた。相手を許せるようになって初めて、彼女は心の安らぎを見つけられた。彼女は私に語ってくれた。そのような邪悪な行為を乗り越えたことによって、心が自由になり、その経験から自分への理解と強さを引き出すことができたと。

許しとは、過去は変えられるという希望をもって手放すこと（オプラ・ウィンフリー）

自分を許せば、自分と自分のまわりの人たちへの信頼を回復できる。感情的な制約から自由になって、再び愛することができるようになる。許すことは、心の解放へとつながるとても勇敢な行為だ。過去を許して受け入れなければ、私たちは傷ついたまま、いつまでも走り出すことができない。本当の幸せを手に入れることも、自分の中にある良い性質を尊重することもできない。傷が深ければ深いほど、あなたはそれを埋めるためにたくさんの愛を注ぎ込むことができる。あなたの受けた傷を呪わず、その深さに感謝しよう。あなたの心と体と魂を自由にしてあげよう。

【課題】

次の質問に対する答えを書き留めよう。

- 後悔して生きることでどんな良いことがあるだろうか？
- 怒りを感じたままで、自分に対して良い感情を持つことができるだろうか？　過去の決断を成長の機会として受け入れるとどんな良いことがあるだろうか？
- 過去の経験から、現在の決断に役立つような知識を引き出すことができるだろうか？
- 前進して後ろを振り返らないと決めたら、私の人生にどんな推進力が加わるだろうか？
- 過去の経験から得た有益な情報や知恵を使うと、将来どんなことに役立つだろうか？

❺忍耐力——最も重要な資質

忍耐、几帳面、誠実、孤独への耐性などの資質を身につければ、世界がより良いものに思えるだろう（グレンビル・クライザー）

並外れた人生を実現してきた人なら誰でも、忍耐強いことが何よりも大切だと認めるだろう。常に忍耐強くなければ、何かを実現することなど不可能だ。もしあなたが、誰か偉大な成功者や、人望のある人、賢明な指導者とされている人などについて調べれば、忍耐力こそが、良識のある人とそうでない人との差だと気づくだろう。忍耐力があることで周囲を見る力が高まり、普通ならつい怒ってしまったり、的確な評価を下せなかったりするような状況でも、正しく理解できるようになる。忍耐力を欠いた無分別な決断は、私たちの人生にひどい結果をもたらす。ビジネスでは、忍耐力のなさから目標と反対の結果を生むような決断をしてしまうことがあるし、人間関係においてもストレスや不信感、偏執などの不必要な問題を引き起こし、それがさらに健康を害することにもつながりかねない。忍耐力のなさは、私たちの生活のあらゆる面、特にビジョンを追い求める際に悪い影響を及ぼす。なかには考え違いをして、ビジョンの実現に向かって毎日行動するのは、忍耐力が足りないからだと考えてしまう人もいるようだが、それはまったく逆だとはっきり言っておこう。

忍耐力のなさは、特に成功への道のりにおいて大きなダメージとなる。多くの人が我慢しきれずに目先の儲けに走ってしまうし、初めに思い描いたのより低い目標で妥協してしまう。真の成功者たちのほとんどが、初めのうちは徹底的に苦しみながら、それでも自分の目標を追い求め続けた人たちだ。すぐに儲けるより、まず自分自身を成功にふさわしい状態にすることだ。まず内面の強さを育てることだ。自分の好きな仕事に就きたいと言っていた人が、しばらくすると収入を得るという目先の満足を求めて、興味のないフルタイムの仕事に戻っていく。そんな例をどれほど見てきたことか。結局お金は手に入っても生活を楽しむことができないため、前よりもっと不満足な結果になってしまう。定期的な収入はたしかに魅力だが、もしそれがあなたの人生の情熱から出たものでなければ、何もしないことやあきらめるための言い訳でしかない。それであなたが本当に満たされることはない。成功者の中には限度額まで借金をし、家賃が払えず追い出された人もいるが、それでも彼らは決してビジョンを見失わなかった。忍耐は常に報われるのだ。

あなたの人生の旅を、他の人のそれと比べるのはやめよう。すべての花が同じ時期に咲くわけではない。

私自身の経験や、多くの人と話したことを通じてわかったのは、忍耐力のなさが、いわゆる「途中で投げ出してしまう」主な要因だということだ。自分の望むものがあまりにも遠く感じられて、現状のままでいるほうが楽に思えてしまう。ここで重要な問いかけをしたい。自分にふさわしいと思うよりずっと劣る生活をすることが、本当に楽なことなのだろうか？　私たちは、望むものを手に入れるためにすべきこと以外の、あらゆることをしようとする。片っ端から友達に電話したり、次々に違う映画を観たり、あちこちのカフェに出かけたり……。「手に負えなくなる」のではないかという恐れから逃げるためなら何でもする。

忍耐力は、日々のあらゆる状況で実際に使って養っていくべき資質だ。私は忍耐力を失うたびに、戻りたくない生活に逆戻りして体調まで悪くなる。そういうとき私は夢の生活を思い描く。するとたちまちやる気が湧いてきて、前に進む気力を取り戻すことができるのだ。

忍耐力を持つ者が、望みどおりのものを手に入れる（ベンジャミン・フランクリン）

私は人生が何を私に投げつけてきても、すべきことだけをしようと心に決めた。あなたがどんな分野であれ成功したいと思っているなら、忍耐力をつける訓練をすべきだ。心の強さを試す良い機会にもなる。まずは運転や、仕事や、人との付き合いから始めるといい。ごみ箱が見つかるまでごみを持ち続けることでさえ、素晴らしい訓練になるではないか！

忍耐力を使って、ほんの小さなことでもいいから、人生を力づけるような変化を起こそう。実際、変化はすぐに訪れる。人生には、運命を決める決定的瞬間があると誰もが知っている。それが良いことであるか否かにかかわらず、何かを変えようと決意するのに時間はかからないし、結果も必ず現れる。時に私たちは、決意がもたらした最終結果を見るまで満足しないことがある。私たちが毎日の生活で忍耐力をつけようと決意するときも、同じことが起こる。例えばビジネスの世界では、ほとんどの人が忍耐力を養うことを怠っている。彼らは結果を期待する。例えば次月の利益などだ。だが彼らは、自分が望む結果をもたらすのは小さな決意の積み重ねであることに気づいていない。自然界を見るといい。植物は種から生長するし、雲の衝突から嵐が起きる。すべては積み重ねの結果であり、大きな結果が現れる前に小さな物事がたくさん起きなければならない。嵐の前の静けさが必要なのだ！　種を蒔き、水をやることなしに、どうやって花が咲くというのか？　人生のある瞬間にあなたは変わろうと決意し、心の中でそのための動機をかき集める。あなたにスタートを切らせるのがこの動機なら、それを習慣にするのが毎日の繰り返しだ。例えば、初めてジムに行ったときのことを思い出してほしい。何もしないでいるのは苦痛だし、それ以上にやってみると楽しいから、あなたの中で何かが切り替わる。時が経つにつれて、トレーニングが日課となり、やがては人生の一部になる。そう、変化は一瞬で起こるが、本当の結果は繰り返しから生まれる、そこに忍耐力が必要なのだ。

忍耐はあらゆることに、特に自分自身に対して必要だ（聖フランシスコ・サレジオ）

忍耐力をつけることは、あなた自身と創造主を信じることでもある。私はいつも「これは理由があって起きたことだ」と考えるようにしていた。大好きなこの言葉を唱えると、人生のより大きな計画に向かっていく勇気が湧いた。あなたも、物事が必ず起こるとわかっているという信念を育てよう。私たちはこれまでに、ぜひとも手に入れたい素晴らしい人生を思い描いてきた。だが、主として忍耐力のなさが原因で実現できずにいたのだ。自己制御と忍耐力が、勝利の鍵だ。あなたも怒ったり我慢できなくなったりするかもしれないが、その気持ちをぶちまけてしまわないよう全力で耐え抜こう。怒りを発散することは、突風に向かってツバを吐くようなものだ。一番影響を受けるのはあなた自身だ。持てる力を振り絞って、気持ちを切り替えることに集中しよう。立ち向かってネガティブな考えを退けていけば必ず勝てる。何か困難な状況に出会ったら、忍耐力の訓練に利用しよう。一度克服できたら、次はもっと楽になるだろう。

そうしているといつの間にか、意識しなくても耐えられるようになり、切れそうになってもすぐに正すことができるようになる。他には、物事を広い視野で見ることも大いに役に立つ。渋滞のときはシートにもたれて、車どころか食べるものもない人もいると考えれば、自分の不満など些細なことだと気づくだろう。他の人の上をいくには、困難な状況さえ利用することだ。私は多くの人が、人生をよりよくすることを考える時間がないと言うのを聞いてきた。そのたびにいつもこの「交通渋滞」の話をした。あなたのことをよく知っているわけではないが、あなたも本気で探せば、一日の中に時間を見つけることができるはずだ。継続と忍耐の両方を手に入れたとき、成功を実現するための最高の条件が整う。だが忍耐力がないとすぐに投げ出したくなってしまう。それを防ぐためにも絶えず訓練し続けよう。

忍耐力は急には手に入らない。筋肉と同じで、毎日鍛え続けなければならない（エクナット・イーシュワラン）

❻与える資質――神からの贈り物

火のついたロウソクで、他のたくさんのろうそくに火をつけたら……もとのロウソクの炎が減ってしまうだろうか？　灯したロウソクを全部集めたらどうだろう？　炎はより大きくなっているのではないか。人生にも、これと同じ原理があてはまる。私たちは、常に内面にある平安と自己愛でこの炎を灯し続けるべきだ。それができれば、あなたはこの世界を照らす光となり、出会う人みんなに炎を分け与えることができる。人々はあなたの温もりを感じるだろう。私たちが受け取る最大の贈り物は、与えることそのものだ。

真心から人を助けようとする人は、必ず人からも助けられる。これは人生で得られる最も美しい報酬のひとつである（ラルフ・ウォルドー・エマソン）

ある日の午後、友人の車に乗っていたとき、私は新たな気づきを得た。他の車を先に行かせた友人は、相手がお礼に手を振ってくれるのを待っていた。だが、挨拶がないとわかると、先に行かせるんじゃなかったと悪態をつき始めた。そのとき私は言った。「君は素晴らしいことをしたのに、なぜお礼の挨拶なんか期待して台無しにしてしまうんだい？」

自分の行為に対してどう感じるかは、他人の反応ではなく行為そのものによって決めるべきだ。そう気づけば、人に何かを与える決断が、認知や賞賛という利己的な目的によるものではなくなる。純粋に善意から出たことこそが、与えるということだ。純粋な善意から行われたことは、すべての人に対する素晴らしい贈り物になる。お返しを得ることを期待して与える人がいることもたしかだが、それは本当に与えるといえるのだろうか？　たとえ「ありがとう」のひと言だったとしても、何かを期待したとき、あなたの行為の真の意味が失われてしまうのではないだろうか。

あなたは他の人の評価ではなく、あなた自身を誇りに思うべきだ。与えるという行為に本当の喜びを感じられるなら、もうそれで十分ではないか。もしあなたが誰かを幸せにしたいと思うなら、その人たちのためにあなたが幸せでいよう。そして他人の成長があなたの成長でもあり、その逆も成り立つことも忘れないでいよう。与えることは、真の充足を手に入れるための３つしかない方法のうちのひとつなのだ。

この話をすると、よくこう聞かれる。「つまりどこかに募金しなければならないということですか？」。第１に、人生にはしなければならないことなど何もない。すべては選択だ。第２に、贈り物は箱に入った物かお金と思い込んではいないだろうか？　私は、ほとんどの人が地球の反対側の子供たちを思って眠れない夜を過ごすわけではないのを知っている。そんなことを期待しているのではない。私たちはまず、自分自身が本来持っている資質を再発見し、それを育てるべきだ。自分のまわりにいる人たちや、日常的なことから始めよう。毎日の生活の中で、愛や変化や寛大さをプレゼントするというのはどうだろう？　感謝の気持ちや理解を示したり、ちょっとした言葉を交わしたりするという贈り物はどうだろう？　多くの人が忘れている、人生からの贈り物を取り戻そう。お金もかからないし、あなたやあなたのまわりの人のためにもなる。毎年、少しばかりの寄付をするよりも、はるかに大切なことだ。困っている仲間を助けることは、私たちにできる最も意味のある行為だと、私は言いたい。私たちが自分をよく知り心を開くにつれて、自分には人の人生を変える力があると気づくようになる。やがてその感覚はまるで麻薬のように、それなしには生きられないと感じるほどになる。

受けるより与えるほうが幸いである（イエス・キリスト）

ラジオで聞いて心から感動し、涙した話を紹介しよう。ある裕福な男性が、アフリカの貧しい村を訪れたときのことだ。彼はその村で、栄養失調で死にかけている7歳の男の子に会った。男の子は腹が膨れあがり、髪の色も抜け、立っているのもやっとという様子だった。男性はひざまずいて、割ったココナッツを男の子に手渡した。すぐにむしゃぶりつくと思ったのだが、驚いたことに男の子はココナッツを傍らに置いたままだ。男性は不審に思いながらその場を離れたが、しばらくすると男の子がココナッツを持ってテントに入っていくのが見えた。思い切って後を追い、テントに入って見ると、さっきの男の子が片方の腕に赤ん坊を抱いて、もう一方の手にココナッツを持っていた。

男性がのちにツアーガイドから聞いた話によると、赤ん坊は男の子の弟で、やはり瀕死の状態だった。男の子は幼い弟を心から愛していたので、自分が飢えるのもかまわず、どんなわずかな食べ物もすべて弟に与えていたのだ。なんと悲しく、心揺さぶられる話だろう。幼い少年が自ら死に直面しながら、人間への愛にすべてを捧げられるとは。私は魂が貫かれる思いがした。そして私たちの多くがこんなにも恵まれていながら、自分からは何も与えようとしないことを思った。ひとりの人間がもうひとりの人間の命を救える。人にはそれほどのことができるのだ。それ以上に素晴らしい行いがあるだろうか？

幸せとは……与えること、他の人に奉仕することにある（ヘンリー・ドラモンド）

私たちはみな、素晴らしい贈り物をもらっている。あなたは包装紙に自分の名前が書かれたプレゼントをもらって開けてみなかったことがあるだろうか？　答えはおそらく「ノー」だろう。だが、何人かの人には無礼を承知でこう言いたい。答えは「毎日」でしょうと。それは神からの贈り物のことだ。その贈り物は、嫌悪や恐れや不満など、私たちの人生を蝕むネガティブな考えという包み紙の下に、すっかり隠れてしまっている。私たちは物事を違った光のもとで見る力を授かっている。さらに大切なのは、自らの振る舞いを変える力も与えられているのだ。

悲しいことに大部分の人が、人に与えると自分の分がなくなってしまうとか、そのために何かをあきらめなくてはならなくなると思っている。だから無意識のうちに、他人からの承認や賞賛でそのマイナス分を埋めて、意味のあることをしていると感じようとする。そしてそれがうまくいかないと、がっかりしてしまうのだ。幸せな人生を送るには、私たちは与えるたびに受け取っていると気づく必要がある。与える気持ち自体が私たちへの贈り物なのだ！　もしあなたが、日々の良い行いだけに意識を集中するなら、そのときあなたは人生の真の充足を経験するだろう。

実際の成功もまた、与えるという考えの上に花開いていく。ただ自分の成功を追い求めるだけでなく、まわりの人を幸せにしようとすることで、より強い情熱が湧いてくる。私がもし成功を自分だけのものにするとしたら、なんと寂しく不幸せな人生だろう。金銭のことだけを言っているのではない。あなたが持っている素晴らしい資質を、自分だけのために使うことを言っているのだ。それを人と分かち合おう。人々に本当のあなたを知らせて、あなた自身を与えれば、それはいずれ10倍になって返ってくるだろう。私たちが考えや言葉や行為で表現するエネルギーが、実際に世界のために役立つのだ。さらにそのエネルギーがまわりの人たちに伝染していくのは、人々がみな、魂の充足を渇望しているからだ。やがてはそれが、成功のためのプロセスではなく、生き方そのものだと感じられるようになる。そのときあなたはこの世界から歓迎され、永遠の自己成長のサイクルに入っていくことだろう。

グラハムと過ごした時間

愚かな人は賞賛されている人のまわりに群がる。だが勇気ある人は倒れた人を抱き起こす。

メルボルンの中心部を歩いているとき、私は、困窮した様子の男性の前を通りかかった。彼のそばには、縁なし帽とカップとバックパックが置かれていた。膝を抱え、頭を垂れた姿から、彼はすっかり希望を失っているように見えた。私は彼のカップに小銭を入れて、買い物の続きに向かった。帰りにまたそこを通った私は、通りの向かい側の椅子に腰掛けることにした。通り過ぎる人たちはわざと距離をとり、まるで彼が宇宙人ででもあるかのように振る舞っていて、私は彼を気の毒に思い始めた。一方で、もし私が彼の隣に座ったら人はどう思うだろうと考えて、動くのをためらってもいた。そこはバークストリート・モールというメルボルンの中心街だったからだ。もしオーストラリアのメルボルンに来たことがある人なら、私の言う意味がわかるだろう。

だが、私のこの男性への愛は、他人の思惑を気にする気持ちよりずっと強かったので、私は勇気を出して彼に近づいていった。そして気づいたのは、私が人目を気にすると、人も私を気にしているように思えるということだった。私が気にするのをやめると、人も私を気にするのをやめたようだった。

私たちの心が私たちの現実を作っているというのは本当なのだと、このとき改めて思った。私はひざまずいて、彼に10ドル渡して言った。「少しお話ししてもいいですか?」。彼は顔を上げて、「ええ」と言った。私は彼のすぐ隣、さっきまで彼がいた場所に座った。低い位置から人が通り過ぎていくのを見るのは今までにない経験だった。しばらくして、この男性、グラハムが、障害を持つ人だとわかった。彼の両手は変形していて、話をするのも容易ではない状態だった。政府が彼のいた病院を閉鎖したのだと、彼はつぶやいた。以前は彼の面倒を見てくれるボランティアの人たちがいたが、その人たちもいなくなってしまったという。付け加えておくが、この紳士は私が今まで会ったなかで、最も品のいい人のひとりだった。彼はその前日に、通行人のひとりからうすのろと言われ、ツバをかけられ、顔を蹴られたと話してくれた。

驚いたのは、彼の人生に対する姿勢だった。彼は、人が助けを必要としているなら、その人が彼にしたことと関係なく助けたいと言った。子供のころにそうした態度を学べたことを、神に感謝さえしていた。彼は毎朝、神に祈り、生きていることへの感謝を伝えていた。神が自分を見守っておられ、必要なものを与えてくださるとわかっているのだと話してくれた。そして、まだまだ力尽きてはいない、自分に与えられた人生として、この不幸にできるかぎり対処していくのだと話してくれた。自分をからかった人たちについても、彼らはただ何をしているのかわからず、内面の苦しみと闘っているだけなのだと理解していた。

話しているうちに私は、彼の背筋が伸びて、表情にも活気が出てきたことに気づいた。話している間はまわりの人のことを忘れていたが、そこでも素晴らしいことが起こり始めていた。人々が近くを歩いて彼のカップにお金を入れていくようになったのだ。食べ物を持ってきた人もいて、それを見た人たちが私たちのほうを見て微笑んだ。私が彼に微笑み返すように言うと、彼はそのとおりにした。この瞬間は本当に感動的だった。私は決して忘れないだろう。グラハムは私に、ひとりの人間にできることがどれほどの力を持っているかを教えてくれた。あなたが良いことをすれば、他の人もそれに続くのだ。

この人は、人生で実に多くの困難に遭いながら、それでも前向きなものの見方を失っていない。自分を殴った人を愛することができ、強い信仰心も持っている。彼は、自分は決して人に施しを求めないが、神が必要を満たしてくださると信じていると話してくれた。また不平を言いたくなるときは、病院から追い出されて自分よりひどい暮らしをしている人たちのことを思うのだと。人類全体を思いやる彼は、平等な世界を夢見ている。彼とともに過ごした時間は、私の人生の光り輝く瞬間だった。

100人を養うのが無理なら、1人だけでいいのです（マザー・テレサ）

❼人は肉体を持ったエゴだと理解する

感謝の気持ちを持つ、人や社会のために役立つことをする、自分を成長させる。この3つだけが真の自己充足につながる道だ。このうちのどれを身につけるにしても、エゴの鎧を脱ぎ捨てる必要がある。エゴを恥じる必要はない。人間なら誰でも持っているものだから。しかし、なかにはエゴが肥大化して人生の可能性を狭めてしまっている人たちもいる。

エゴは、人の純粋さを測るものさしだ。エゴは膜のように私たちを覆って、見知らぬものに出会ってまごつくのを防いだり、私たちが本来の姿を見せるのを妨げたりしている。もしこのエゴを脱ぎ捨てたら、まわりからおかしな人だと思われて疎外されるだろう、私たちはそう思っている。特にエゴの強い人は、心の奥に深い問題を隠していて満たされていない人であることが多い。常に仮面をかぶっていて、素顔がさらされそうになると、相手を非難したり攻撃したりして、めったに自分自身を見つめようとしない。仮面の下にいる「見知らぬ自分」に会うことを恐れているのだ。そして常に、何を与えるかではなく何を得るかを考えている。大抵、自己中心的で、他人を傷つけることも多く、人や社会のために何かしたいと思うことはまずない。悲しいのは、ほとんどの人がこのことに気づいていながら、それでもなお、エゴをむき出しにし続けていることだ。私たちはこのエゴを、世界や自分自身のために本当に役立つ方向に向けていくことを学ぶべきだ。私も人間だから、時にはエゴにとらわれてしまうこともある。だが、それに気づくことができれば、すぐに自分を取り戻すことができる。もしあなたが、自分はもう何もかも知っているから学ぶ必要はないと思っているなら、考え直したほうがいい。人生の学校から逃れられる人はいない。謙虚な態度で人生に教えを請うことだ、そうでなければ痛い思いをすることになるだろう。

エゴを抑えることは幸せに暮らすためだけでなく、成功するためにも非常に大切なことだ。自分を成長させるには、人の話を聞いて知識を得る必要があるが、そのためにはエゴを脇に置く必要がある。エゴは人の意見を聞くのを妨げる最大の要因だ。エゴのせいで助けは必要ないとか、自分でできると考えてしまうからだ。

不動産投資をしている人と話したときのこと。彼が、サー・ボブ・ゲルドフがセミナーで話してくれたことを教えてくれた。ゲルドフは、いつも自分につきまとってはアドバイスを求めていた太っちょの子供がいたのだが、その子供が成長してU2のボノになるとは思いもしなかったと語ったそうだ。デルの創設者マイケル・デルの話も紹介しておきたい。彼が初めて働いたのは中華レストランで、時給は2ドル30セントだった。いつも早めに店に行って、経験豊かな店のオーナーが、商売への愛と情熱を語るのを熱心に聞いていたそうだ。

人のアドバイスを聞き、進んで新しい情報を取り入れようとすることは、成功するために欠かせない態度だ。日々あなたの魂が授けてくれるアドバイスを聞くためにも、エゴは抑えなければならない。頑固でひとつの考えに凝り固まっているような人が、充足を得ることはない。あなたの魂は最高の教師であり導き手だ。それはあなたが抱えているあらゆる疑問の答えを知っている。心の奥深くから聞こえてくる声は、あなたにとって何が一番良いことかを知っているし、よくないことも直感を通して教えてくれる。あなたは何かを直感的に正しいとか間違っていると感じたことはないだろうか？　そしてそれに従わず残念な結果になったことは？　魂の声を聞くのを邪魔しているのは、常に私たちの知性だ。この両方をうまく使えるかどうかは、私たちが自分自身をエゴから引き離せるかどうかにかかっている。あなたの知性と、叡知にあふれた心の声が力を合わせれば、成功は自ずとやってくる。

もしまだ人生に空しさを感じているとしたら、それはあなたがあなた自身を謙虚さの手に委ねていないからだ。

私たちの人生の手助けをするために多くの人がやってくる。だが、エゴのせいで私たちはそれに気づかず、ただ通り過ぎてしまう。彼らの外見を嫌ったり、最初からだめだと決めつけたり、真実だとわかっていても耳を貸そうとしなかったりする。どんなことにも謙虚でいられるかどうかで、あなたの心が満たされているかどうかがわかる。もしあなたが謙虚でないなら、まずそうなることから始めよう。そうしないと、あなたが心の充足を得て人生の目的地に到達するときは決して来ないだろう。自信は、並外れた人生を送るために重要な役割を果たすが、自信とうぬぼれは、はっきり区別しなければならない。違いは紙一重だが、あなたがそのどちらであるかは、自分自身でわかるはずだ。

【課題】

この先を読むのは明日にしよう。これまで見てきた望ましい資質は、あなたの成長と成功にとってきわめて大切なものだ。きちんと理解して先に進んでほしい。次の章はまったく別の内容を扱うことになるから、今日一日は、成功を生む資質について、じっくり考えて過ごそう。

人生の2大要素——情熱とビジョン

人生に情熱がなかったら、本当に生きていると言えるだろうか？　どんなことでもいい、情熱を傾けられるものを見つけよう。あなたとその情熱がひとつになるとき、素晴らしいことがあなたに、あなたのために、あなたの力で、次々と起きるだろう（アラン・アームストロング）

情熱——あなたの魂の声

ある友人と話していたときのことだ。「望むものリスト」の項目をほぼ達成していた彼が、それでもなお幸せを感じていないと聞いて、私はショックを受けた。彼は世界的に有名なＤＪでありラジオパーソナリティーでもあった。彼の曲はチャートのトップを独走していたし、演奏していたのも世界有数のクラブで、しかもヨーロッパでの演奏という、かねての夢を実現したばかりだった。そんな彼が、私と会って挨拶するなり、こう言ったのだ。「思っていたのと違うんだ」。彼はショーの後、戻ってきたホテルの部屋で、音楽をやめることさえ考えたというのだ。その日のパフォーマンスは素晴らしかったし、観客も大喜びで、何もかも順調そうに見えた。一体彼に何があったのだろうか？　私は彼の話を聞くことにした。そして、仕事を始めてからずっと演奏にすべてを捧げてきたと語る彼に、私はこう問いかけた。「もし無人島にいて君の楽器が全部揃っていたら、ひとりでどれくらいの時間演奏していられると思う?」。彼は答えた。「2、3時間だろうな」。そこで私はまた質問した。「でも、君が情熱を感じているのは音楽を演奏することだよね?」。彼は答えた。「そうだよ。だからどうしてもっと長く演奏し続けると言えないのかわからないんだ。なぜ幸せを感じられないのかもわからない」。私はまっすぐに彼を見て言った。「君の情熱は、ただ音楽を演奏することにあるんじゃないんだよ。君が本当に情熱を感じているのは、君の音楽で人を勇気づけることなんだよ」。この言葉を聞いて、彼は新たな気づきを得たようだった。そしてこれを機に、自分の欲望だけでなくリスナーの気持ちを重視して仕事をするようになっていった。

私たちはみな、どうしたらこの世界の、まわりの人々の、そして私たち自身のためになることができるか知りたいと思っている。他の人々のために何かすることで、あなたの人生がより意味のあるものになる。これまでで最も影響力のある人や成功した人は、それに真剣に取り組んだ人たちだ。情熱を持って生きることに比べたら、物質的な満足ははるかに及ばない。湧き上がる情熱が、言葉にできないほどの強い感情を生む。何か特定のことにありったけのエネルギーを注いで生活するようになると、一種独特な、普通ではない状態になる。そのことを考えただけで、経験したことのないような喜びがあふれてきて、寝る時間も惜しいと感じる。そうしてあなたの中で強まり、しっかりと根付いた情熱は、あなたの決断を後押しする。情熱は、あなたが障害を乗り越える手助けをし、気づかずに見逃していたアイデアを思い出させ、あなたが倒れたときには助け起こし、あなたが呼吸する空気となる。

情熱を持っている人とそうでない人の違いは、その人の部屋に入ったたけでわかる。分野を問わず、強い情熱を持った人たちは他の人が思いもよらなかったレベルに到達する。誰もが難しすぎるとか不可能だと言うとき、いつも間違いだと証明して見せてくれるのは、情熱あふれる人たちなのだ。

想像できることは、実現できる。夢見ることができれば、あなたもそうなれる（ウィリアム・アーサー・ウォード）

目標があると言う人にそれは何かと尋ねると「家を買うこと」というような答えが返ってくる。たしかにいい目標ではあるが、それを手に入れた後はどうするだろう？　また別のものが欲しくなるだけではないのか？　この種の情熱は、次から次へと新しい欲望の対象を生み出して、あなたの人生を食い尽くしてしまう。真の情熱に到達点はない。あるのは永遠に続く成長だけだ。子供たちを育てること、まわりの人たちが力を発揮できるよう励ますこと、社会の役に立つこと、困っている人を助けること、あなたにしかできないサービスを提供すること、あなたが本当に好きなことをすることなど、情熱の対象はさまざまだ。できるだけ良い人間になることに情熱を注ぐのもいいだろう。情熱を持つと、その人の奥深くに眠っている、人としての素晴らしさが表れてくる。私たちは、自分の中にある良い部分を、はっきりと自覚する必要がある。さもないとこの本の初めで取り上げたような、ネガティブな「なぜ?」の質問を発し続けることになるからだ。

私たちは、自分の中にはもっと人に与えることのできるものがあると感じている。だがそれを引き出すには、内面にいる本来の自分（魂）に語らせなければならない。魂を引きずり出して力を発揮させるには、なぜそれをしたいのかを考えて、できるだけたくさんの理由を並べる必要がある。

私たちは、さまざまな物質的欲望を目の前に並べ、それをビジョンとか目標と呼ぶが、どうしてもそれを手に入れられずに苦しむことがある。理由はすべてを支えるはずの基礎作りをおろそかにしているからだ。まず初めによく考えて、なぜそれが欲しいのかを、自分に問いかけてみることだ。それが何であれ、それをする理由をできるだけたくさん考えて、心の奥深くにいる本来のあなたを味方につけるのだ。そのとき初めて、あなたの力を最大限発揮することができる。私自身は、今はもう物質的な欲望に引きずられることはない。もはやそれらが私の情熱の対象ではないことを知っているからだ。私は自分の望みが何か、はっきりわかっているが、その実現に際しては魂の導きに従う。そうしないと人はすぐに欲にとらわれて、決して真の成功に至ることはないからだ。何かを手に入れても、結局はまた空しさが戻ってくることに気づいて、そもそもなぜあんなに必死に追い求めていたのかと不思議に思うのだ。

真の情熱は、ある日突然、力強く光り輝くことはない。それは時間をかけて徐々に育っていく。

あなたが何に情熱を傾けるべきかを、私が教えることはできない。あなた以外の誰もそれを見つけることはできない。これは現代の最も大きな困難のひとつだ。本当の情熱や天職を見つけようと思った途端、それが心配の種となりストレスとなる。そしてあなたは魂を見失い、その声を聞くことができなくなる。誰もが知っているように、ストレスはやる気を奪う大きな要因だから、情熱を見つけることからますます遠ざかってしまうわけだ。社会的な常識が積み重なったものを、あなた自身も信じてしまっているから、その下に隠れた本来のあなたを見つけ出すには、包み紙を破って、神からの贈り物がはっきりと見えるようにしなければならない。本来のあなたを覆い隠しているものは、嫌悪や恐れ、自信のなさ、先入観、自己愛の欠如など、他にもたくさんある。それらのせいで、私たちには本来進むべき道が見えなくなってしまっている。

情熱を欠いた人生は、深刻な社会問題だ。私はこれまで、他のどんな問題にも増して、人々の情熱のありかを探す手伝いをしてきた。これから私が言うことは、おそらく情熱に対するあなたの考え方を大きく変えることになるだろう。私たちは生涯かけて、満足をもたらしてくれるような情熱の対象を探し続けていて、それは主に仕事を中心に考えられている。そしてそれが見つからなければ幸せになる望みはないと思っている。だが実は、情熱的な人で、何かひとつのことにしか情熱を感じない人などいない。私は、今の自分を情熱的な人間だと思っているが、したい仕事が見つかるまでじっと待っていたりはしなかった。正直に言うが、私は人を教えたり勇気づけたりすることを仕事とは思っていない。むしろ他のさまざまな分野に意欲的に取り組んだ中から生まれてきた、情熱そのものだと思っている。私は良い人間になることに情熱を感じている。どんな人にも平等に接することや、自然や自分の体や家族や世の中の人々が良い状態でいられるようにすることなど、たくさんのことに情熱を注いできた。ある日、自分の仕事はこれだと思って目覚めて、それから情熱的な人間になったわけではない。人生の他のあらゆる面で情熱を持って生きられるようにならなければ、あなたの本当の可能性を見つけることもできないだろう。
あらゆる時代のすべての成功者に共通することがひとつある。彼らがあれこれ考えずに無条件の愛を注いできた至高の感情、人生そのものへの情熱だ。あなたが人生のあらゆる部分に情熱を感じるようになったとき、何もかもうまくいくようになる。

すべての成功者に共通することがひとつある。彼らはみな、生きることに夢中なのだ。

視覚化の威力

あなたが成功したところを思い描いて、その絵をしっかりと心に焼き付けなさい。そしてそれを常に心に持ち続け、色あせることがないようにしなさい。あなたの心はその絵の実現を求め続けるでしょう。決して障害を思い描いてはいけません（ノーマン・ビンセント・ピール）

人は一日中、何かを視覚化し続けている。その際、現在だけに集中している人はごくわずかで、多くの人は過去や未来を思い描いている。問題はそうして描いたビジョンが、多くの場合、ストレスや心配を生むだけで終わっていることだ。人はビジョンが持つ力に気づいていない。ビジョンには現実化する力があり、その人がいつも思い悩み、それさえなければと思っているまさにその感情を、繰り返し体験させる原因となっている。前に神経可塑性について書いたが、習慣的に繰り返すことは、私たちがどのような人間になるかに大きく影響する。瞑想という言葉を聞くと身構える人もいるかもしれないが、私は人類に与えられたこの強力なツールを試してみないのは、あまりにももったいないことだと思う。瞑想は何も考えないことだと思われている。しかし、あなたが何も考えていないと思っているときもあなたは考えている。「何もないということを考えている」。瞑想中、私たちは目に見える世界から離れ、時間と空間から離れる。このときが、自由になった思考を使って今まさに願いが成就した感覚を作り出すチャンスだ。

祈るとき、泣き叫ぶとき、キスするとき、夢見るとき、私たちが目を閉じるのはなぜだろう？
人生で最も美しいものは、目で見るのではなく、心で感じるしかないからだ（発言者不明）

視覚化のための時間をとることは、真の成功者たちが、時には無意識のうちに使ってきたツールのひとつだ。瞑想、祈り、空想にも同様の側面がある。成功した人たちは、望ましくないことではなく、望むことだけに集中するための時間を作っている。私は視覚化の力を使って首の後ろの毛を逆立てたことがある。私が視覚化するときは、まるでそこにいるかのようにはっきりと心に思い描く。うまく視覚化できたときは必ずそのとおりのことが起きる。

脳神経学者のアンドリュー・ニューバーグ博士は、チベットの僧が瞑想するときやフランシスコ修道会の修道女が祈りを捧げるとき、脳の働きや体の反応がどうなっているかを調べる研究を行った。その結果、脳における生理学的な変化など、めざましい発見が得られた。

博士は、通常は何かに注目したり意識を集中したりするのに使われている脳の前部が、瞑想中は特に活性化することを発見した。その一方で、頭頂葉の活動には著しい低下が見られた。

脳の頭頂部は時間や空間の方向感覚を司る部位だ。博士は、瞑想中はこの領域への感覚や認識が遮断されるため、時間や空間の感覚がなくなるのではないかという仮説を立てている。脳のこの部位は、感覚から得たデータを使って自我の境界を認識させる働きをしているが、内面に集中することによって感覚からの情報が遮断されると、自我と世界の境界を認識する機能を果たすことができなくなる。博士は、これがどのように意識に影響するかを次のように述べている。

　脳には選択する力がない。だから自我を境界のないもの、万物とひとつであると認識する。そしてこれを現実そのものだと感じる。このように自我がより大きな何かに没入する感覚は感情が作り上げた妄想や願望などではない。それは時空を認識する部位が機能しなくなったときに脳の反応として生じるものなのだ。

他にもさまざまな実験が行われている。リチャード・デビッドソンによる実験についても触れておこう。彼はウィスコンシン大学の心理学・精神医学の教授でダライ・ラマとともに瞑想が脳に与える影響についての実験を行ってきた。その結果、瞑想を長期間もしくは短期間おこなうと、集中力や不安、憂鬱、恐れ、怒り、そして体の治癒力などに関係する脳の活動に変化が生じることがわかった。こうした機能的な変化は、実際に脳の構造が変化したために起こったものらしい。

十分に集中すると、私たちの心は今考えていることが事実かそうでないか区別できなくなる。白昼夢を見たりついうっかり目を閉じて眠ってしまったりすると、まるでその夢を実際に生きているかのように錯覚することがある。夢が現実そのもののように感じられるのは、その瞬間あなたの心が両者を識別できていないからだ。私たちが何かにエネルギーを注ぐほど、それが人生に与える影響が大きくなるのも、心が集中することでこれと同じようなことが起こるからだ。

これが、イメージが持つ現実化の力だ。日々あなたが心に描くことを選択したイメージが、それが有益であるかどうかにかかわらず、あなたの人生に引き寄せられていく。私たちの望まないことが繰り返し起こり続けるのも、私たちがそのことを考え続けているからだ。反対にもし私たちが、望ましいものだけを心に描き続ければ、自分だけでなくあらゆるものを、それにふさわしい方向に変化させていくことができる。

普通の人は、可能なことだけを考える。並外れた人は、可能なことや可能性のあることよりも、むしろ可能性のないことを思い描く。不可能なことを視覚化することによって、人はそれを可能なことだと思うようになる（シェリー・カーター・スコット）

この方法をなんと呼ぼうとかまわない。とにかく目を閉じて、意識をどこか一点に集中する。まるで実際にそこにいるように、どんな気持ちになるか、自分の体がどんな反応をするかまで想像する。これを実践すると、あなたの人生を高められる。私はよく、自室で腰掛けて目を閉じ、これを実践していた。そのとき私の耳には、人々がどんなに私に助けられたか語る声が聞こえたし、心は家族との関係がとてもうまくいっていると感じていた。このとき感じたことは、その後、現実となった。私は、握手する人の手の温もりや、甥を抱擁する感触を思い描いては、毎日自分を元気づけていた。チャンスさえあればいつでもどこでもこれを実践していた。視覚化の力を使うと、願望実現までの時間をびっくりするくらい短縮できる。物事の進行がどんどん速くなる。ときどきどうしてあんなに短期間で成功できたのだろうと思える人たちがいるのは、おそらくこの力による。あなたが人生に求めるものや、欲しいと思うものを、明確に視覚化すればするほど、あなたのビジョンは強力になる。あなたはそのビジョンを生き、それにふさわしい行動をとるようになる。

あるいはまた、何か気持ちが塞ぐようなことが起こったとき、ひと呼吸置いて目を閉じ、しばらくの間もっと良い場所に心を避難させることによっても、時間を短縮できる。初めのうちは気が散るかもしれないが、真剣にやればやるほどうまく集中できるようになる。ただし、目を閉じて瞑想しているときも、気持ちを、あなたが感謝を感じているものや、思い出すとすぐに幸せを感じられるような経験に向けるのを忘れないようにしよう。あなたは旅に出たとき、行きより帰りのほうが短いように感じたことはないだろうか？　なぜだかわかるだろうか？　それは一度通ったことがある場所だからだ。もし私たちがどこかに到達することを心の中で感じ、その場所を思い描き、そこにいると感じるなら、実際にゴールするまでの時間ははるかに短くなる。あなたの心が現実を作ることが信じられないなら、自分にこう問いかけてみるといい。「なぜ私たちには心があるのか？　何のためなのか？」と。与えられた力を使おう！

人生の生き方は2通りしかない。ひとつは奇跡などまったくないかのような人生、もうひとつはすべてが奇跡であるような人生だ（アルベルト・アインシュタイン）

どんな言葉の力も、視覚化が物事を実現する確実さには及ばない。視覚化こそが、あなたの夢をかなえる鍵であり、そのための土台となる。人生でさまざまなことに出会うとき、あなたは思い描いたビジョンに従って決断し、反応していくのだ。この素晴らしいチャンスを利用して、他の人たちとは違う存在になろう。視覚化するときに大切なのは、イメージのあらゆる細部を、小さな部分から大きな全体像まで感じることだ。そのイメージが生み出す力と感情を存分に味わえば、そこからあなたの理想の人生が現実のものとなっていくだろう。

視覚化の実験

あなたがバスケットボールの経験者か、もしくはバスケットボールの選手が知り合いにいるとしたらわかるだろうが、フリースローになるといつも通りのプレイができなくなる選手が多い。世界のトップクラスの選手たちの中にさえ、このメンタルブロックを感じる人がいる。彼らの実力を疑う者はいないが、フリースローのときだけなぜか難しいと感じてしまう。これが心の問題であることは選手たち自身もわかっているはずだ。シカゴ大学のジャド・ビアシオット博士は、バスケットボールのフリースローにおける視覚化の効果を明らかにする研究を行った。

この実験で選手たちはまずフリースローの成功率を測定し、その後、無作為に3つの実験グループに振り分けられる。第1のグループは、毎日1時間ジムに通ってフリースローの練習をする。第2のグループもジムに通うが、練習をする代わりに寝そべってフリースローが成功するところを想像する。第3のグループは何もしない。それどころかバスケットボールのことを忘れるよう指示される。3日後、3つのグループは再びフリースローの成功率を測定する。その結果、まったく練習しなかった選手たちにはなんの進歩も見られなかった。成功率が落ちた選手も多くみられた。毎日1時間練習した選手たちは、成功率が24パーセント上がった。そして視覚化を行ったグループも、成功した場面を想像しただけで、やはり24パーセント成功率が上がっていたのだ。

視覚化は人生のどんな局面にも適用できる。何かを完璧にやり遂げる課程を想像の中で作り上げ、それを映像と音と匂いと共に、心の中で何度も繰り返せば、確実に上達する。さらに視覚化と実際の練習を組み合わせれば、向かうところ敵なしだ。

心を鍛える

私たちにはっきりとしたビジョンを与えてください。私たちがどこに立ち、なんのために戦えばいいのかを。何かのために戦うのでなければ、何が来ても倒されてしまうでしょう（ピーター・マーシャル）

【課題】

あなたの感謝のリストの最新版を視覚化しよう。落ち着いて、心と体が安定していることを確認しよう。完全な集中を何度か経験すると、何度でもやりたくなる。意識が人生の無益なことよりも、良いことのほうに向くようになっていくのがわかるはずだ。その結果、あなたの人生全体の質が向上する。

①まず、息を鼻から吸って吐くことに、意識を集中する。息が鼻孔の先から入ってきて、再び出ていくまでを意識で追いかけるようにする。吸うときは息を胃まで送り込み、吐くときはゆっくりと7つまで数えて鼻から息を出す。全体をゆっくりと行う。自分の体が軽くなった、もしくは体に重さがないと感じるまで、これを続ける。

②心に幸福感が湧いてきたら、目標の視覚化にとりかかる。私は夜のくつろいだ時間にこれを行い、朝のリストの読み上げも続けた。この新たな日課はあなたの人生を変える力を持っている。だがそのためには、真剣に取り組まなければならない。たった3日間でやめて、効果がないと私にメールを送ってこないように。これは継続して行うべき課題だ。ただし、すぐにでも何らかの変化を感じられるはずだ。特に、感じ方が変わるだろう。

③視覚化は一日のどのタイミングでも行うことができる。適当な音楽を聞きながら行うのもいい。やがて、視覚化したことがあなたのまわりで起こり始める。意識が研ぎ澄まされて、以前は見過ご

していた、あなたの成功につながるさまざまなことに気づくようになるだろう。

私たちは想像力の絵筆を使って、心のキャンバスに絵を描く。「ただの夢」と思われていたことが力強いビジョンとなり、あなたの情熱がそれを実現する。

ステップ④

人間関係

整え、惹きつけるには

座礁、停泊、順調な航海

愛のある関係とは、愛する人が自由にその人自身でいられるような関係だ。私とともに笑うが、私を笑うことはない。私とともに泣くが、私が原因で泣くことはない。人生を愛し、その人自身を愛し、愛されることを愛する。そのような関係は自由の上に成り立ち、決して嫉妬深い心の中で育つことはない（レオ・ブスカーリア）

人間関係は、私たちの毎日の生活においてとても重要な役割を担っている。だから本書でもそれについて取り上げないわけにはいかない。人間関係の専門家たちにも会いにいったが、私が注目したいのは普通の人々だった。破綻した人間関係を乗り越えた人たちや、20年の結婚生活を経てもなお強く結びついている夫婦、理想の相手を見つけた人たちなどがどう感じているのかを知りたかったのだ。そして調査を進めていくうちに、人間関係は船のようなものだと思うようになった。すべてはどのようにに人生の海を渡っていくかにかかっている。あなたは今、岩礁だらけの海で沈没しかかっているかもしれない。あるいは順調に航海を進めているかもしれないし、ドックに入って再び海に引き出される日を待っているのかもしれない。その中から最初に取り上げる関係は……

座礁

右へ左へと大きく揺れて、常に安定しない船のような人間関係がある。私はこれまでの人生でこの種の船（人間関係）に何度か乗り合わせたことがある。ほとんどの場合、自分のことが見えていなかったり、望むものがはっきりとわかっていないか、またはわかっていても適切な行動をしていなかったりしたことが原因だった。

ある日のこと。恋人との関係が危機に瀕しているひとりの男性が、どうしたらいいだろうと私に相談してきた。こういうケースはとても難しい。というのも、恋愛関係について人から真実を聞き出すことは、それ自体が戦いだから。ある人は、パートナーを悪人のように扱いたくなくて、相手をかばおうとする。そうかと思うと、自分の過失について一切語らない人や、すべてをパートナーのせいにしようとする人もいる。いずれの場合も、恋人たちの間に攻防が繰り返されているのがわかる。この種の問題で真理に到達するのが難しいもうひとつの理由は、多くの人がパートナーと一緒にいるべき理由は愛だけだと考えているからだ。「でも私は彼を／彼女を愛しているんです」というだけでは、誰かとの関係を続けていく十分な理由にはならないと、私は思う。私たちは人生で何度も恋に落ちる、時にはふさわしくない相手とも恋に落ちる。ただしここでふさわしくないと言ったのは、一般的な評価ではなく、ただ自分には適当でないというだけのことだ。誰かと出会うと私たちはまず、相手の魅力やその他の心惹かれる要素につかまってしまう。だがその後のデートは毎回、一種のブラインドデートのように感じられるだろう。次に何が起きるか予想がつかないからだ。

私は相談者の男性を座らせて、こう質問した。「彼女のどこが好きなんですか？　なぜ彼女と一緒にいるんですか？」。彼は答えた。「僕を笑わせてくれるし、僕を叱ってもくれる。僕は本当に彼女に夢中なんです。僕がくじけそうなときは励ましてくれるし、僕の家族とも仲がいい。僕は彼女を愛しているし、それに僕は彼女とならうまく話せるんです」

私は続けて、彼に自分のどこが好きかと尋ねた。すると彼は３つばかり答えたきり、言葉に詰まってしまった。自分の良さもわからないとしたら、どうやって自信を持って自分の最良の部分を人に与えることができるだろう？　自分が何者かわからないのに、どうして自分の望みがわかるだろう？まずは、自分がパートナーにしたいと思うような人になろう。それができないうちは、残念だが決して幸せにはなれないだろう。

数年前のバレンタインデーのことだ。母が私に、「今晩は誰と食事に出かけるの？」と尋ねてきた。私は、ひとりで出かけるよと答えて、頭がおかしくなったわけではないことを納得してもらうために理由を説明した。私は私自身とデートして、自分に問いかけたかったのだ。私がどんな人間か、人生に何を望んでいるのか、私にとって大切なものは何か。この日、本当にそうしてよかったと思う。というのも、私はその夜たくさんの答えを得て、それが自分を変えるために大いに役立ったからだ。

さて、先ほどの相談者だが、私は彼にもう一度、最初と同じ質問をした。「彼女のどこが好きなんですか？　なぜ彼女と一緒にいるんですか？」。そして、彼の答えにはすべて「僕に」とか「僕が」という言葉が含まれていて、そこに彼の自分中心の考え方が表れていると話した。私たちは人と関わるとき、自分の願望ばかり考えるようになってきているように思う。ふたりで力を合わせるとか互いの成長を助け合うとかいうことが忘れられているのだ。私は彼に言った。「『彼女が僕を笑わせてくれる』と言う代わりに『彼女はユーモアのセンスが抜群なんだ』と言ってみたらどうですか？　そうすれば実際に彼女がそこにいてあなたを笑わせてくれなくても大丈夫になります。だって彼女が楽しい人であることに変わりはないし、あなたも常にそのことを知っているんですから。あなたのパートナーにもその人自身の人生があるんです。あなたを喜ばせることは彼女の仕事ではないんです、それはあなたの仕事なんですよ。『僕の家族と仲がいい』と言う代わりに『家族を大事にする人なんだ』と言ってみましょう。どうですか？　こんなふうに少し態度を変えるだけで、関係性が大きく違ってくるのがわかりますか？　彼女があなたに何をしてくれるかだけでなく、彼女の良いところそのものに目を向けるんです」

人との関係では、つい自分の願望が中心になって、相手との関係を思いどおりにしたいと思ってしまう。そんなときは相手に目を向けて、なぜその人と一緒にいたいのかを考えてみるといい。そうすると以前とはまったく違うレベルで、相手に感謝することができるようになる。相手の良いところがわかっていると、そのことが、問題が生じたときに関係を支える柱になってくれる。きちんと向き合おう。生きているかぎりうまくいかないことはある。だが問題があなた自身に関することであるかぎり、抜け出す道は必ずある。

自分を変えるのがどんなに難しいかを思えば、他人を変えようとしてもほとんど望みがないとわかるだろう（発言者不明）

この問題について、私自身の経験と多くの人と話したことから気づいた大切なことがもうひとつある。それは「私たちは、自力では埋められないと思っている内面の溝を、パートナーが埋めてくれると信じている」ということだ。これは、多くの人が無意識のうちに直面している大きな問題だ。どんな理由があるにせよ、相手がその溝を埋めてくれないとわかると、私たちは文句を言い、相手を疑い、その人との関係を損なうようになる。これは無意識に行っていることなので、自分ではなぜそうなってしまうのかがわからない。そんなときは次のような問いを真剣に考えてみるといい。「私は本当にその人を愛しているのか？　それとも、自分では埋められない何かを埋めてくれることを期待しているのか？　その人と会ったとき、人生のパートナーに何を求めるか、はっきりと決まっていただろうか？　本当にその人をよく知っていたのか、それとも一時的に魅了されただけなのか？」。結局、あなた自身が早々に投げ出したような問題を、代わりに解決できる人など誰もいないのだ。

私たちが、生きるためにある人を必要としている場合、その人との関係は切迫した重いものになる。その人が近くにいないと調子が悪くなるとか、力が発揮できないとか、生きていけないとか、何もできないとか思い込んでしまう。だが、ここで私が言っておきたいのは、あなたは、あなたが必要だと思っているすべてを、もうすでに持っているということだ。それは、まだ使っていないいくつかの資質という形ですでに備わっている。だからパートナーを選ぶときは、その人が必要だとかその人を自分のものにしておかなければならないという理由からではなく、あなたが心から一緒にいたいと思う人にしよう。

人に期待することは、失望への招待状のようなものだ。何かが起こることを期待し、他の人たちもそのために手を貸してくれるはずだと思っていると、人がしてくれたことに対して感謝できなくなる（その人たちには私を助ける義務などまったくないのに）。もし何かしてくれたとしたら、それは彼らがそうしたかったからであり、そうしなければならないと思ったからではない。あなたが何度もお願いして、とうとう相手が応じてくれたとすると、あなたはそれを善意からではなく、頼まれたからだと思うだろう。あなたがそのことから本当の満足を得ることはないし、率直に言って、相手の人はあなたにとって最適な人ではない。もし相手があなたにふさわしい人であれば、無理にお願いし続けなくても物事は進むはずだ。私たちは自分で自分の心を満たし、他の人にはその人がその人であることだけを求めよう。そして、他の人にも生きなければならない人生があることを理解しよう。パートナーの役割は、相手の夢を応援し、その人が人生をできるだけ価値あるものにできるよう手助けすることだ。健全な関係かどうかは、互いが相手の最良の部分を引き出し、ともに輝けるかどうかで決まる。人生のパートナーは対戦相手ではなく、人生の困難をともに乗り越えていくチームメイトだ。ここで、パートナーとの関係をより満足のいくものにするための、３つの方法を挙げておこう。

- パートナーの感情ではなく、あなた自身の感情を操ることを覚える。これなしには、ふたりの関係をよくすることは望めない。
- パートナーと一緒に魅力的な目標を考える。楽しみが何もないと関係が煮詰まってしまう。一緒に暮らしてはいるが、もうその関係が息をしていないという場合もある。あなたはパートナーとの関係がどんなものであってほしいだろうか？　どうしたらそれを実現できるだろうか？　そのためにお互いにできることが何かあるだろうか？　ふたりの共通の目標はなんだろうか？
- その目標を達成して成果を得るために、ふたりでどんなことをしていくか、戦略を話し合い、計画を立てる。

必要なら手放す

今の私から、なりたい私に向かってジャンプするのは本当に怖い……だが未来の私のために、目を閉じて跳ぼう！（メアリー・アンヌ・ラドマッカー）

私たちはほとんど常に幸せになりたいと思って何かを決断する、もしくは決断したいと思っている。だが、それを最後までやり遂げることができない。人が不幸になるのは、人生で何かが期待どおりにいかなかったときだ。これは経済的なことや、気分、そして何より人間関係について言える。

結局は、あなたが人生に何を望むかだ。もしあなたが、心の底では今の関係をもう続けたくないと思っているなら、その真理に従うべきだ。恋人と別れてから気が変わって「よりを戻したい」と言う人がたくさんいる。もしかしたら別れようとしたのはもう5回目かもしれない。そのたびに同じことを繰り返してきた。だとしたら、こう問いかけてみるべきだ。「本当によりを戻したいのか、それとも関係を手放す心の準備ができていないから、別の世界に踏み出すのを恐れているだけなのか？」。じっくり考えた結果として、多くの人が答えてくれたのは、とにかく今の状況から離れて自由になりたいということだった。彼らはどうしたらうまくいくだろうとは考えず、どうしてうまくいかないのかだけを考える。「できない」のは自分がそれを選択しているからだと認めたとき、うまくやることも「できる」と気づくのだ。

私も恋人と別れた経験がある。私がその関係を望んでいないことは、長い間、心の声が教えてくれていたが、私は何度もそれを無視し続けていた。私はいつも「この人は私にふさわしくない。この関係から逃げだそう」。そう考えてはひざまずいて、「神よ、それが正しいというしるしを与えてください」と祈っていた。だが、しるしを求めるということ自体がしるしなのだ！　しるしはすぐそこにあって、私たちはしょっちゅうそれを見ているし、心の声も常に私たちに呼びかけてくれている。私は、今では「わからない」は「違う」ことだと思うようになった。これはビジネスでも、人との関係でも、他のどんなことにもあてはまる。絶対的な確信がないときは、先に進んではいけない。そうでないと不安だからとか、初めから何もかもわかっていなければならないと言いたいのではない。ただ、確信が持てなければ、人生のすべてをかけて心から打ち込むことができないと言いたいのだ。

悲しいことだが、人生で誰かとても大切だと思える人に出会っても、結局はそこにとどまらず手放すべきだと気づいてしまうこともある（発言者不明）

パートナーと別れたいという気持ちをはっきりと固めることもできる。長い間、不満足な関係を続けていて、ついに別れる勇気が持てたとき、あなたは、あまりにつらくて、我慢できずに逃げ出したくなるところまできたのだとわかるだろう。人生のどんなことにもあてはまるが、感情の高まりが迅速な行動を促したことで、ついに別れることができたのだ。そのときあなたは、「もういい、もう十分だ」と言う。あなたが誰か他の人の人生を生き続けるのを拒んだとき、その日はやってくる。きっとあなたは、パートナーの人生を支配しようとするのにも疲れていただろう。誰かの気持ちをこちらに向けさせようとするのは私たちの仕事ではない。そんなことをすると確実に関係は悪くなる。

それに、そもそも私たちにそんなことをする権利があるだろうか？　私たちが誰かと関わるのは、お互いの人生に違った要素を加えられるからだ。他の人に自分の人生を生きさせるようなことは、絶対にしてはいけない。相手もあなたを尊重すべきだが、あなたも相手を尊重すべきだ。私が言ったように、もしその人があなたにふさわしい相手なら、それほどの困難は起こらないはずだ。あなたが相手に何かを強制し続けることもないし、相手も何かしなければならないと思わず、ただそうしたいからしてくれるはずだ。あなたが誰かの人生を思いどおりにしたいと思うのは、自分の人生を思いどおりにできていないからだ。

私たちはほとんどの時間、パートナーが何を考えているか知ろうと躍起になっている。あの人はなぜそんなことをしたのだろう？　なぜ私を傷つけたのだろう？　なぜこんなふうにふるまうのだろう？　このように考えている間、私たちは自分の人生に対する責任を放棄してしまっている。そして相手がそうしたのではなくて、相手がそうするのを自分が許したのだと気づくことができない。自分で責任を引き受ければ、私たちのする決断は、私たちが本当に望む結果を運んでくるようになる。あなたは、自分が抱くさまざまな感情や精神状態にも責任を持つべきだ！　相手を変えることはできない、だがあなたは、あなた自身に責任をもち、決断をくだせるようになるべきだ。相手が進んで変わろうとするのでなければ、あなたが変わればいい。私が思うに、人がその人の中にある以上の愛をあなたに与えることはできない。

ある人が人生のパートナーかどうかを見極めるときには、互いの価値観が一致しているかどうかが最も大切だと私は思う。私たちは結局、自分の価値観に従って生きていくことになるからだ。あるクライアントの女性と話していたときのこと。彼女は旅行が好きで、いつかは子供も欲しいと思っていた。だが彼女の夫は、旅行は時間の無駄だと考える人で、子供も望んでいなかった。彼に会ったとき、人生のパートナーに求めるものを明確にしていなかった彼女は、こうした重要な問題について深く考えなかった。そしてそのことに気づいたときには、もう彼を愛してしまっていた。彼は彼女に合わせるつもりはなかったし、彼女がひとりで旅行するのも嫌がった。相手の男性の価値観が彼女のそれと大きく違っていることは明らかだった。

そこで私は彼女に、人生でしたいこと、やり遂げたいことを書き出して、彼がともに成長していける相手かどうか判断するようにと言った。このエクササイズを行った彼女は、自分が望んでいるもののほとんどすべてを、彼のために延期していたことに気づいた。彼女に必要だったのは、すべては自分が決めたことなのだと認めて、彼を責めるのをやめることだった。

彼が間違っていたわけではない。ただ彼女の望みが彼のものと違っていただけだ。彼女が自分の人生を生きるには、彼と別れるしかなかった。彼女は5年間続いた関係に終止符を打った。しばらくは落ち込んでいたが、それでも「この決断は容易ではなかったけれど、これまでの人生で最高の決断だった」と私に語ってくれた。彼女はその後、海外にいる家族に会いにいき、自分で事業を始めた。そして、子供を欲しがらない男性とは二度と付き合わないと私に約束した。今ではそれが、彼女にとっての絶対条件になった。彼女は過去の経験から学んで、目標を明確にした。これこそ、私たちが成長し、望むものを引き寄せるためにしなければならないことだ。

誰かに出会ったことで、自分を失ってはいけない。

もし私たちが最も価値があると思うことをパートナーと共有できなかったら、その関係がうまくいくことを期待できるだろうか？　誰かとぶつかるのは、決まって、あなたが大切にしているものを踏みにじられたときだ。誰だって自分がよりどころとしたり支持したりしているものを、否定されたり疑問視されたりはしたくない。私たちの価値観は私たちの人生そのものだ。それをもとにさまざまな決断をするのだから。もしあなたが自信をもって決断できないとしたら、それは、その状況であなたにとって、何が大切かがはっきりしていないからだ。

多くの人が価値観や支持するもののまったく違う人と、何とか折り合いをつけながら付き合っている。一方にとって大切なことが、相手にとってはそうでないこともある。そのような関係がどうして破綻しないのだろうか？　相手の魅力や富や社会的地位、ひとりでいる寂しさや空しさなど、私たちが人と付き合う理由はさまざまだ。だが、もしあなたが本当に満足できる人間関係を望むなら、相手の人の価値観を最初の基準にするよう、私は強く勧めたい。あなたの今の関係が、価値観のぶつかり合いからうまくいっていないなら、そして相手が変わることはないとわかっているなら（変わる必要はないし、変わるべきでないとさえ言えるかもしれない）、考え直して決断すべきときが来ているかもしれない。さらに言えば、人は欲望と愛を混同している。会ったばかりの人に夢中になり、よく知らない相手を好きになる。そして、何とか相手の注意を引こうとする。無視されると最悪の気分になる。これは私たちの誰もが経験していることだ！　だが、じっくり考えてみればわかることだが、あなたが本当に注意を引きたいのはあなた自身なのだ。私たちが、誰か他の人の気持ちに過敏になっているときは、自分への注意が足りないと人生が教えてくれている。それほどまでに他人を必要とするのは、積もり積もった自己否定が原因であることが多い。実はその恋の相手は「目を覚まして自分を愛することを学びなさい」と伝えにきた、モーニングコールなのだ。だからもう、あなたの幸せを、誰か他の人の気分に委ねるのはやめよう。

私たちが重要視する物事の本質や、優先する基準、譲れないモラルなどが、私たちの生き方を決める。例えば、メールの返事をこまめにするとか、誰かと一緒に休暇旅行に行くことなど、あなたが特に大切だと思うことは尊重されるべきだろう。けれども、他の人も同じように考えているとは限らない。メールを３日後に返すのは、あなたにとっては失礼なことでも、相手は許容範囲だと思っているかもしれないし、旅行についても、一緒に立てた計画を最後まで実行するのが、信頼できる大人のしるしだとあなたは思うかもしれない。だが、人によってはそうは思わないか、もしくは気が変わって行くのをやめることもあるかもしれない。ある程度は互いに譲歩するしかないが、一方で、自分の価値観に反することを、そう長くは我慢していられないとも思う。パートナーならあなたを不安にさせないようにすべきだし、あなたもあまりうるさく言いたくはないだろう。

価値観の違いにかかわらず、誰もが必要とするものがある。そのひとつが人から愛されることだ。ただし、愛されるのは偽りの自分ではなく、本来の自分でなければならない。成長するには、価値観の似た人の助けが必要だ。もし誰かが自分とまったく違う価値基準で生きていると感じたら、その人のことが理解できなくてストレスを感じるだろう。性格の違う人と一緒にいるなと言っているのではない。相手がどんな価値観の上に生きているかをしっかり見極めようと言っているのだ。「もう二度と誰にも出会えない」というのは、ただの伝説だ。そんな言葉に惑わされてはいけない。あなたなら、いつか必ず出会える。

過去の恋人は私たちの運命に重要な役割を果たしてくれる。彼らは私たちが何を望まないかを教えてくれる。おかげで私たちは、自分の本当の望みをはっきり知ることができる。

本当は一緒にいたくないと思っている人との関係を続けるのは、人生の無駄だ。私たちは本心に従って生きるのは難しいと思い込んでいるが、心を偽って生きるほうがもっと難しい。常に大きな視野で将来を見つめ、なぜ別れる決断をしたのかを思い出すようにしよう。しばらくは迷いを感じるかもしれないが、心の奥の声が容赦なく真実を告げてくれるはずだ。私自身は、別れた恋人のもとに引き戻そうとする感情の鎖から自分の思考や感情を解き放つよう心がけ、自分の人生を生きている私の姿を視覚化することを繰り返した。別れのとき、大抵どちらかが余計に傷ついてしまうのはつらいことだが、だからと言って、永遠に相手を苦しませ続けるわけではない。いずれ相手も気づいてくれるはずだ。もう愛していない人と一緒にいるほうが、相手のためにならないということに。あなたは別れることで、あなたと相手の両方のためになることをしたのだ。すぐにはわかってもらえないとしても、それは仕方がない。

もしあなたが、今もまだ別れを引きずって心を痛めているなら、私自身の経験から伝えたいことがある。あなたはただ自分と戦っているだけなのだ。そんなふうに扱われること、本来の自分を見失って多くの犠牲を払うことを自分に許してしまったことに、いらだっているのだ。だが、私はあなたに拍手を送りたい。正直に心をさらけ出したあなたの勇気に。本当に愛を経験する道はそれしかないからだ。戦う相手は、別れた相手ではなくあなた自身の中にいる。あなたがすべきことは、自分への信頼を取り戻して、昔のように自分との素晴らしい関係をもう一度作り上げよう。そのときは来る！ むしろ、以前よりももっと高い地平に立ち、もっと深い満足を感じ、自分自身をもっと理解できるときがくるはずだ。

　パートナーは私たちの心の穴を埋めるためにいるのではない。すでに埋めた穴を完璧にするため、まだ埋まっていない穴を埋める方法を見つける手助けをするためにいるのだ。

停泊

私の人生に入ってきたいならドアは開いている。私の人生から出ていきたいならドアは開いて

いる。ただひとつ頼みがある……ドアの前に立たないでほしい。出入りの邪魔になるから（発言者不明）

別れから立ち直って、新たな恋の航海に乗り出すときは、本当にわくわくする。正しい決断をして適切に行動すれば、これまでに会ったことがないほど素晴らしい人に出会えるに違いない。理想の相手に会うことは、おとぎ話の中だけで起きることではなく、今すぐにも実現することなのだ。前に書いたように、あなたが注意を向けたことがそのまま現実になる。だから、例えばあなたが「失礼な人とは付き合いたくない」とか、「自分のことしか考えない人は嫌い」とか言っていると、行く先々でそういう人を見かけるようになる。前の章で網様体賦活系（ＲＡＳ）について説明したのを覚えているだろうか？　ＲＡＳは常に働いているが、好ましい方向に働かせるには、あなたの注意をどこに向けるかを賢く考えて決める必要がある。私たちは常に、過去の経験の重荷を引きずっていて、そのために新しい経験をゆがめてしまう。今では絶対に嫌だとわかっている特定の性質にエネルギーを向け続けていると、結果的に自分をブロックしてしまうことになる。ガードを高く上げている人をどうやって抱きしめられるというのか？

例をあげよう。あなたには以前、あまり相性のよくなかったパートナーがいたはずだ。だからこそ、その人は今では元パートナーになっている。今あなたはその人を思い、男性はみなその人と同じ、あるいは女性はみなその人と似たようなものだと考える。そのときのことを思い返して反芻するだけでなく、その思いをますます強めていく。そして、誰に会っても無意識のうちにそのように対応してしまうようになる。そんなあなたにこれから会う人が、どんな希望を持てるだろうか？　相手がどのように振る舞おうと関係なく、その考えがあなたの対応の仕方を決めるので、それに応じて状況も決まってしまう。あなたの声の調子、あなたが引き寄せる人のタイプ、あなたのボディラーゲージ、あなたの瞬時の判断、すべてが重要な役割を果たす。あなたはまるで、誰かがヘマをやらかして、やはり自分の考えが正しかったと証明してくれるのを待っているかのようだ。相手がなんの気なしに言ったことやしたことも、あなたにとってはとんでもないものになる。というのも、あなたはどんなことも自分の信念に結びつけるからだ。そして思うのだ。なぜ同じような問題ばかり起こるのだろう、なぜ自分が出会う人はみな同じ欠点を持っているのだろうと。

私は偶然の一致を信じない。偶然ではなく、私たちが物事を引き寄せているのだ。たとえあなたが偶然を信じているとしても、これは偶然の域を超えていると思わないだろうか？　何か一定のパターンがあるとしたら、あなたが変えていくしかないのではないか？　あなたの心の持ち方を変えることはできる。前のパートナーがあなたの望む人でなかったことはわかっているのだから、今のあなたには、パートナーに持っていて欲しくない要素がわかっている、それ以上に大切なのは、パートナーに望む要素がはっきりとわかっていることだ。もしあなたが、望まない要素のことを考え続ければ、あなたは会う人ごとに以前の関係を繰り返すことになる。そして、恋愛に対して否定的になり、仲の良いカップルを見ても尻込みするようになるかもしれない。そんな態度のあなたと誰が一緒にいたいと思うだろうか？　変化を起こして理想のパートナーと出会うには、あなたが好ましいと思う要素に注意を向けるようにしなければならない。あなたの意識が変われば、「私は新しい出会いを受け入れる準備ができています」という空気が、まわりにもはっきりと伝わるようになる。この現象は恋愛に限ったことではなく、私たちが何か望ましいことを一心に思い続けると、時にそれが本当とは思えないほど素晴らしい形で現れてくることがある。あなたの望むものを手に入れるチャンスがあなたの人生に何度も向こうから現れてくる。もちろんそのチャンスをつかむかどうかはあなた次第だ。こんなふうにすべての変化は、まずあなたから始まる。

理想のパートナーを引き寄せる

何かを変えたいと思うなら、今までと違うことをしよう。

食料品店に行くときは、買い物リストを作ったほうがいい。そうしないと、ただなんとなく歩き回って、特に必要のないものを買ってしまう羽目になる。ブロッコリーを買いにいったのにチョコレートを買ってしまい、家に帰ってチョコレートを食べてから、買ったことを後悔するといった具合だ。何より重要なのは、ブロッコリーを買い忘れたこと！　私が言いたいのは、私たちが本当に理想の人生のパートナーを見つけたいなら、その人から何を望むかをはっきりさせておいたほうがいいということだ。人生で何かを得たいと思うなら、それ自体を明確にしておく必要がある。この世界に存在するものはすべて、まず私たちがそれを考えることから始まる。そして、考えたことを書き出しておけば、何度もそれを見て、自分が本当は何を望んでいたのかを思い出せる。絵に描くなどすると、さらに現実味が増す。もちろん、いつも願いがかなうわけではない。だが、忘れないでいてほしいのは、なんとしてもかなえなければならないものがあるということだ。それらに関しては絶対に妥協してはならないが、その他のことについてはあまり厳密に考えないようにしよう。私は、理想の身長ではないからという理由で相手を拒もうとは思わないし、自分の理想を書いた紙をデートに持っていくつもりもない。厳しい先生のように相手の言葉を逐一チェックするようなことはしないほうがいい。

物事が、いつもあなたの思い描いたとおりになるとは限らない。だが、基本的な部分が実現されていれば、そこから得られる感情は同じだ。贈り物にいつもきれいなリボンがかかっているとは限らない。だが、リボンはあなたがかければいい。あなたが相手の成長を手助けすることもできるのだから。その人から何を得られるかより、その人に何を与えられるかを考えよう。くれぐれも「ラブ・ホッパー」にだけはならないでほしい。これは、いつか理想の人が現れることを願って次々と相手を変える人のことを指している。パートナーと別れたばかりなのに、すぐ別の付き合いを始める人がいるのを、あなたも知っているはずだ。「理想の人が見つからない」が彼らの口癖だが、あなたはまず、目の前の相手がそうであることを信じ、できるだけその確信を強められるように努力したほうがいい。

【課題①】望みを明確にする

あなたが人生のパートナーに求めるもの、絶対になくてはならないものを書き出そう。霊的、精神的、肉体的、感情的、経済的な面について考え、すべてを書き出そう。その際に「相手を尊重できない人は嫌だ」ではなく「相手を尊重できる人を望む」というように肯定的な言葉で書くことを忘れずに。人はつい、望まないことを書き並べてしまう。くれぐれも望むことだけを書くようにしよう。

理想のパートナーについて書き終わったら、次の質問に答えよう。

- その人が私と一緒にいたいと思う理由はなんだろうか？
- ここに書いたような人を惹きつけるために、私は何をすべきだろうか？
- もし私がここに書いたような人だとして、今の私とデートしたいと思うだろうか？

これらの質問に正直に向き合うことで、あなたがどう成長していけばいいかを知ることができる。もしあなたの希望が健康で魅力的な体型の人だとすると、そういう人が、自分の体を気遣うことなく毎日ファーストフードばかり食べている人と、一緒にいたいとは思わないだろう。もしあなたがしょっちゅう飲み歩いている人で、しかも霊的なことに関心のある人が理想だと書いたとしたら、互いの信念が相容れないことがわかるだろう。もし幸せな人が理想だとしたら、幸せな人はいつもしかめ面だったり人生を楽しんでいなかったりするような人と付き合いたいと思うだろうか？　ここに挙げたのはほんの一例だが、私の言いたいことはわかっていただけたと思う。私たちは自分がまず変わることなしに、望みのものを手に入れられると信じようとしている。理想と、それを得るために自分がすべきことの両方を、しっかりと把握することが大切だ。この両方があってこそ、実現への確信を強めることもできる。

【課題②】変化を起こす

リストに戻って、そこに書いたような人を惹きつけるためにあなたができることを書き出してみよう。リストに挙げた要素にふさわしい人間になるには、どう変わらなければならないか考えよう。例えば、活発な人と付き合いたいのに、あなた自身がいつも不機嫌だとしたらうまくいくはずがない。あなたの態度を変えることから始めてみよう！

【課題③】賢く環境を選ぶ

人と出会う環境についても注意を促しておきたい。よく考えて、リストに書いたような人に出会う確率が高くなるような場所を選ぶ必要がある。あなたの理想の人が、精神的に強い人で、家庭を大事にする人だとしたら、火曜日の夜に地元のスポーツバーで出会えるとは思えない。健康的な人とケンタッキーフライドチキンで出会う可能性も少ないだろう。それより少し先にあるサラダバーに立ち寄るほうがずっとチャンスがありそうだ。ただし忠告しておくが、ケンタッキーの袋を持ったまま行くのはやめたほうがいい。私の友人はとても社交的な人間だが、パートナーとしては精神的なことを大切にする人を望んでいた。彼は、毎週ナイトクラブに出かけて正体がなくなるまで酔っ払っては、私に尋ねるのだった。どうして理想の人に出会えないのだろう、と。答えは簡単だ。もしナイトクラブに行くなら、酒を飲んでいない女性を見つける前に酔っ払うのはやめるべきだ。彼がしらふでいれば、理想と反対の人を惹きつけてしまうことはなくなるだろうし、酒を飲まない女性からもっと好かれるようになるだろう。考えてみれば単純なことだが、それこそまさにあなたがしなければならないことだ。よく考えてみよう。理想の人を見つけたければ、それにふさわしい場所を探すしかない。

最後の、そして最も大切な要素は忍耐だ。待ちきれずに望まない相手で妥協するのはやめよう。そんなことをしても不幸になるだけだし、相手の人のためにもならない。良いことが起きるのは、その人がそれにふさわしい人だからだ。何事にせよ真価を認めるには、あなたがそれを理解できるようにならなければならない。まずあなたの成長に投資して内面の豊かさを育てるのだ。そうすればいつか必ず、ふさわしい相手を惹きつけられるはずだ。

船酔いに注意

自立して生きることをあきらめなければならなくなるからと、人と付き合うのを恐れる人もいる。私たちは自分が自立した人間、誰にも何にも頼らずに生きていける人間だと考えたがる。しかし現実的に言って、私たちは常に何かに頼って生きている。人間とはそういう生き物なのだ。食べ物は食料品店に頼るし、製品を作ったらそれを買ってくれる人が必要だ。家族や友人の助けがあるから快適に暮らせるのだし、雨のおかげで水を飲むこともできる。私たちは常に何かに頼って生きている。私たちはみなこんなふうにしてともに生きているのだから、他人に頼っていいのだ。問題は、自立して生きることと、人に頼ることの間でバランスをどうとるかだ。これは社会的な問題でもある。多くの人が、人間関係は人を制限し、損なうものだと考えているからだ。だが、ここでも私は言いたい。もしあなたにとってどうしても必要な要素を持つ人に出会うことができれば、互いを補完し合うことができるだろうと。人に頼ることを恐れないこと。ただし誰かに幸せにしてもらおうとは思わないようにしよう。あなたを本当に幸せにできるのはあなただけだ。

順調な航海者たちは

もしあなたがパートナーと長く安定した人生の航海を続けているなら、どうかそのまま続けていってほしい。何か秘訣があるようなら、私にメールを送ってくれてもいい。私は常に学びたいと思っているから。しかし、あなたとパートナーとの関係がどんなにうまくいっていても、物事には常に成長の余地がある。だからあなたも、私が出会った素晴らしいカップルの話から何か得るところがあるかもしれない。もちろん、パートナーとの関係を、何とか穏やかで安定したものにしたいと願っている人にも、彼らの経験は大いに役立つだろう。

カップルその1

このすてきなカップルには、以前に通っていたジムで、私のほうから話を聞かせてくれないかと声をかけた。そのとき婚約したばかりだったふたりは、快く承諾してくれた。話してみてわかったことだが、彼らの関係は長い間うまくいっていなかった。だが、問題を乗り越えてからは、以前にも増して強い絆で結ばれるようになったそうだ。1年ほど前、彼らは互いを理解することができず、別れる寸前だった。彼らの関係が終わりかけていたと知って私は驚きを隠せなかった。当時、男性はほんの数カ月のうちに体重が20キロ近くも増えて、彼女は付き合いを続けるかどうか迷っているように見えた。ある意味、それは当たっていた。というのも、彼女は、彼に外見的魅力を感じなくなった上に、健康についても不安を感じるようになっていたからだ。残酷だと思うかもしれないが、健康で魅力的であることは彼女がパートナーに求める条件だったのだから、彼女が間違っていたわけではない。友情と親密な関係との違いは、相手に性的魅力を感じるかどうかだ。つまり、それはとても重要な要素なのだ。魅力が失われるのは、外見だけとは限らない。振る舞いも変わったり、気分が揺れ動いて安定しなくなったり、イライラした言動が増えたりしたこともあったかもしれない。彼女は彼の強い生き方や自制心にも惹かれていたが、それもまた陰を潜めてしまっていた。

抑圧された怒りは、思いやりのない言葉と同じくらい確実に関係をむしばむ（ジョイス・ブラザーズ）

ある日、彼女は彼に、以前のように健康で魅力的な人になってほしいと伝えることにした。彼はその助言を悪く受け取って不安になり、彼女の浮気まで疑い始めた。病的なほど疑い深くなり、彼女がスーパーに出かけてくると言うのさえ信用しなくなった。これは彼女には本当につらいことだった。彼女は彼を死ぬほど愛していたし、彼を傷つけるつもりはまったくなかったのだから。結局、彼女は、それ以上疑われることに耐えられない、別れるしかないと彼に伝えた。彼はこれを聞いて心の痛みに耐えきれなくなり、ようやく腰を据えて彼女の言葉と向き合う決心をした。きちんと話をした後で、彼は恨めしそうにこう言った。「別れる以外に方法がないなんて信じられないよ」。次の日、彼女はトレーニングジムに行き、2人分の会員券を買ってきた。私がいつも、まず自分から動こうと言っているのはまさにこういうことだ。ふたりはそれから週に2回ジムに通い始め、今では5つのクラスに参加している。トレーニングはすっかり生活の一部になっていて、今ではほとんどいつも彼のほうが彼女をベッドから引きずり出すのだそうだ。ふたりともとても元気そうだが、何より大切なのは、ふたりの心が元気だということだ。彼は自信に満ちているし、ふたりの仕事も順調に売り上げを伸ばしている。彼は私に言った。「あのころのままだったら、僕だって別れたいと思いますよ！」

このふたりのように、互いの健康を気遣いながら時間を共有するのは実に素晴らしいやり方だ。彼らは励まし合いながら楽しんでいる。ともに助け合って成長しながら、常に限界を越えていく方法を見つけようとしている。

- 彼らが教えてくれたこと——思っていることを伝え合い、共に努力していこう。

カップルその2

このカップルは婚約間近だったが、やはり過去には関係が危機に瀕したことがあったそうだ。互いに信頼し合っていたので、一緒にいないことや、それぞれの友人と過ごす時間も多かった。そのため、ともに何かをするということがすっかり減ってしまったふたりは、一度きちんと話し合ってみることにした。その結果、ふたりで会う機会が減っているだけでなく、昔は頻繁にしていた旅行も、もうずっと延期したままになっていることに気がついた。この状況を何とかしたいと思ったふたりは、別々に出かける回数を減らし、少なくとも2カ月に1回は週末旅行に出かけられるよう節約することにした。彼らは「旅費がない」と言うのではなく、旅費を作るために行動を起こしたのだ。

人と一緒に旅をすると、互いの関係や友情が深まるのは確かだ。親友と旅したことのある人なら、さらに強い絆で結ばれたと感じたのではないだろうか。もちろん、旅で仲違いしてしまう人たちもいる（私たちも人間だから完璧ではない）。だが、ともに旅をすることは、人間関係におおむね良いほうに作用すると言えるだろう。

このカップルは、もう二度と相手の存在を当然だと思わないようにすると誓い、互いに努力したことが良い結果を生んだと話してくれた。このカップルの話から学んだことは、相手と積極的に関わることの大切さだ。親しくなったからといって、その関係を当然と思わないようにしよう。積極的に行動を起こし、ともに楽しめる活動をしよう。

実は、彼らと同じような状況にある男性をコーチングしたことがある。彼は旅行にいくお金がないと言いながら、毎週飲み代に3万円近くも使っていた。これは一例にすぎないが、真面目な話、あなたにとってパートナーとの関係はどれくらい大切なものなのか？　毎週飲むビールより劣るとしたら、その関係はその程度のものなのだ。本気で取り組めば、旅費も時間も作れるはずだ。常に方法はある。

- 彼らが教えてくれたこと――パートナーと一緒に旅行するか、何かふたりとも経験したことがないようなことをしよう。楽しくて気分がよくなるようなことを。

カップルその３

男性はみなよく知っていることだが、女性が服装について意見を求めてくるとき、ほぼ彼女の気持ちは決まっている。それでも、きちんと返事をしてその判断を認めることは、とても大切なことだ。買ったばかりの洋服を着た女性に「どう思う?」と訊かれたら、男性は「すてきだね」と答えておくのがいいだろう。おそらく彼女には、いつもとどう違うのかよくわからないだろうから。彼女がよく考えてよ、と言ってさらにもう一度尋ねると、彼は言う。「いいけど、僕はあっちの服も好きだな」

すると彼女が訊く。「なぜ? これのどこがいけないの?」。彼が答える。「どこも悪くないよ。ただ君が僕の意見を聞いたから」。結局、彼女が結論を出す。「そう、でも私はこっちが好きだからこれを着ていくことにするわ」。困惑して黙り込む男性。そしていよいよ外出するというときになって、またこう訊かれるのだ。「本当にこの服でいいと思う?」

私は個人的にはこうしたやりとりが好きだ。女性が決断してくれないと、男性は通りを裸で歩き回ることになるかもしれないから。女性はひとりでも進んで買い物に出かけるだろうが、男性はなかなかそれができない。パートナーの気に入らないものを家に持ち帰るのが恐ろしいからだ。すぐまた返品しにいくことになるかもしれない。そうしろと強制されるわけではないが、衣服に関しては女性のほうがよく知っていると思うからだ。彼女が気に入らなければ、ふたりとも気に入らないということだ。男性は趣味のいい女性を必要としていて、「彼女なしでは生きられないよ」と思っているのが偽りのないところなのだ。

最後のカップルは、結婚して18年になるが、いまだに強い絆で結ばれている。彼らには３人の子供がいて、ふたりともいつ見ても笑顔をたたえている。私はどうしてもこのカップルの秘訣を知りたいと思った。彼らも喜んで話を聞かせてくれた。まずこのふたりが、何をおいても必ず守るようにしているのは、互いに正直であることだ。

彼らは互いの領分を侵さないように細心の注意を払うが、常にそばにいて相手の成長に手を貸すようにしているという。夫は妻の受け持つ仕事には一切口をはさまないし、彼女のほうも特定の分野では彼の意見を尊重している。互いを尊重するために、相手の意見に快く耳を傾け、夢を実現するために助け合う。また、ふたりとも子育てに積極的に関わっていることが、結婚生活に良い影響を与えているとも話してくれた。そして、互いの存在を当然のことと思わないこと。どんなにつらいことも正直に伝え合うことで、長く堅固な関係を築くことができたという。良い関係を維持するには、日常的に互いにどう感じているかを、包み隠さず話すようにすることが欠かせない。問題を自分の中に抱え込んでいると、自分勝手で短気な振る舞いをしてしまうし、大抵はそのために、いさかいが続いてしまうことになるからだ。

- 彼らが教えてくれたこと――互いに正直に、日常的にきちんと話し合うこと。どんな些細なことにも感謝し、互いの夢を尊重し、必要なときは喜んで手を差し伸べる。これこそ私が成功と呼ぶものだ。

まとめると

ここで取り上げたのは、多くのカップルの中のほんの数例だが、それでもとても大切な共通項が見てとれる。それは、相手ときちんと向き合うということだ。物質的な贈り物で関係をつなぎ止めようとする人は多い。だが、あなたのパートナーはグッチのバッグや新しい時計を欲しがっているのではなく、ただ一度、やさしく肩を抱いてほしいと思っているのかもしれない。休暇旅行や食事に出かけることや、バラの花束を買ってもらうことを望んでいるのではなく、言うべきことや感じていることをきちんと聞いてもらいたいと思っているのかもしれない。私なら、コミュニケーションスキルを欠いた相手と仕事をしようとは思わないし、友達になりたいとも思わないだろう。ましてや相手と話し合う努力をしないような人と、パートナーとして付き合う気には絶対になれないだろう。なぜか？そこにその人の敬意の欠如や、その人が人生で物事にどう対処しているかが現れていると思うからだ。本当に満足できる人間関係を望むなら、パートナーと積極的に関わろうとする態度が不可欠だ。もっと多くの人が、婚約（エンゲージ）する前に、ふたりの関係にしっかりと向き合うこと（エンゲージ）をすれば、離婚するカップルははるかに少なくなるのではないだろうか。

絆を強めてくれるのは、大抵多くの人が当然だと思って軽視していることだ。自分をしっかりと見つめることができる人同士の関係ほど、素晴らしいものはない。

友情とはなんと素晴らしいものか。そこではひとつの魂がもうひとつの魂を信頼し、この人生の旅路における慰めと自由を見つける。

友達の大切さ

君の志をけなすような人には近づくな。それは器の小さい人間のすることだ。本当に偉大な人は、君もその人のようになれると信じさせてくれる（マーク・トウェイン）

ペットショップに甥の金魚を買いに行ったときのことだ。私は店員に、小さな金魚鉢しかないからあまり大きく育つ魚は飼えないと言った。すると店員は、心配はいらない、なぜならほとんどの魚は水槽の大きさに見合ったサイズまで成長するとそれ以上大きくならないから、と請け合ってくれた。これを聞いて私は、この話がそのまま人間に当てはまると思った。

人も日々付き合う相手やまわりの環境に自分を合わせていく。魚や人だけではない、この世界のすべてのものが環境に順応することで生き延びている。そういう動物の例はたくさんあるが、北米に生息する角のあるトカゲもそのひとつだ。このトカゲはアリを主食としていて、食事中に刺されないよう厚いウロコを持つようになった。だが、狩るものは常に狩られるものでもある。天敵であるコヨーテが現れたときには自分の身を守らなければならない。そのため進化の過程で、このトカゲは敵に対して眼から血を吹きかけることができるようになった。驚くべきことに、この血はイヌ科の動物が嫌う物質を含んでいて、特にコヨーテはこれに耐えられない。環境に適応して生き延びているのは人間だけではないのだ。

天才でなくても、人が付き合う相手に似てくることくらいは理解できるだろう。それはつまり、ほとんどの時間をともに過ごす相手は慎重に選ぶべきだということだ。仲間の選択を間違えると、成長の妨げになるからだ。あなたが心の中に育てることが、あなたの人生で起きることなのだ。心に一日中ごみを与えていたら、あなたはどんな結果を手にすることになるだろう？　そのときあなたはどう感じるだろう？　私が13歳で他の子供たちと問題を起こしたとき、祖父からこう言われた。「ごみとしかつるんでいると、おまえまで臭うようになるぞ」。たしかに人間のすることには、時にはごみとしか言いようがないものがあるのは、私たちの誰もが知っている。このときの祖父の言葉は、私が聞いた中でも最も勇敢で信頼できるもののひとつだ。

私は何も友人を捨てろと言っているわけではない。だが、彼らがあなたの成し遂げたいことと相容れないようなら、会う時間は短くしたほうがいい。もしあなたの心の声が最善の策だと告げるなら、完全に手を切ったほうがいい相手もいるかもしれない。あなたが本気で中国語を習いたいのに、一日中スペイン語を話している仲間と一緒にいるとしたら、上達が速いのはどちらの言語だろうか？

人生には、親友に反対されても行動しなければならないときがある（マハトマ・ガンジー）

私たちは心と言葉と体でする行為を、ほぼいつも無意識のうちに仲間のそれに合わせている。これは、社会的に認められたり受け入れられたりしたいと願う気持ちの表れでもある。私たちはときおり、自分がめざましく変化すると、友人たちにばかげているとか、気が変になったとか思われるだろうと感じることがある。なぜだろう？　それは、実際にそういうことがあるからだ。そんなときは、自分にこう問いかけてみるといい。「彼らが私の前向きな変化を喜ばないなら、本当に信頼できる友人だと言えるだろうか？」。あなたの一番の親友もあなたをからかうかもしれない。だが、それはあなたを愛しているからだ。彼らはあなたを失ってしまうように感じている、もしくは、変化したあなたに引け目を感じているのだ。あなたが飛躍を遂げ、非凡な人生を歩み始めると、それを見た友人たちは彼らの人生がいかに停滞したものかを思い知らされることになる。誰も友人にそんな思いをさせたいとは思わないだろう。それでも、あなたが生きられるかもしれない最高の人生を生きるのをやめる理由などどこにもありはしない。このことをどうか忘れないでいてほしい。最終的には個人と個人の問題だから、あなたにできるのは、きちんと話をすることだ。初めは理解できないと思う人もいるかもしれないが、本当の友達ならいつかはわかってくれるはずだ。

私は、友達と称する人たちが「人生は一度きりなんだぞ！」と言うのを聞くのも好きだ。彼らはタバコやドラッグを吸うときだけでなく、罪を犯すときにさえこう言って誘う。彼らは、本当はこう言うべきなのだ。「人生は一度きりなんだから、今すぐ行って自殺してこい、悪い習慣を始めろ、あるいは何か今後10年間、刑務所で過ごすことになるようなことをしろ」。このせりふに従うたびに、私はそれが間違いだったと気づいて大きな代償を払うことになった。

心の狭い人と心を開いて話せるなどと、期待しないことだ。

ところで、このせりふはあなたのために言われたものか、それとも言った人自身のためのものなのかと考えたことはないだろうか？　これはなかなか面白い問いではないだろうか？　例えば、賢くこう言い返すこともできるかもしれない。「そのとおり。人生は一度きりなんだから、私が知るかぎり最高の人生を生きたっていいじゃないか」。こうすると、人生は一度きりの意味が少しましになったのではないか。もしかしたらあなたは、人生一度きりだからと勧められたさまざまな選択肢を面白そうだと感じたかもしれない。だが、深く考えれば、あなたが面白そうだと思ったものは、いずれあなたの感情や思考をさいなむことになるかもしれないとわかるはずだ。

望まないことをするように強要されたと人が話すのをよく耳にするが、それはとても甘ったれた言い訳だ。そう言う人は、ただ責任逃れをしようとしているだけだ。それより責任を引き受けて、心を鍛える方法を見つけるべきだ。人生を振り返るとき、あなたの質問に答えられるのはあなたしかいない。「なぜうまくいかなかったのだろう？　なぜ私はあんなことをしてしまったのだろう？　なぜ私は、今こんなに惨めな境遇にいるのだろう？」。満足のいく答えを見つけられるのは自分しかいない。だからこそ、自分の人生に責任を持つことを学び、自分を疑わせるような外からの声には耳を貸さないようにしたほうがいい。

誰もが離れていくときに近づいてきてくれるのが、真の友だ（ウォルター・ウィンチェル）

あなたが変わったことを、人がどう思おうとかまわないではないか。それまでのあなたを知る人は、新しい道を歩み始めたあなたをすぐには応援してくれないだろう。あなたの進歩をからかう人たちは嫉妬しているのだ。彼らは人生の手がかりを失って、ただ闇雲に惨めな人生を送っている人たちなのだ。ネガティブな人はほとんどの時間を、やはりネガティブな人と過ごしているということに、あなたは気づいているだろうか。あなたは夢を追うのをやめて、彼らのようになりたいのだろうか？　そうではないはずだ。あなたを信じない人たちは、実は自分自身を信じていない。

前に述べたように、私はかつて、以前よりも人生を愛するようになったというだけで、ほぼ毎日、冷やかされ、あざけられ、頭がおかしくなったとまで言われたことがある。彼らは私のアイデアなどうまくいくはずがないと言ったが、結果を見て驚くまでに長くはかからなかった。私のビジョンと情熱は、誰にも邪魔できないほど強力だった。たしかに何度もあきらめかけたことがあった。だが、そういうときこそ私たちが最大限の力を発揮するときだ。そうしてハードルをひとつ越えるごとに、その次のハードルはほんの少し易しく感じられるようになる。私は尻尾を丸めてあきらめる代わりに、困難を前進するための発奮材料にして、どうしても目標に到達したいという気持ちを深めていった。時には、周囲の人があなたのしている素晴らしい行いを、彼らの人生への個人的な攻撃ととることもあるかもしれない。だが、彼らの不安に引きずられて、あなたが情熱を失うようなことがあってはならない。

偉大な人々は、批評家たちが投げつけた石で記念碑を建てる（ロビン・シャーマ）

あるとき、親友のひとりと私の変化について話し合ったことがあった。そのとき彼はこう言った。「君が生き方を大きく変えたのは知っているし、君が成功して本当によかったと思っているよ。ただ、それを僕に勧めようとしないで欲しいんだ。それでも僕は、いつも君のそばにいるから」。私は彼のこの気持ちを尊重することにした。もちろん、彼が私の友人であることに変わりはない。私が見つけた教訓に耳を傾けるかどうかは、彼が選ぶことだから。私は席を立ったり腹を立てたりするどころか、彼が本心を言ってくれたことに心から感謝した。そしてあとになって、彼が私にアドバイスを求めにきてくれたときには、喜んで手助けした。あなたの友人にあなたが経験した変化について話すのはいいが、あなたの信念を相手に押しつけないようにしよう。そんなことをすると、逆効果になることが多いからだ。もし、あなたが人生で成し遂げた変化が素晴らしいものであれば、まわりの人にもはっきりとわかるから、相手のほうから一体何をしたのかと尋ねてくるはずだ。

あなたが手本にしている成功者を見れば、そういう人が常に仲間を慎重に選んでいることがわかるだろう。もしあなたが偉大な画家になりたいとしたら、ドラムの演奏が上手な人と友達になって、彼と絵の描き方について話し合おうとはしないはずだ。あなたが目標にしている世界の人と付き合って、彼らに助言を求めよう。尻込みせず、その世界の頂点に立つ人や、あなたが最高だと思う人に直接教えを請うてみるといい。

真の友とは、あなたがその人の前で恥ずかしがらずに完全な愚か者になれる人だ。そんな友情を保つためにできる限りのことをしよう。友と過ごすとき、私たちは再び子供になる。

ジムでパーソナルトレーニングをしていて気づいたのだが、肥満の人が同じように肥満体型の人と一緒に申し込んでくると、ほとんどの場合長続きしない。だが、普通の体型の人と一緒に来ると、ふたりともすぐに素晴らしく魅力的な体を手に入れる。意地悪で言っているのではない。見たままを言っているだけだ。私がこの業界で仕事を始めたのは、多くの人に幸せになって欲しいからで、絶対に誰かをばかにしたりはしない。言いたいのは、何事にも、それにふさわしい生活の仕方があるということだ。特定の状態を望むなら、その近くにいることから始める必要がある。

もしあなたが何か偉大なことを成し遂げたいと思うなら、はっきりと結果を出した実績のある人の知恵を借りたほうがいい。秘訣を尋ねてみよう。尋ねるときは、相手を尊重し、どうしても学びたいという熱意を伝えるようにしよう。尊大な態度では門前払いを食わされるのは目に見えている。相手の人にあなたの切実な気持ちを、必要なことは何でもするつもりだということを知ってもらうのだ。たとえあなたが億万長者だとしても、次の10年の壁をどう乗り越えていくか悩んでいるなら、経験者にアドバイスを求めるべきだ。他の成功者の本を読むといい。おそらく、彼らも同じような苦境に直面して、それを乗り越えてきているはずだ。あなたがどれほど成功した人であろうと関係ない、常に学ぶべき相手はいる。何かに秀でた人と一緒にいると、自ずとあなたのレベルも上がる。環境に適応していくのと同じ仕組みだ。環境についていこうとしているうちに、自分も同じような生き方ができるようになっていく。ビジネスにおいても人脈作りにおいても相手を尊重すること、しかし決して言いなりにはならないこと！

良い資質を持った人たちと付き合いなさい。もし悪い仲間と付き合うくらいなら、ひとりでいるほうがいい（ブッカー・T・ワシントン）

ステップ⑤

健康な体

必要なのはマインドセット

エンジンをかける

最高の状態で体を使うにはどうしたらいいか知りたければ、その道のトップに学ぶべきだ。プロのアスリートのほとんどが、フィジカルトレーニングのコーチだけでなく、メンタルトレーニングのコーチを雇っている。メンタルコーチのいない人は、その役割を自分でしている。いずれにしても大事なのは、心の強化はアスリートの成功に欠かせないということだ。トップアスリートが、心身をともに鍛えることの重要性を理解しているなら、これを私たちの毎日のトレーニングに生かすのは当然のことだろう。これを怠っているために、トレーニングを途中でやめたり、そもそも始めなかったりしてしまう。人は肉体を鍛えるが、それを動かす強大な力である心を鍛えるのを忘れている。私がトレーナーを勤めた人たちのほとんどが、ひとつの大きな誤りを犯していた。理想の体やその状態のことを考えるとき、今の自分がそうでないことにがっかりしてしまうのだ。それに対して、望みを達成する人たちは、同じ理想のビジョンを、行動へと駆り立てる強い動機として使う。あなたの理想の体を思い描いて落胆するのではなく、想像の中でその体を抱きしめて良い気分を味わうのだ。あなたがもうすぐそれを手に入れるのだから。

あなたがあなたの体を大切にしなければ、人生の旅路をともにする体もあなたを大切にしてはくれない。体は人生の航海で私たちを運んでくれる船なのだから、それにふさわしい扱いをすべきだ。自分が乗る船に穴をあけたいと思うだろうか？　もちろん思わないだろう。そんなことをしたら沈んでしまうからだ。あなたはレオナルド・ダビンチの見事な作品を壊したいと思うだろうか？　誰かがそんなことをしたとニュースで知ったら、どれほどショックを受けるだろうか？　本当に悲しい気持ちになるに違いない。だが一方で、私たちはこの肉体という見事な作品を日々壊し続けている。私たちの体は私たち自身だ。切り離すことはできない。魂は体や心とひとつなのだ。だから、3つのうちどれかひとつでもバランスを崩すと他の2つもうまく機能しなくなって、破滅的な結果をもたらすことになる。

目を覚まして、生きる

始めるには動機が必要だが、習慣にするには繰り返しが必要だ。

私たちの体は、運動不足や不健康な食事などが重なると、さまざまな形で悲鳴を上げて不調を知らせてくる。常にあちこちが痛んだり、疲れやすくなったり、気分が悪くなったりする。バランスのとれた生活をするには、体を大切にしなければならない。人によってライフスタイルも起きる時間も違うのはよくわかっている。私は物書きという職業柄、いつも早起きできるとはかぎらない。夜中の2時にアイデアが湧いて、書き留めることもあるからだ。それでも起きた後は、だらだらと一日を過ごすしたりはしない。目覚めるときは、完全に目覚めるのだ！　大きな成功を収めた人たちが、体を引きずるように起き出して、一日中憂鬱な気分のまま過ごしているなんて考えられるだろうか？　あり得ないことだ。彼らはグズグズせずに寝床から出て、瞬時に動き始める。あなたは疲れたときに、ゆっくりと体を伸ばしてあくびしている自分に気づいたことはないだろうか？　これは私たちの体が温度を下げようとしているのだ。そして体温が落ち着くと、筋肉にこういう指令が届く。「そろそろリラックスして眠る時間だ」。トレーニングをした後には、静かにストレッチ（ゆっくりとゆるめるストレッチ）をして筋肉を休ませる必要がある。例えば、腰掛けて15秒間膝の曲げ伸ばしをするなど。このときのストレッチはスローモーションで行う。筋肉を修復しなければならないから、このように休息しながら行う静かなストレッチが理想的なのだ。ここでひとつ疑問が湧いてくる。私たちはなぜ朝起きるときに同じようなゆっくりした動きをするのだろう？　寝る前やトレーニングの後と同じ動きをしていていいのだろうか？

起きるときは体を休めるときではなく、動かすときだ！　現代のプロのスポーツチームを見れば、彼らが素早い動きと呼吸で、体を温めていることに気づくだろう。これは動的ストレッチと呼ばれていて、今では試合前には静的ストレッチの代わりにこれを行うのが常識だ。試合前のアスリートが避けたいのは筋肉を休ませることだ。休ませてしまうとケガをしやすくなって動きにも影響が出る。静的ストレッチで筋肉を休ませるのは、試合の後だけだ。

このことを考えると、使いたい筋肉を眠らせておくより、動かしておくほうが理にかなっていることになる。最高の肉体を持つ人たちのように体を使いたければ、最高の肉体を持つ人たちのまねをすればいい。これは世界中の優れたトレーナーたちがプロのアスリートに助言していることだ。あなたが30秒以内に完璧に目覚めたいと思うなら、体を動かすことだ。これをしっかりとやるかどうかが鍵となる。私がやっていることを紹介しよう。その効果は絶大だ。

完璧に目覚めるために

目覚まし時計が鳴ったらすぐに、寝床から飛び出す。両眼をできるだけ大きく開いて、素早く何度も深呼吸する。呼吸しながら大きく体を伸ばす。やりかたは自由だが、必ず速い動きで行うこと。例えば、風車のように腕を回すとか、直立姿勢からジャンプして手足を大の字に伸ばすとか、手でつま先に触れるなどしてみよう。呼吸法を組み合わせてみるのもいい。体を素早く動かしながら、鼻から1回深く吸い、口から短く3回吐く、これを繰り返す。さらにうるさい音を立てながら動くとより効果的だ。家の人を起こしたくなくても、私は音を立ててやることをお勧めする。音の効果を疑うなら、次に起きるとき実際に試してみるといい。

深くて速い呼吸と素早い体の動きの組み合わせで、体にエンジンがかかることは科学的に証明されている。代謝機能が働いて、筋肉が動き出し、エネルギーを作る回路にスイッチが入る。体内により多くのエネルギーを生み出す唯一の方法は、まず何らかの動きでエネルギーを与えて、弾みをつけてやること。ゆっくり動くとエネルギー不足を感じるのはこのためだ。この一連の動きで目が覚めるまでに30秒しかかからないが、体が最高の状態になるまではさらに3～5分かかる。次にコップに水を2杯飲んでから、あなたの「感謝のリスト」を読み上げよう。これに約5分かかる。この一連の動きを毎朝やることで（全部やっても目覚まし時計のスヌーズ1回分ほどしかかからない）、その日一日の活動に向けて、あなたの体内のエネルギーを高めることができる。トレーニングの前にも、今日はトレーニングを休みたいと思うようなときは特に、これをするといい。昔、電球を点けるときスイッチをひねったように、動きによってエネルギーを送り込むことが必要だ。体にスイッチを入れて、動き出させるのだ。

肉体トレーニングを成功させる10のヒント

トレーニングから最大限の効果を引き出すための一般的方法がいくつかある。人によってさまざまなトレーニング法があるし、体に刺激を与えるために、6～8週間ごとにメニューを変えることも必要だろう。ここに挙げたのは、その中でもすべての人に必ずやってもらいたいトレーニングだ。

❶とにかく始める

もし余裕があるようなら、パーソナルトレーナーを雇うといい。たとえ週に30分だとしても、正しいトレーニング法を身につけることができる。必ず腕のいいトレーナーを選ぶこと。推薦状や口コミを参考にして探すのがいいだろう。あなたの友達が自慢げに電話してきて、「いやあ、あのジムは本当にいいよ」などと言ってくれれば最高だ。

とりあえず、活動的になってすぐに行動を起こそう。歩く、スキップする、走る、飛び跳ねる、何でもいい、何かしよう。あなたがどんな言い訳を考えても受け付けない。最大の苦しみは行動からではなく、行動しないことから生まれる。

❷楽しむことを忘れずに

あなたのトレーナーに、初めから気合いを入れすぎてあなたを殺してしまわないように言っておこう。そうしないと、あなたは恐ろしくなって全速力で家に駆け戻り、二度とジムに現れなくなってしまうだろう。体をコンフォートゾーン（快適な領域）の外へ押し出そう。人生のすべてが成長だということを思い出そう。

❸音楽

トレーニング中の音楽は効果的だ。クラシック音楽を聞くと眠くなる人は、何かもっとハイテンポなもの、聞いて元気がでると思うものを聞くようにしよう。

❹HIIT

高強度インターバルトレーニング（HIIT＝High Intensity Interval Training）とは、あまり専門的な方法を使わなくても脂肪を燃焼できる、最適のトレーニングだ。例えば、1分のランニングの後に5分のパワーウォーキングのセットを、あなたの体力に応じて30分から1時間繰り返す、というようなトレーニングだ。

❺タバタ式トレーニング

これはＨＩＩＴの一種。持久力と筋力を急速かつ永続的に養うことができて、その効果は驚くべきものだ。ほとんどのタバタ式トレーニングは家の中でもできるので、やらない言い訳を考えるのは難しいだろう。タバタ式トレーニングの基本は、４分間の強度インターバルトレーニング（もしくはサーキットトレーニング）だ。一例を挙げると……

①適当な重さのダンベル2個と踏み台を用意する。
②ダンベルを頭上に持ち上げながら踏み台に昇る、この2つの動作を同時に行う。次にダンベルを体の両側におろしながら踏み台から降りる。
③　②の動きを20秒間繰り返し、その後10秒間休む。以上を1セットとして、あと7セット、全部で8セット行う。

トレーニング時間は全部で４分。内容は無数に考えられるが、全身運動、もしくは少なくとも主要な筋肉をすべて使う運動であることが大切だ。バーベルやダンベル、ケトルベル、もしくは身につけるタイプのおもりを使うこともできる。ここでタバタ式トレーニングのすべてを説明するのは難しいので、ユーチューブを見るかインターネットで検索してみてほしい。動画や写真つきの例がたくさん見つかるはずだ。

タバタ式は、立命館大学の田畑泉教授が開発したトレーニングだ。実験では、中程度の持久運動

（有酸素運動）をしたアスリートと、高強度のインターバルトレーニング（タバタ式トレーニング）をしたアスリートの、６週間後の最大酸素摂取量と無酸素運動能力を比較している。結果は、前者のグループでは最大酸素摂取量が約10パーセント向上したが、無酸素運動能力には効果が見られなかったのに対して、タバタ式トレーニングを行ったグループでは、最大酸素摂取量が約14パーセント、無酸素運動能力にも28パーセントの向上が見られた。

❻鍛えたい筋肉に注意を向ける

そのとき鍛えている筋肉に意識を集中すると、トレーニング効果が大幅にアップして筋力強化につながる。例えば、ベンチプレスをするときは胸の筋肉を意識するというように。

❼大きく考える

トレーニング中は人生の目標について考える最適の時間だ。心の中であなたを力づける言葉を繰り返そう。私はジョギングとパワーウォーキングの間中、「私は強い」という言葉を心の中で繰り返している。心がそれそうになるたびに、引き戻してこの言葉に集中し直すようにしている。

❽背筋を伸ばす

どんなものを持ち上げるときも、重いからといって姿勢を崩したりしないように。姿勢が乱れると運動そのものが乱れる。つまり正しいやり方でエクササイズができなくなって、ケガをしやすくなる。

これはウォーキングやランニングにも当てはまる。肩を引いて、顎は地面と平行に。

❾ビジョンを持つ

魅力的なビジョンを思い描いて、決してそれを見失わないようにしよう。理想の体になった姿を想像し、美しく健康的であると感じ、実際にそれが実現した感覚に浸ろう。毎日この視覚化を繰り返して成功したときの気持ちを味わえば、大いにやる気が湧くはずだ。現実のこととして経験し、興奮し、そして実際に手に入れるのだ。あなた以外にあなたを引き止める者はいない！

❿現状に満足しない

エクササイズが楽すぎると感じ始めたら、さらに上の段階に挑戦してみよう。この時期は、フィットネス業界では「プラトーステージ（高原段階）」と呼ばれていて、進歩が見られず次の段階にも手が届かないように感じられる段階だ。さまざまなクライアントを指導してきた経験から言うと、これは大抵同じプログラムを8週間繰り返したころに現れる。プログラムは同一のものを最低6週間は続けることが重要なので、その後にメニューを変えるといいだろう。こうすると楽しく続けられるし次の段階へと進むきっかけにもなる。楽に感じたら強度を上げる、と覚えておこう。

プログラムは、ウェイトトレーニングと有酸素運動を組み合わせたものにしよう。そして、初めは少なくとも週に3日は行うこと。十分な量の水を飲み、カフェインを減らす（まったくとらないのが理想だ）。一日中、体内に水分が保たれている状態を維持する必要がある。

他には、体の機能を高めるのに役立つものとしてアルカリ性エンハンサーがある。アメリカでは健康食品などを販売している店で買い求めることができる。私は、スピルリナ、クロレラ、大麦若葉（どれも100パーセント植物由来）を含むものを勧める。大抵粉末状になっていて水に溶かして飲む。ヒマラヤンソルトを水に溶かしたものも、やはり体内のｐＨバランスを整える働きがある。家に水槽のある人なら、水のｐＨ値を正しく保たないと魚が死んでしまうことを知っているだろう。あなたの体も水でできているから、ｐＨ値を調整して7・35くらいに保つ必要がある。自分のｐＨ値がどれくらいか知りたければ、近くの薬局で簡単に唾液検査ができる（キットが買える）。体が酸性に傾きすぎるのは健康によくないので、ｐＨ値の調整を始めよう。

【課題】

次の質問に答えてみよう。

- 健康でいるためには、エクササイズや食事についてどのような信念を持つべきだろうか？
- あなたはなぜ健康になりたいのか？
- あなたにとって健康が意味するものは何か？　その価値は？

トレーニングによってどれほどの利益を得られるか、という点だけを考えよう。トレーニングを犠牲だなどと思わないように。それどころか、健康を維持できるのだから、あるのは利益だけだ。

「ダイエット」対「健康な体」

活発な心が怠惰な体に宿ることはない（ジョージ・S・パットン・ジュニア）

体重を減らしたいと思い続けていると、常にそのネガティブな考えに集中して、太りたくないという恐れを強めていくことになる。とりつかれたようになって、他のことは考えられなくなる。私たちのまわりにはその類のコマーシャルがあふれていて、痩せていることが良いことだという考えを押しつけてくる。人が恐れのために最もお金を使うことは誰もが知っている。ならば、外見への恐れをあおる以上に儲かる商売があるだろうか？

体重を減らしたいと望むことを例にとると、そう思うことで私たちは常に「減らす」言葉に囲まれて暮らすことになる。これでは、何かが減少するという思いを強めていくばかりで、何かを勝ち得たと思える日は永遠に訪れない。つまり、それで心が満たされる人はほとんどいない。体重を減らすことへの執着は、果てしない物語なのだ。

雑誌に載っている理想的な体型の人たちの多くは、見栄えよく作り上げられてはいるが、実は栄養不良だったり、仕事のために極端な健康上のリスクを負っていたりする。ファッション業界でパーソナルトレーナーやコーチングをしてきた私は、モデルやその他メディア関連の仕事をしている人たちのことをよく知っている。際だって美しい人や脚光を浴びているモデルたちにも会ってきたが、なかには、その美しい外見のためにかなり危険な状態に陥っている人もいた。信じられないかもしれないが、そのうちの何人かは、私がこれまで会った中で最も不幸で心が満たされていない人たちだった。誤解しないでほしいのだが、美しいことは素晴らしいことだ。だが、あなたが自分の選んだライフスタイルに満足できないかぎり、自分が本当に美しいと思えることはないだろう。ある日突然、幸せな気持ちが不安に変わる。右のお尻の肉をもう少し落としたいとか、右腕が左腕より少し細いなどと感じ始めるのだ。この取り憑かれたような思いは永遠に続く。その人の人生を食い物にして、まともに生きることさえ忘れさせてしまうことも少なくないのだ！

全神経を集中して感じること（ＦＦＦ）は、どの分野であれ、人が成功するための鍵となる。私たちは考え方を変えて、心身ともに健康であることに意識を集中しよう。大切なのは、あなたがどう感じるかであって、他人からどう見えるかではない。人の意見はさまざまなので、それを目的にしていると、常に振り回されて心が満足を感じることがなくなっていく。シワを見つけたり、若いころのような体型が維持できなくなったりしたら、あなたは自分を嫌いになるのだろうか？　この世界が外見で悩む人であふれているのは、外見が美しければ幸せを感じられると私たちが信じているからだ。あなたの体は愛すべき高性能マシンであると同時に、永続する唯一のもの、魂の家として尊重すべきものだ。トレーニングするときは、運動することによって自分がどう感じるかを大切にして、その気持ちを増幅させていく必要がある。それがやる気につながるからだ。「美しく見えるから、気分がいい」を「気分がいいから、美しく見える」に変えよう。この意識改革が、幸せを永続させるカギとなる。

風呂場の体重計は、バットでたたき壊してしまうべきだ。体重計で成功は測れないからだ。そもそも、トレーニングでついた筋肉は脂肪より重い。それがわかっていても体重を測るとどうしても数値が気になってしまうので、体重計は処分したほうがいいのだ。外見を目標にしていると、結果を出すまでに時間がかかるが、良い気分や快適さを目標にすると、すぐにも変化を感じることができる。

あるボディービルダーは、素晴らしい肉体を持っていたが、いつも自分の体についての不満ばかり言っていた。彼にとっては、常にどこかしら気に入らないところがあって、やがてそれは強迫観念になっていった。彼は人間関係がうまくいかなくなり、経済状態も悪化した彼は、感情的にもかつて経験したことがないほど落ち込んでしまった。

彼のように足りない部分に目をやれば、私たちは全員不完全だ。だが私は、私たち全員が完全だと考えるのが好きだ。私たちは、不完全だから完全なのだ。全員が同じだったら、この世界はどうしようもなく退屈だろうから。私たちが惹かれる完璧さの種類は、ひとりひとり違っている。だが、幸せな気分でいるあなたには、誰もが魅力を感じるはずだ。あなたの成長はまわりの人にも伝わり、影響を与える。やがてあなたは、そんなふうに気分がよくて幸せだと感じることを目標にしていると、体もまた急速にそれにふさわしいものになっていくことに気づくだろう。私は何百というクライアントのパーソナルトレーナーをしてきたが、外見に幸せを求めた人たちは長続きせず、満足を得ることもできなかった。だが、気分が良いと感じることを目標にした人たちは、心身ともに健康であることは、より大きな成長を促し、成功へとつながるバランスのとれた状態を実現する、そんなライフスタイルを手に入れることなのだと実感するようになった。体重を減らすことにとりつかれるのではなく、心身の健康のために努力する生活を続けていこう。

ステップ ⑥

精神の目覚め

そして心の解放へ

魂の無限の可能性

あなたの中には目に見える以上のものがある。それはあなたの魂だ。私にはそれを見ることができないし、あなたにも見えない。だが私たちはそれを感じることができる。

あなたの本当の素晴らしさは、あなたの魂の中で眠っている。そこであなたに見いだされるときを辛抱強く待っている。もしあなたがまだ自分の魂とつながったことがなかったり、何かを決断するときに注意深くその声に耳を傾けたことがないとしたら、あなたの夢がいっこうに実現しないのはそのせいだ。

私はこれまで、多くの人が魂なんてあるかどうかわからないとか、あるとは思うが確証はないと言うのを聞いてきた。これについてもう少し具体的に考えてみよう。私たちは、人間の体を機械のようなものだと思っている。脳は化学反応によって考えたり想像したりするし、心臓は自動的に血液を押し出し、呼吸は肺の働きによって行われる。外から見ると私たちの肉体は仕組みがはっきりしていて、科学的に説明のつくもののように思える。だが、あなたは考えてみたことがあるだろうか。あなたが見ているまわりの世界を維持しているのは誰なのか？　あなたの肉体という機械を制御しているのは誰なのか？　あなたの考えはどこから来るのか？　まわりを見回してみよう。たった今、あちこちに注意を向けたのは誰なのか？　私たちはただ椅子から立ち上がって歩き回るだけの動作も自動的には行えない。明らかに何かの指示を受けているのだ。何か話してみよう。あなたが話す前にそれを決めているのは誰なのか？　ほとんどの人がこれらの問いに「私だ」と答えるのをほんの少しためらうのではないだろうか。その感覚は正しい。行為をしている「私」は肉体としての存在にすぎない。指示を与えているのは魂としての「私」だ。目には見えなくても、私たちは日々その存在を感じることができるし、常にその声と対話している。だからこそ、魂が去ると肉体を制御することができなくなるのだ。

人は、人生の意味を外の世界に探して苦しむ。それが自分の中にあると気づいていないのだ
（カリール・ジブラン）

この魂の声は、深い叡知に根ざしていて、何があなたにとって良いことかをよく知っている。この声に従って生き始めると、あなたは自分の本当の素晴らしさに気づくようになる。それはあなたの奥深くに眠っている力であり、本来のあなただ。私たちがこの本来の自分を他人に見せることはほとんどない。私たちは外の世界からの刺激に反応したり、まわりから期待されていると思うことをしたりすることで頭がいっぱいなのだ。だが、偉大な魂は、たしかに私たちみんなの中にある。だからこそ、歴史上の多くの男女が、悪条件をはねのけてきたのだ。私たちひとりひとりが、生まれてきた目的と果たすべき役割を持っていて、他の誰にも代わりはできない。この世界には、私たちひとりひとりに意図された場所があって、他の人がその場所を埋めることはできない。すべての人がこのことに気づ

けば、夢見ていた人生を送ることができるだけでなく、本当の意味で世界がひとつになる日がくるだろう。だが、人々が自分の役割を無視しているかぎり、そこにあいた穴はどんどん大きくなる。転落していく多くの人は、この穴に飲み込まれていくのだと、私は思っている。

人間の魂には素晴らしい無限の力があって、世の中で不可能と思われている多くのことを乗り越えていく。その例は、歴史上いたるところに見ることができる。ひとりの人間が世界の進む方向を変え、革命を起こすことも可能だ。私たちはきわめて過酷な条件下でも生き延びることができるし、ずっとあり得ないと思われてきたことを実現することもできる。

私は、勇気をもって真理の道を歩んだ人々から、多くを教わってきた。特にネルソン・マンデラは、人の意志がどのような逆境にも勝るという完璧な見本を示してくれた。彼の情熱が、人々を平和と平等に向かって団結させ、南アフリカ共和国の人種隔離政策（アパルトヘイト）の撤廃に大きな役割を果たした。マンデラは、今日私たちが手にしているような機会や手段がほとんどないような小さな村で育ち、白人至上主義の抑圧を受けて暮らしていた。人を助けたいという目的をもって行動したために、計27年もの間、獄中で生活しなければならなかった。どれほど多くの人が、彼の半分にも満たない困難のせいで半年か1年の間に夢をあきらめてしまうことか。マンデラが何より楽しみにしていたのは、太陽が沈む時間をヘンデルやチャイコフスキーの音楽を聞きながら過ごすことだった。獄中ではそれが許されなかったことが最もつらかったと、彼は記している。

釈放されてから3年後、マンデラは南アフリカ共和国の大統領に選ばれた。これは人間の魂が最大限その力を発揮した多くの物語のひとつだ。魂にはこれほどの力があることを、そして同じ人間である自分にもその魂が宿っていることを、私たちは忘れてしまってはいないだろうか。説得力のあるビジョンを持ち、どんな障害にも負けない決意をし、そして何より生きることへの情熱を持ち続ければ、可能性は無限に広がっているのだ。

人が小さく生きるとき、つまりその人の可能性より低い人生に甘んじるとき、そこに情熱は見つからない（ネルソン・マンデラ）

タイ、魂を求める旅へ

正しい方向に向かっているなら、ただ歩き続けること（仏教のことわざ）

本書を書き始めたとき、私はアジアに行って仏教の僧侶と話すことを考えていた。私はすでにここ（西洋）で心の平安を見つけていたが、東洋の僧侶たちがどのように心の平安を得ているのかについても、知りたいと思っていた。西洋を離れ、私とは宗教や文化、社会的地位や環境も違う人たちと会って、私が自分の内面に見つけたものと、彼らのそれとの間に共通点があるのかどうか、確かめてみたかった。そこで私は、本を書き終える前にその思いを実現してその体験を本の内容に生かす、そうまわりの人たちに宣言した。母とも、このことについて話し合ったのを覚えている。そのころ私にはお金も仕事もなかったが、私にはこの計画が必ず実現することがわかっていた。いつ、どうやって実現するのかをあれこれ考えたりはしなかった。ただ本を書き上げる前に必ず旅をすることになる、そう確信していた。

３週間ほどたったころ、海辺で書き物をしていると、友人のケイティーからメールが届いた。旅行会社に勤めているケイティーとは、まだあまり長い付き合いではなかった。その彼女が、ホテルの視察をしにタイのバンコクに出張する予定なのだが、私に一緒に行く気はないかと尋ねてきたのだ。１週間の予定で費用はすべて払ってくれるという。それを見た途端、私は全身に鳥肌が立った。なぜ私なのか？　そう尋ねてみると彼女は、私の中に何か大きなエネルギーを感じたこと、短い付き合いにもかかわらず強い友情と信頼を感じたことなどを理由としてあげてくれた。

そのとき私にある疑問が湧いた。これは奇跡なのか、それとも何か深い理由があるのだろうか？このときまたもや気づきの瞬間が訪れた。理由はただひとつ、私自身が変わったことだと気づいたのだ。もし私が以前の考え方や振る舞いのままケイティーに出会っていたら、決してこの機会が訪れることはなかっただろう。私はこの旅のことを幸運だと言う人たちに、これは実際に起こる前にすでに私自身が実現していたことなのだと話した。ずっと私の心の中に存在していたのだ！　だがこのことはケイティーには黙っておくことにした。彼女は私がアジア行きを考えていたことなどまったく知らなかったし、急にそんなことを言い出したら、私の頭が変になったと考えて、申し出を取り下げられるかもしれないと思ったからだ。

良い行いをすれば素晴らしい経験が訪れる。素晴らしい経験が特別なチャンスを運んでくる。そして特別なチャンスがまた素晴らしい経験を生む。

これはステップアップの大きなチャンスだと思った私は、インターネットで検索して、面会できそうな僧侶を探した。もちろん誰でもよかったわけではない。道を究めた人に会いたかったし、どんなことをしてもそういう人を見つけるつもりでいた。そのためにこのチャンスが訪れたのだと、私にはわかっていたからだ。何通もメールを出したが返事はこなかった。それでも私はひるむことなく探し続けた。バンコクの立派な寺院を訪れた人たちが、僧侶と言葉を交わしている映像を見たことがあったからだ。出発が1週間後に迫ったある日、ケイティーから旅のプランがメールで送られてきた。そこにはこんなふうに書かれていた。

- 1日目：バンコク着。PPホテルで夕食。
- 2日目：MBKショッピングモールで買い物、ランチなど。
- 3日目：朝食後、サイアム・パラゴンショッピングセンターなど。
- 4日目：寺院めぐり（英語ガイド付き）

これだ！　私は思わず心の中で叫んだ。やはりそうだった。すべては私のビジョンを実現するために起きていたのだ。そしてそれは私が実現したことでもあったのだ。そのとき私は、自分が見つけた人生の鍵を思い出した。心と現実をつなぐ究極の力が存在することを。私は寝室の床に膝をついて叫んだ。「感謝します！」。すべての始まりは私が抱いた力強いビジョンだった。それがこのとき、私のまわりで現実のものとなってその姿を現し始めていたのだった。

私はすぐにケイティーに電話して、彼女にこれまでのいきさつを話した。彼女はとても驚いていたが、それならば知り合いに連絡してみると言ってくれた。タイ人のパンジャという人なら、僧侶との面会を手配してくれるかもしれないというのだ。

私たちがパンジャと会ったのは出発の前日だった。前もって状況を説明してあったので、その日はかなり突っ込んだ話をすることができた。パンジャもすっかり心を開いて、彼のことをいろいろと聞かせてくれた。私たちの間に友情が芽生えるのに時間はかからなかった。彼は、西洋の若者がこれほど深くものを考えて話すことができるのだと知って、本当に驚いたと言ってくれた。また、一見したところ私は、そんなふうに人生と真剣に向き合うタイプには見えなかったとも言った。そして大笑いした後で「本はカバーで選んじゃいけないと学ばせてもらったよ」と茶目っ気たっぷりにささやいた。

私の真剣さを理解してくれたパンジャは、僧侶との面会が素晴らしい体験になるよう力を尽くすと約束してくれた。私たちはその日、パンジャ自身の非凡な人生についても話し合った。彼の許可を得てその内容をここで紹介したい。忍耐強く夢を追い続けることの大切さを知るには、うってつけの話だと思うからだ。

私の好きな話

多くの富を手にしながら心の平安を失っている人は、川の真ん中で渇きのために死にかけているようなものだ（ヨガナンダ）

パンジャはタイ南部の小さな村で両親と12人のきょうだいたちと暮らしていた。その地域では貨幣さえほとんど使われておらず、村人は自給自足の暮らしをしていた。西洋ではこういう暮らしを貧困と呼ぶかもしれないが、現地の人たちにとってはこれが豊かな暮らしなのであって、村を出て大都会で暮らしたいと思う人はほとんどいなかった。パンジャは子供のころ、竹の棒で魚をとって食べていた。家には時計もなかったので、パンジャは毎日外に出て上空を飛ぶ飛行機を見にいかされた。ほぼ同じ時間に通るのがわかっていたからだ。

そうした暮らしをしながらパンジャはずっと、自分はいつか村を出ていくのだと思っていた。バンコクに出て勉強したかったが、パンジャの両親は都会生活に偏見を持っていて、彼を行かせるのを嫌がった。家族でそれまでに村を出ていった者がいないというのも理由だった。しかしパンジャは納得せず、夢を追いかけるために都会へ向かうと決意して、それを実行した。街に着いたときにはお金も住むところもなかったうえに、彼の村から出た者は仕事を得ることさえできなかった。学問を学ぶにしても、食べるものと泊まるところが必要だ。考えたパンジャは小僧として寺に入ることにした。寺で僧侶の手伝いや庭仕事、掃除、食事の支度、その他言われたことは何でもやって、4年間を過ごした。このころ彼が南部の出身だと話すと誰もが同情してくれたが、そのたびに彼は村の人々は街で会った誰よりも幸せだと自信をもって言い返したそうだ。些細なことで気持ちが落ち込んだときには、少なくとも食べるものはあるのだからと、自分に言い聞かせたという。

学校を卒業した彼は、旅行会社に就職した。のちに社長になって、暮らしも豊かになった。何年も経って村を訪れたとき、出迎えた父親はたいそう心配して今までどこにいたのかと彼に尋ねたそうだ。その日、村に着く最終列車が朝の9時だったのに、パンジャが夜の12時まで姿を現さなかったからだ。パンジャが飛行機で来たと言うと、家族はびっくりしたそうだ。

子供のころ時間を知るために飛行機を見上げながら、いつもパンジャはその中に座っている自分を思い描いていた。その彼が、今では仕事で世界中を訪れるようになり、1年のほとんどを飛行機に乗って旅をしている。成功だけではない、彼は私がこれまでに会った中で最も謙虚な紳士のひとりでもあった。世界のために働いているこの素晴らしい男性は、彼の成功が、実際にそれが実現するよりずっと前に始まっていたことを知っている。そして苦しかった寺の小僧時代に対しても、感謝の気持ちを忘れずにいるのだ。

私たちが物事への感謝をどれほど忘れやすいかは驚くほどだ。自分が小さなことで不満を感じているのに気づくたびに、私はパンジャのことを思い出す。なんと多くの人が、愚痴や泣き言に時間をむだ使いして、チャンスを逃したり、そのために努力したりするのをやめてしまっていることか。このような話を聞くと、あなたも可能なかぎり最高の人生を生きようと思うのではないだろうか。

もう一歩前へ

鎮まった心に、世界がひれ伏す（老子）

寺院巡りの日、通訳ガイドのサムが私たちを迎えにきてくれた。実は、サムが私たちのツアーの担当になったのは前日のことだったそうだ。彼には私たちが訪れるはずの寺のひとつに「きょうだい」がいた。パンジャは私と話した後、タイで最も尊敬されている僧侶のひとりと会えるよう骨折ってくれていたのだが、その僧侶がいるのも同じ寺だという。僧侶は海外での講演からその前日に帰国したばかりだった。彼はとても忙しく、1対1ではなかなか会えない人らしかった。その日一日中サムは私たちに、僧侶と会えるかどうか知らせる電話がくるはずなんだが、と言い続けていた。私はそのたびに「大丈夫だよ、絶対に会えるから」。そうサムに請け合った。私には確信があった。このチャンスを作ったのは私で、だからこそ私はそのときタイにいたのだから。果たして、その日最後の寺院を訪れる10分前に電話がかかってきて、私の言ったとおりになった。

思ったとおりだった。私は道を究めた僧侶に会うと宣言していたが、彼はまさにそういう人だった。ブンタム博士は、哲学博士の他にもさまざまな学位を持ち、他の僧侶たちを指導する立場にある人だった。テレビやラジオに出演し、アメリカを初め世界中を回って、心の力や内面の平安について講演していた。彼の言葉はキーリングにも使われている。世界平和に関する多数の会議にタイの代表として参加し、世界のリーダーたちにもよく知られていた。私の母国オーストラリアの首相にも数週間前に会ったばかりだと話してくれた。私はどうしてもこの僧侶と、ふたりだけで話がしたいと思った。とても忙しい人なので30分しか話す時間がないと言われて、私は何を話そうかと懸命に考えた。とてもその時間では足りない、そう思った私はとにかく単刀直入にぶつかっていこうと心に決めた。結局私たちは2時間以上も話したうえに、彼は2日後にもう一度寺に来るよう誘ってくれた。そして再訪の日に、私たちはさらに数時間話し、贈り物や連絡先を交換しあって「きょうだい」になった。この会見については彼から聞いたそのままを伝える。私がノートにメモしたままをここに記し、彼のメッセージの元の意味以外には何も付け加えていない。

１日目：心を制御する

心はパラシュートのようなものだ。開いてこそ役に立つ（サー・ジェイムズ・デュワー）

その寺に足を踏み入れたとき、私は興奮しながらもやや緊張していた。出迎えてくれたのは、一見ひ弱そうな老人だったが、彼の存在は文字どおり私を圧倒した。促されて彼の前に座ると、別の僧侶が静かに入ってきて、私たちの前に水を置いてくれた。その後、私たちは話し始めた。ただそこにいるだけで、彼の穏やかさと心の平安を感じることができた。彼の言葉は私を魅了し、そのしぐさも西洋では出会ったことのないものだった。

まず初めに、仏教の基本的な儀式について、ろうそくや線香などを使いながら説明を受けた。その間一瞬たりとも、彼が私を改宗させようとしたり用具を買わせようとしたりすることはなかった。それどころかすべての人類への思いから話をしてくれているのだと感じて、私の心は彼への敬意でいっぱいになった。

彼は決して雄弁ではなかったが、言葉のひとつひとつが力強く意味深かった。その一部をここに紹介しよう。

何かをただ信じるべきではない。盲信してはならない。
自分の信念について、きちんと理性的に判断できるようにすべきだ。

真の幸福は心の中からしか生まれない。
心は鍛錬しなければ、弱いものとなる。
すべての人にとって正しい道とは、平和と愛の道だ。それだけが真の幸福に至る道だ。

次に８つの道についての話があった。８つの道とは……

- 正しく理解する
- 正しく考える
- 正しく行動する
- 正しく話す
- 正しく努力する
- 正しく暮らす
- 正しく心を保つ
- 正しく瞑想する

正しく理解する

出来事を正しく理解する。すぐに見かけだけで判断しない。
常に正しく理解するよう心がける。

自分を愛することができれば、他の人も愛することができる。よりよく理解できるからだ。私たちは人間として同じように感じることができる。正しく理解すれば正しく行動することができる。

正しく考える

考えるときは、正しく考えなければならない。いかなる状況においても嫌悪からでなく愛から考える。それが心の強さにつながる。

曇りのない精神状態を保ちなさい。

心は怒りや、悪い感情（強欲、羨望、恨み）や、悪い力によって支配される。これらを心から取り除かなければならない。

人は物質主義の奴隷となっている。そこに人の心の自由はない。

心を制御してこそ解放が得られる。瞑想し、強い心を養いなさい。

正しく行動する

真理のために、そして善の気持ちからのみ人を助けなさい。正しく行動しなさい。

正しく話す

真理のみを話し、嘘をついたり人を欺いたりしないこと。適切な言葉を使い、他人やあなた自身に悪態をつかないこと。

正しく努力する

法を守り、金銭と適切に関わり、正しいやり方で努力すること。

正しく暮らす

家族がいるなら、正しく適切に接すること。社会の法律や決まり事に反することがないように。法を犯してはならない。良い社会の法を犯してはならない。

正しく心を保つ

心を正しく保ち、鍛錬すること。
集中力と叡知の力で心を制御しなさい。心が乱れたと感じたら、集中を保つよう努めなさい。
心に注意を集めること。
集中力を高めなさい。心を常に強く保ち、平常心でいるようにしなさい。
常に集中と叡知と強さを手放さないこと。

正しく瞑想する

幸せを感じられないときは心に問題がある。瞑想して集中する必要がある。

心を制御するために座り、仏教の瞑想のひとつであるアーナーパーナ・サティの呼吸法に従って、鼻から息を吸ったり吐いたりしなさい。呼吸に集中して、そのことだけを考えなさい。

さらに彼がこの日の最後に話してくれたことも、ここに紹介しておきたい。

私たちが感じるのはただ心の働きだ。外の世界には何もない。
心は体の支配者であり、行為の主体であり、人生を決めるものだ。
心はゆがんだ情熱や、強欲、嫌悪、悲しみなどの偽りの感情におかされる。これらを完全に消し去る努力をしなさい。

会見の終わりに私たちは互いの連絡先を交換した。そして、ブンタム博士から数日後にもう一度話したいと言われたときは、本当に嬉しかった。

２日目：心を制御する

己を知っているということはミスを犯さないことではなく、ミスから学び、それを正す力があるということだ。

数日後、私は午後の1時半に再び寺を訪れた。前に来たとき顔を合わせた僧侶たちが、私を見るとうなずいたり微笑んだりした。ブンタム博士が彼らにどんな話をしたのかはわからなかったが、誰もが好意を示してくれたのは驚きだった。僧侶たちは飾り気のない謙虚な態度で、私に水を飲ませてくれたり、そこに座るよう促してくれたりした。それは私が西洋で経験してきたものとは、まったく違うものだった。私はまた、庭園に広がる静けさと、平安と、愛につよく心を打たれ、そのエネルギーに圧倒された。その日の気温は摂氏40度で、焼けるような暑さだったが、あたりの慎ましい空気のおかげで、私は温度を忘れていた。ひとりの僧侶が私を建物の中へ案内してくれた。博士は数日前と同じ場所にいた。オレンジ色の僧衣をまとって、祭壇の下であぐらを組んで座っていた。私が座ると、彼は薄い座布団から立ち上がって近づいてきて、私と同じ固い床の上に座って話し始めた。

正しく与えること

人から食べるための魚をくれと言われたら、ただ魚を与えるだけではいけない。そんなことをすれば、その人は何度もあなたに魚をもらいにくるだろう。魚を与えるときは、魚の捕り方も教えるべきだ。そうすれば、その人は自分で自分を養い、学び、多くの魚を捕り、他の人にも教えることができる。

例を示して導く

学者は人に教えたり多くの本を書いたりはしても、決して行動を起こすことはない。そんなスプーンのような生き方をしてはならない。スプーンはリンゴやバナナやオレンジをのせて人の口に運ぶが、自分で果物を味わうことはない。人の人生はスプーンのようであってはならない。

私たちは知識や思いつきを手に入れたら、それを実際に使うべきだ。

人は多くのことを知っていても、決してそれを前向きな行動に生かそうとしない。行うことが学びにつながる。

理解するのが難しい事柄もあるが、あなたには、真理をつかむために自分で判断する権利がある。真理を表す叡知であると思える事柄を信じなさい。

人が正しいか間違っているかは、その人の行為による。

人は過ちを犯すと、霊的な悟りに達した人でないかぎり、決して自らの行いを受け入れることができない。

幸せ

刹那的な幸せ——おいしいものを食べるとか、心地良い椅子に座るなど。

外部に求める幸せ——新しい時計や、きれいな服や、性能の良い車を買うことや、家族と過ごすことがあなたを幸せにする。

永遠の幸せ——心の中に見つける幸せ、目覚めていること、心が乱れないこと。これこそが真の幸せだ。

物質的に満たされていることが真の幸せではない。

私たちは心を正しく、汚れなく、純粋に保たなければならない。怒りが少ないほど、欲や悪い感情も少ない。私たちは常に、思考や行為によって感情を制御すべきだ。感情に支配されてはならない。

人が何かを失うと、失ったものの幻影がやってきて、悩みが始まる。私たちは腕時計と一緒に生まれてきたのではないし、それを死ぬときに持っていくこともできない。私たちに腕時計は必要ないのだから、それが私たちを本当に幸せにすることはないし、私たちを悲しませることもない。

誰もが平安を必要としている、内にも外にも。外部の平安はたやすい、新しい車を買えば幸せになれる。これは何度でも繰り返すことができる。内面の平安を得るのは難しい。心が乱されることがなくなって初めて、幸せを維持することができる。

私たちはまず心の平安を求めるべきだ。それによって私たちの心が、どんな状況でも強さを保てるよう鍛えられ、叡知に導きを求めることができるようになる。怒りに負ける者は、心の安らぎも強さも手にすることができない。

ブンタム博士はこの後、タイ南部の学校が子供たちに行っている倫理的な教育についても話をしてくれた。その後の記録を見ると、この教育が子供の成長や学習に決定的な影響を与えたことがわかるという。彼がこの話題を取り上げたことに私は驚いていた。私も長い間このような教育を西洋に取り入れたいと思い続けていたからだ。私たちは、子供たちのことや、その他の日常的な問題、例えばニユースなどで大量の負のエネルギーがばらまかれて、いたずらに人々の恐怖をあおっていることなどについて話し合った。それが人々や世界の破滅にどれほど貢献しているかについて。

例えば教育については、両親や年長の家族やたくさんの大人たちが、彼らの社会通念を子供たちに教えているが、そうした通念が大人たち自身にとってさえ役立っていないのは明らかだ、ということが話題にのぼった。もしあなたの言葉と行いが正反対だとしたら、誰が、特に子供たちがあなたの言葉に耳を傾けるだろうか？　子供たちはあなたの言ったことではなく、あなたのしたことをまねるのだ。そして今、世界が取り組んでいるのは、人類全体のために身をもって平和を教えることだ。

最近まで、戦争は国家が富を得る手段だと考えられていた。だが今では、すべての人が豊かになる道が平和の中にしかないことは、否定できない事実だろう。私たちは何とかして世界をひとつにしようとしてきた。ＧＰＩ（Global Peace Index＝世界平和度指数）の導入もそのひとつだ。ＧＰＩは、各国がどれくらい平和かを数値で示したものだ。これを見ると、平和な国ほど生産性が高いということがわかる。こうした情報が世界の戦略家たちに、繁栄は平和とともにあると気づかせたのだ。今、世界は平和をもたらすことに力を注いでいる。平和が達成されれば、人類はもっと大きな問題の解決に知恵をしぼることができるからだ。私たちがより良い状態で暮らすためには病気の治療や自然保護が必要だし、作物の収穫が増えればより多くの人を養うことができる。利己的な人間たちが引き起こすばかげた戦争より、温暖化の抑制やテクノロジーの進歩にこそエネルギーを使うべきだ。世界に平和をもたらし子供たちが生きていけるような環境を作るために、私たちひとりひとりが大きな役割を担っているのだ。

ブンタム博士と過ごした日の夜、私はホテルに戻って窓の外を見ていた。ライトアップされたバンコクの街を見ながら、自分の心が完全に満たされているのを感じていた。私は腰を下ろし、ついさっき起こったことに、そしてその日答えを得ることのできた数々の問いかけに思いをはせた。そのすべてが、人生が永久に変わるだろうと思えるほどの体験だった。私はずっと探し求めていたものを見つけた。それはすべての人類の中に等しく存在する愛だ。あなたが世界のどこにいようと、どんな宗教的背景や社会的制約のもとにいようと関係ない。真実はすべての人に共通だ。私たち全員が人間であり、同じ感覚や感情を持っているのだ。

驚いたのは、東洋の、しかも年が私の3倍ほどもある仏教の僧侶が、西洋の若者である私と同じ感覚を持っていたことだ。私と彼は人生経験も、宗教も、属する社会もまったく違う。それでも人間を深く愛する心によって結ばれ、互いを尊重する気持ちを育むことができた。同じように、あなたも真理に目覚めてエゴを眠らせることができたとき、私たち全員をひとつにする絆が存在することに気づくだろう。そしてその力がこの世界を永久に変える。以前の私は、「ひとりの人間に何ができる?」。いつもそんなふうに考えていた。だが今では、この考えが私のこれまでの人生に大きな影を落としていたことがよくわかる。もしすべての人がそんなふうに考えていたらどうなるか。おそらく世界は終わってしまうだろう。

私は内面の平和を手に入れようとして、外の世界ばかり探し回っていたのだ。そしてようやく気づくことができた。人生の扉を開くのは、これと正反対の道だということに。

あなたの人生だけでなく

人生はあなたから始まる――いつからでも、どこからでも

他人の夢を生きることは、翼を切られた鳥として生きるようなものだ。自由を目前にしながら、ただのろのろと歩き回るだけで飛び立つことができない。やがて主人につかまってオリに連れ戻されるときの失意。あなたはあなたの人生を生きるのだ！

本当の人生はどん底を経験しなければわからない、と言われる。この考えが正しく思えるのは、ただ私たちがそう信じているからにすぎない。誰よりもつらい思いをした人でないと進歩したり自分の素晴らしさに気づいたりできないと思うことに、果たして意味があるのだろうか？　この章では世の中にはびこるこうした考えについて掘り下げてみたい。

ある男性がこう言った。「私が知っていることはあなたの半分もありません。もしあなたくらいの経験を積んだら、そのときはおっしゃることが理解できるかもしれません」。同じような考えの人は多いが、私はただ真理を語っているだけだ。なかには、私が教えているような知識を得るにはそうとうの「人生経験」をなさったのでしょうねと念を押す人もいる。だが、人生経験のない人なんている

のだろうか？　私はただ、自分の経験を深く掘り下げて、成長に役立つ答えをできるかぎり引き出そうと心に決めているだけだ。

どん底を経験するまで目覚めることができない人がいるのは悲しいことだ。私たちの経験はそれぞれ違ってはいるが、おそらくあなたの人生にも、喪失感を感じたり途方に暮れたりしたことが何度かあったはずだ。もしかしたら今がそのときかもしれない。そうしたつらい経験を必ずしも味わう必要はないと私が言うのは、実例を知っているからだ。私の親友は自分の素晴らしさに目覚めた人だが、内面を深く見つめようと決意する以前の人生も、それなりに幸せなものだったそうだ。

もちろん、いくつか疑問がわいたり特定の信念が試されたりしたときには、彼も少しは動揺したようだが、彼はそのすべてを成長に役立てていった。夜中の３時にメールを送ってくることもあったが、それは自分への問いかけに深く入り込みすぎて、誰か他の人の意見が必要になったからだ。そういうとき私はいつもこう返信した。「もしその答えが君の人生を高めてくれるものであるなら、どんなにこれまで信じてきたことと違っていようと、それが道理にかなっていて正しいことだと思えるなら、そして君が本来持っている愛をすべての人やものに示す助けになるなら、それは正しい答えだ。そのまま進むんだ」

素直に心を開き、思い込みを退け、他者の経験から学ぶことで、彼は真理に到達することができたのだ。前にも述べたように、どん底の経験というのはひとつの捉え方にすぎない。だから私はそれをＰＯＡ（point of awareness＝気づきの瞬間）と呼ぶことにしている。

誰もが望みを持っている。だがそれを手に入れられるかどうかは、それぞれが変化を起こせるかどうかにかかっている。あなたの中に眠っている力に目覚めるかどうかは、あなたが決めるのだ。人生で本当につらい経験をしたとしても、そのとき成長できるかどうかはあなた次第だ。だからこそ、人から問題をうちあけられるたびに、私はこう答えるのだ。「それは問題ですか、それとも選択ですか？」と。よく考えてほしい。それは本当にどうにもできないことなのか、もしかしたらその瞬間、私たちには選択肢がたくさんあるのではないかと。「問題」という言葉が可能性を排除してしまう。私たちは常に無数の選択肢に囲まれていて、どの方向に注意を向けるかは私たち次第なのだ。次に「問題があるんだ」と言いそうになったら代わりに「選択肢があるんだ」と言って、どんなふうに感じ方が変わるか試してみてほしい。

その少年

私が学んだこと――人はあなたが言ったことを忘れ、あなたがしたことを忘れる。だがあなたがどう感じさせたかは決して忘れない（マヤ・アンジェロウ）

ひとつの予期せぬ出来事が、あなたを根底から揺り動かすことがある。と同時にあなたの進む道が間違っていないのだと確信させてくれることもある。私たちが内面により多くの愛を感じるようになると、それが外にも表れるようになる。本当のあなたが姿を見せ始めるのだ。そして私たちは試される。それまでのように挫折を感じるといった形ではなく、その瞬間に気づきを得て成長できるかどうかが試されるのだ。それによってあなたの信念が強まり、前進し、そして特定の出来事がそれを確信へと変えてくれる。ある雨の夜、そのような事件のひとつが起きて、私の進むべき道を再確認させてくれた。

私の新たな気づきの場となったのは、スーパーマーケットだった。そこで私はひとりの少年に会った。まだ10歳にもなっていなかったと思う。夜の11時だというのにひとりでタバコを吸っていた。4人の人が恵まれない環境にいて、この年でもう生きる方向を見失っていることは明らかだった。彼が彼の前を通り過ぎ、彼が何か話しかけるのを無視した。彼は礼儀正しく声をかけていたが、誰も彼に注意を向けようとはしなかった。あるいは自分のことで頭がいっぱいだったのかもしれない。

私は、子供たちから多くを学ぶことができると信じている。私たちは年をとればそれだけ賢くなるものだと思っているが、本当にそうだろうか。熱い物にさわってやけどをした子供は、二度とそれにさわろうとしない。だが私たち大人は、人生で何度やけどをしても同じ行動を繰り返し、同じ結果を味わっているのではないだろうか?

店を立ち去るとき、少年が私にサッカーをするかと尋ねてきた。私は、サッカーはしないが他のスポーツならすると答えた。このとき私は、彼と話をしたいと強く思った。彼の中にはいつも愛があること、彼にはこの世界で果たすべき大切な役割があること、彼は特別な存在であること、そして誰にどう思われようと彼がすべきことはただ自分を信じること、どんなことでもできると信じることだと言ってやりたかった。こうした考えが私の中から次々と湧き上がってきた。だが私はそのまま、車に乗って出発した。運転しながら、先ほどの思いがますます強くなって、とうとう我慢できなくなった。

私はすぐに引き返して少年を探したが、彼はもういなくなっていた。

私は、最初にこの少年を見たときに無視してしまったことを思って、泣きそうになった。この出来事が私に教えてくれた力強いメッセージを、あの少年が聞くことはないのだ。私のひと言ふた言が、彼の人生を永久に変える力を持っていたかもしれない。あの短いメッセージを聞いたことで、彼の行き着く先が変わったかもしれない。

おそらく他の人たちは彼の未来が見えたから無視したのだろう。あの人たちは少年に、彼もまた人間なのだと知らせる代わりに、別の悲しい結末に手を貸したのだ。私には、放っておけば少年が次はドラッグに手を出すことも、言葉をかければ救えたかもしれないこともわかっていた。あのメッセージにはそれだけの力があったはずなのだ。

立ち上がって話すのは勇気のいることだが、腰掛けて話を聞くのにも勇気がいる（ウィンストン・チャーチル）

私にもすっかりやる気をなくしていた時期があったが、あるとき自分は変われるのだと気づくことができた。そしてそれ以後は、価値ある目的や勇気を与えてくれる教えを、求め続けてきた。だから自分を制限するような考えに、もう二度ととらわれるつもりはない。あの少年に会ったときのように、私が誰かを助けたいと感じるとき、世界が私に次の段階に進めと言っているのだ。それは私たちが本当の自分に気づくチャンスであり、心の満足を得るための唯一の方法でもある。私たちは、私たちが世界に起きることを期待する変化そのものでなければならない。そして私たちがどんな人間かは「すること」と同じくらい「しないこと」の中に現れているのだ。

あの少年を無視した人たちは、人を助けずただ通り過ぎただけで、過ちを犯したと言えるのだろうか？　もちろんそんなことはない。だが誰かに対して否定的なエネルギーを示すことが、それをした人の心の平和を乱すということは知っておくべきだ。私たちがこれに気づいて態度を変えることができれば、そのとき私たちは周囲の人を救うだけでなく、私たち自身をも救うことになる。自分を知る旅をしている私たちにとって、人を助けるという行為は大いに役に立つはずだ。賢い人たちは、他人を助けることが実は自分を助けることだと知っているのだ。

本当の成功とは何か

子供たちに必要なのは批評ではなく手本だ（ジョゼフ・ジュベール）

子供たちに適切な導きが必要なことは言うまでもない。私たちの年代が子供たちに教えてきたことは、自分が正しいと思う物事への反応の仕方や、自分自身が個人的に信じていることだ。だがすでに書いたとおり、私たちが信じていることがいつも真実とは限らない。だとすると私たちが教えていることが正しいとどうして言えるのだろうか？　大人だからという理由だけでは、私たちが受けたよくない影響をそのまま次の世代に伝えていないとは言い切れない。

私たち大人が悪いほうに向かっているとき、遠慮なく教えてくれる子供もいる。私の妹は、いつも４歳児からタバコをやめるよう説教されている。子供のほうがよくわかっていることもあるのだ。だが一般的には大人が子供に手本を示すことのほうが多いだろう。だからここでいくつか、私たちが子供たちの人生を後押しできるようなことを教えているかどうか、判断する手がかりを書いておこう。最初のポイントは、教えている内容が、真の愛を指向していると確信できるかどうかだ。さらにそれが子供たちのために役立ったり、彼らの人生に影響を与えたりできるようなことなのかを常に自分に問いかけることも必要だ。例えば「子供たちに愛や真の成功を教えている私自身は、それを実戦しているだろうか？　この特定の信念は、子供たちが自立しなければならなくなったとき、彼らの幸せを損なうようなことはないだろうか？　あるいは彼らの人生の質を高めたり豊かにしたりするより、うまくいくはずがないと思わせたり憎しみをあおったりすることにつながらないだろうか？　この信念は私自身の人生に負の影響を与えてこなかっただろうか？　人の可能性を狭めるような考え方ではないだろうか？」。こうした問いかけはどれも、あなたの信念が、子供たちを力づけ、価値ある人生へと送り出す助けとなるものかどうかを、深く見つめ直すためのものだ。さらにこの問いかけを通じて、あなた自身の人生も高めることができるだろう。

私たちが正しいと信じて教えることが、子供たちがテレビで見ることや、学校や友達から学ぶことと明らかに違っていることもよくある。こんなふうに混乱したままで、世界の進路を変えていくことなどできるだろうか？　人類全体のためになるような道を見つけることが、ますます必要になってきている。私は、学校や家庭で教えるべき最も大切なことが忘れられてしまっていると思う。それは愛と、尊敬と、感謝と、すべての人の豊かさを考えることを教える授業だ。憎しみや、軽蔑、人を外見や社会的地位や宗教的背景で判断することなどが、人の可能性を奪うことを教える授業。私たちはみんな同じチームの一員であることを教え、仲間として人類を尊重する気持ちを育てる授業。そしてこれらすべてのことが、子供たち自身の人生にどれほど劇的な影響を及ぼすかに気づかせる授業だ。

ひとりの大人として、あなたには何よりも、子供たちに愛と思いやりを教える義務がある。だがそれ以上に大切なのは、それをあなた自身が実践することだ。

誰かからあなたは何者かと尋ねられたとき、文化の違いに関係なく、私たちみんなが「人間です」と答えることを想像してみてほしい。そのひと言に世界を変える力がある。私たちを分断するより、「人間です」のひと言で答えることで世界がどれほど変わることか。武道家のブルース・リーは、子供のころの私にとって常に憧れの人だった。彼があるインタビューで「あなたは中国人かアメリカ人か」と質問されているのを見た。彼の答えは「どちらだと思う？　私は自分を人間だと思いたい。この空の下、この天のもとに暮らすひとつの家族の一員だと」。もしも私たちや私たちの子供たちが、このように揺らぎのない心をもって、日常的に直面するさまざまな問題に対処することができたとしたら、結果は目を見張るものになるだろう。子供たちには、万物を等しく尊重することや、彼らがこの世界の一部であり、またこの世界が彼らの一部であるということを教えるべきだ。

私が子供の教育について書こうと思ったのは、地元のショッピングモールでひとりの子供が椅子に頭をぶつけたのを見たときだった。子供が泣き出すと、母親は椅子をののしり、子供に椅子を殴るように言った。言われたとおり椅子を殴った子供は、泣き止んで笑顔になった。まわりの人たちはこれを微笑ましい光景と思ったのだろう、みんな声をあげて笑っていた。だが私は、この子供が教えられたことは、母親の利己的な欲望を満たすことでしかないと思った。彼女はただ、子供にそれ以上泣かれてばつの悪い思いをしたくなかったのだ。些細なことだと思うかもしれないが、あの子供は、肉体的・感情的な痛みに直面したときには仕返しをすればいいのだと思って育つだろう。それが彼の無意識の反応になるだろう。なんという思い違いだろう。だからこそ私は繰り返し言うのだ。私たちが次の世代に教えることがどんなに大切か。私たちが正しいと信じることが、決断の基準となり、やがて私たちの人生を形作っていくことになるのだから。

適切な教育こそが人の人生の質を高める唯一の方法だ。だから私は、人が変わるために必ずしもどん底を味わう必要はないと言ったのだ。子供たちがつらい経験から学ぶのをただ待っているのではなく、私たち大人が少しでも変わることで、子供たちに本当の幸せや愛について教えることができるはずだ。私たちみんながそうであるように、子供たちも人生の途中でさまざまな困難に出会うだろう。だがあなた自身と子供たちを正しく教育することで、私たち全員が真の成功へと向かっていくことができるのだ。

人生の秘密

この無限の宇宙や今あなたが歩いているこの惑星のことを真剣に考えると、私たちをとりまく神秘に圧倒される。すべての疑問に答えようとすると気が変になってしまうし、私たちが人生と呼んでいるものを心から味わうこともできなくなってしまうだろう。この章では、これまでの探求で私が得た気づきの中から、私たちの人生を理解し豊かにするために特に重要だと思うものを紹介していこう。

過去、現在、未来

今日の私たちは昨日考えたことの結果であり、今考えていることが私たちの明日を決める。つまり私たちの人生は私たちの心が創るものなのだ（ブッダ）

今という時間を完全に体験するためには、実在するのは現在のこの瞬間だけであり、それゆえ現在はそれだけで完結していると考える必要がある。あなたは昨日がどこに行ったのかと考えたことがあるだろうか？　まわりを見回してみて、昨日をつかまえることができるだろうか？　昨日は消えてなくなったわけではない。人生の何ものも消えてなくならないのと同じだ。どうしたら世界の一部が世界から消え去ることができるだろう？　それは絶対にあり得ない。では過去のあなたの経験がどこかにまだ存在しているのだとすると、それはどこにあるのだろう？　それはあなたの心の中だけに存在しているのだ！　過去はあなたの意識の広大無辺の領域に貯蔵されている。だから未来のことを考えるのと同じように、過去の経験に対しても働きかけたり、作り直したり、その実現を信じたりすることができる。私たちは、あまりにも過去や未来という考えにとらわれすぎて、一番大切な時間である「今」を忘れている。過去について考えたことが再び現実になるときも、未来に望んだことが初めて起こるときも、私たちがそれを経験しているのは「今」なのではないか？

過去の考えが再び実現される例として、あなたが1カ月前に作ってとても評判が良かった夕食を、もう一度作ることを考えてみよう。そうして作る未来の夕食は、あなたが初めて経験するものだ。だが望んだ経験を手に入れながら、私たちが十分にそれを味わえないことがいかに多いことか。理由はその瞬間、私たちの心が「今」を離れてせわしなくさまよっているからだ。人生とはこういうものだと、ほとんどの人が知りすぎるほど知っている。

なかには、過去の自分や幸せだった経験にしがみつくことで、心を満たしている人たちもいる。これは手っ取り早く満足を得るにはいい方法かもしれないが、本当の意味で心を満たすには、今の素晴らしさを存分に味わうこと以外に方法はない。私は、どんな困難に直面しても、いつもすぐ今このときに戻ってくるようにしている。すると突然、平安が訪れるのだ。私はこのやり方を、心が追い立てられているとか、さまよっていると感じたときにも使っている。そうすれば、代わりに何かもっとためになるようなことを考えられるではないか。

あらゆる経験が心の中にあると考えることは、私たちがそれを制御できるということを意味している。おそらくあなたは、これまで何度も過去を振り返って、そこで経験したことを以前とは違った考え方で見つめたことがあるはずだ。そういうとき、まるで経験自体がまったく別のものに変わってしまったように感じられる。初めはよくないことに思えたことが、よく考えたら素晴らしいことだとわかったときのように。どんな状況も、たとえそれ自体は変えられなくても、常に他の受け取り方をすることができると知っておくべきだ。別の見方をして、利益を引き出すかどうかを決めるのはあなただ。これは注意を向けさえすれば、どんな状況にもどんな経験にも適応することができる。

今を生きることは未来をおろそかにすることではない。未来を意識的に作り出すことだ。

人はしばしば過去や未来について話す。過去は未来とおなじく、心の中のイメージにすぎないが、そのイメージが私たちの今の行動に影響を与えることも事実だ。

あなたはあなたの心のアルバムの編集者だ。見ると動揺してしまうようなアルバムを、繰り返し見たいと思うだろうか？　思わないだろう。ではなぜ心の場合はそうするのか？　もし私たちがこれをうまくコントロールできたら、本質的にはそれだけが実在するとわかっている今この瞬間に下す決断だけに集中できるようになる。もう少しわかりやすく説明しよう。ほとんどの人は、過去に起きたことを後悔したり、まだ起きていないことを心配したりして一日を過ごす。そんなことをするのはばかげている。彼らは心の中で想像上のシナリオを作って、自分を責めさいなんでいるのだ。当然その内容がその人にとっての優先事項になるから、その後に実現することや、人生に引き寄せられてくるものに影響を与える。皮肉なことに、心配やストレスを必要としているわけではないのに、そのことばかり考えていると現実になってしまうのだ。

歴史上の多くの偉人たちが教えてくれているように、私たちの思考が実現するのだ。

ここでちょっとしたエクササイズをしてもらいたい。今すぐ、片手を本書から離して、5本の指を繰り返し上下動させて、30秒間その動きをじっと見つめよう。

次にその手の全体を見よう。手に触れよう。胸に抱きしめよう。あなたは今、この瞬間にいるこのエクササイズをしている間、何か心配なことについて考えただろうか？　もちろん何も考えなかったはずだ。今に集中していたからだ。あなたは現実に戻ってきたのだ。あなたが気に病んでいたことはどこにいったのか？　まわりを見回してみよう。そう、それはあなたが心の中で再生し続けていた物語にすぎないのだ。

あなたがあなたの心とひとつになるということは、心を好きなように操作することができるということだ。誰があなたの思考を支配しているのか？　あなただ。本当の成功を手にした人たちは、この知識を有効に使っている。心の中のシナリオや物語を作ることができるのは自分だけだと知っているから、自分のためになる話だけを考えるようにしているのだ。反対に悪い影響を及ぼすような話はすぐさま攻撃して追い払う。これが真に成功した人たちだけが知る、人生の秘密のひとつなのだ。

どこかで読んだのだが、今を見つけるには雲を見上げればいいそうだ。雲だけを見ているとき、あなたは今というときにいる。だが雲の中に顔や何かの形が見え始めたら、心がさまよい始めた証拠だ。

私たちは常に今にとどまることはできない。人の心は実に落ち着かないものなのだ。しかし、今というときに戻れば頭を整理することができると知っていれば、人生で何かに影響されそうになったとき、その力に対抗することができるはずだ。私たちの心が今を離れてもかまわないのは、過去の経験に意味づけをしたり、未来につながる道筋を考えたりするときだけだ。このどちらでもないときは、「今」に安らいでいよう。

人生を生きる秘訣は、今この瞬間を生きて、それをできるだけ完璧なものにすることだ。そのためには、私たちが神の道具であり現れであると気づく必要がある（エメット・フォックス）

何であれ私たちが今考えることが次にすることに確実に影響する。不愉快な経験であろうと、未来に思い描く素晴らしい人生であろうと。これに気づいたことが、私の人生に対するアプローチを変えた。今この瞬間を味わい、自分の時間を有効に使うようになったのだ。先延ばしもしなくなった。なぜなら、今私が考えたり話したり行動したりすることが、私の人生でこの先起こることにどれほど大きな力を及ぼすか、わかったからだ。一瞬ごとに新しい可能性が生まれる。人生のまっさらなページが始まるのだ。あなたはあなたの望むもののことを考え、感じ、それを実現することができるのだ。過去の経験や、あなたの状態に悪い影響を及ぼす「もしものシナリオ」にとらわれてしまったときは、自分自身に次の３つの問いかけをしよう。

- 私は何を考えたいか？
- 私は何を感じたいか？
- 私は何を実現したいか？

あなたの考えを決めるのは誰か？　あなたの感じ方を決めるのは誰か？　あなたが実現したいことを決めるのは誰か？　人生におけるこれら3つの重要な要素は、一瞬一瞬のあなたの選択だけにかかっている。これらすべてを決めるのはあなたなのだから、賢い選択をしよう。振り返る価値のあることを実現するには、今この瞬間のあなたの決断を変えていく必要がある。あなたが心の中で再生し続けるシナリオ、あなたが自分に話して聞かせる物語が、あなたの人生を作るのだ。

夢を実現する力

できると思っても、できないと思っても、あなたは正しい（ヘンリー・フォード）

人生の平野には無数の可能性が広がっていて、あなたが今やることが、次に起こることを作り出す。初めに考えがあり、それが言葉となり、やがて私たちの行為に反映されていく。ビジョンを実現する過程はまるでパズルを組み立てるのに似ている。まずできあがりの絵をよく見て、そのイメージを保ったまま、必要なパーツを置いていくのだ。私たちには自由意志も与えられているから、次に何を実現するかは完全にあなた次第だ。もしあなたが何かを強く願い、その実現を固く信じるなら、それが何であろうと実現できる。この世界に存在するものはすべて、誰かが作り出したものだ。心に浮かんだことが力強いビジョンとなり、情熱が実現への行動を促す。机も橋も本も絵画も、作られた原理は同じだ。

日常的にも私たちはたくさんのことを実現している。心の力はとても強いので、私たちは無数にある選択肢の中からひとつのことに集中して、それを現実化することができる。例えば、あなたがずっと欲しかった服を買うために朝の10時に店に行くと決めたとしよう。それはまずあなたの考えから始まる。次にあなたはどこに行くつもりかを人に話す。そして前もって心の中に当日のシナリオを作る。たとえそのときはまだあなたの心の中にしかなくても、あなたには自分がそこにいくことがわかっている。当日、あなたは朝の8時に起きて準備をし、実現へ向けて必要な手順を踏んでいく。こうしてあなたのビジョンは見事に実現したのだ。

ビジョンを実現する力があると自覚するだけで、あなたは自然に頭角を現すようになる。

一方で、もしあなたが店に行かないと決めたなら、初めのビジョンは実現せず、代わりにあなたがしようと決めたことが実現する。これは、あなたには店に行くことを実現する力がないということを意味するだろうか？　そうではない。力はあるが、それを選択しなかったのだ。あなたは実際、店に行くことを選ぶこともできたのだ。あなたの意識は、四六時中あなたに膨大な数の可能性を差し出してくる。同じ朝にあなたは、洗車していたかもしれないし、テレビを見ていたか、本を読んでいたか、働いていたかもしれない。どの場合にも、店に行くというビジョンは実現しない。人生がこんなにも私たちの選択によって作られているなんて、考えただけでわくわくするではないか！

一瞬ごとに私たちは自分の人生を作り上げている。生きることは実現することだ。

運命――選択するのはあなた

浅はかな人間は運を信じる。強い人間は原因と結果を信じる（ラルフ・ウォルドー・エマソン）

ほとんどの人は、人生は運次第だ、神秘的な運命の力がこの世界を動かしていて、無作為に人を選んでは特定の経験をさせているのだと信じて生きている。だが実際に、私たち人間がこの世界や自然の仕組みについて知っていることがあるとすれば、それはすべてのものが起こるべくして起こっているということだ。人は自分のしたことの責任のがれをするとき、必ずといっていいほど運のせいにする。だがこの宇宙や万物の正体がエネルギーであって、それが私たち全員をつないでいることがわかってきている。近年私や私のまわりの人たちに起こった出来事を考えると、私はすべてが運次第などというネガティブな考えを受け入れる気にはなれない。

それでもあなたが偶然を信じるなら、それについてきちんと説明してほしい。もしあなたが物事はただ運によって起こっていると思うなら、経験にはなんの意味もないのだろうか？　特定のことだけ選んで、それが運によって起こったというのでは理屈に合わない。もしそうなら、運によるのではないその他の経験の背後にはどんな理由があるというのか？　私たちが運や神秘的な偶然を信じるとしたら、人生で出会うすべてのことがそれで説明できなくてはならないし、私たちの誰もが、それが単なる口実や責任逃れにすぎないと知っている。すべてが運次第だとしたら、私たちは自分の人生を自力ではどうすることもできないということになってしまう。そんなのは偽りだ。その理屈に従うと、朝目覚めて車にひかれずに職場に着くことさえ、運がいいから、ということになる。ペンを落とすのも運が悪いから、ということになるだろう。私が言いたいのは、あらゆる出来事を運で説明できなければ、運を信じることはできないということだ。あなたの都合のいいときだけ運を持ち出すのでなく、すべての物事について運次第だと言うべきではないのか。そして私たちは、それよりはるかに物事を自分の力で制御していると知っているはずなのだ。

理性は偶然を追い払い、因果関係は運を帳消しにする。もしあなたが人生の主導権を握りたいなら、偶然や運といったたぐいのものは追い払ってしまうことだ。

物事は私たちが知ることのできない理由で起きている。人がそう思いたがるのは、結果に責任を持ちたくないからだ。私たちが何かについて「運が悪い」と言うのは、多くの場合、その経験を成長するための機会や、振る舞いを変えるきっかけとして考えることができていないからだ。理由や原因はすぐには見つからないかもしれないが、よく考えれば、すべての経験には意味があってそこから学ぶことができることがわかるはずだ。あなたはどう思うかわからないが、私には、空の上にいる人が私たちの人生のサイコロを振っているとは信じられないのだ。自然界の出来事にはすべて原因と結果があり、私たち自身についても例外ではない。だがこの考えを理解するのが難しい人もいるだろう。それは私たちが自分の人生の責任を引き受けようとするとき、私たちのエゴがじゃまをするからだ。

星は、私たちのいる場所からはただ散らばっているだけに見えるかもしれないが、ひとつひとつがあるべき場所にきちんと配置されているのだ。

私たちの誰もが、人生のキャンバスに自由に絵を描く筆を持っている。このことを理解して完全に自分のものにしないかぎり、自信を持って決断をくだすことはできない。すべてはあなたが経験をどう見るかにかかっている。もしそれを運や偶然によるものと考えるなら、経験の本当の意味は行かされることなく過ぎ去っていくだろう。あなたが責任を引き受けて、経験から人生に役立つ知識を集めることは、世界全体を助けることになる。私たちはこの世界にひとりでいるわけではない。もしすべての人が自分の責任を引き受ければ、世界は今よりはるかに良いものになるだろう。もし誰かが床に落ちていたバナナの皮ですべって背中を痛めたとしたら、それは運が悪かったのだろうか？　私ならそれは皮を落とした人の軽率な行動のせいだとか、危ないとわかっていながら放置して通り過ぎた人たちのせいだと言う。運のせいにする考えからは成長も行動も生まれない。生まれるのは責任からだ。

何事も偶然には起こらない。友よ……運などというものは存在しないのだ。どんな些細な出来事にも理由がある。そしてこの世界にも理由がある。それが何かは、君にも僕にも多くの人にも、今はまだはっきりとはわからないけれど、いつかそう遠くない未来に明らかになるだろう

（リチャード・バック）

私たち全員に神から与えられた道、愛の道がある。それは人生のどこからでも入っていくことのできる道だが、ここでもまた、その扉を開けるかどうかを決めるのは自分自身だ。

私たちは、注目したものを自分に引き寄せる。私は昔から「何事にも理由がある」という言葉がとても好きだった。だが実際にはほとんどの場合、自分に起こったことの理由を特定することができずにいた。そして同じようなことが続けて起こると、さらに混乱してしまうのだった。だが、人生のあらゆることについて問いかけを始めたとき、突然この言葉の意味がわかったのだ。私はできるだけ自分に正直でいるよう心がけて、さまざまな問題の理由を探ってみた。そしてその探求が深まれば深まるほど、すべての理由が私を指していることがわかってきたのだ。

原因や理由を探すときは徹底的にエゴを排除しなければ、真実が浮かび上がってこない。私たちは常に物事の意味を外側に求めてさまようばかりで、答えが実は自分の中にあることに気づいていない。あれもこれも、引き寄せたのは私だったのか？　私が原因だったのか？　答えがいつも自分に帰ってくるように思った私は、それまでの自分の考え方を客観的に見つめてみることにした。そして、たしかに自分に原因があったとわかったのだ。私が日ごろ人生に向けている態度が、さまざまなことを引

き寄せていた。私の考え方、口に出す言葉、実際の行動、すべてが私の破滅につながっていた。私は物事がただ理由もなく起こると思い込もうとしていたが、その考えから得られるものは何もない。そんなことを私たちは本当に信じているのか？　あるいは真実に向き合うのが怖いだけなのか？　何か特定の問題が起きたとき、私たちはその責任を引き受けているだろうか？　やがて私は、出来事の理由は、私たちがそれをどう変えていきたいかを考える材料になると、気づくようになった。何かの理由で問題が生じたら、あなたはその理由や原因を成長と学びのために使うことができる。あなたが経験したことの意味を決めるのは、あなたなのだ。

私は、本当の意味で自分の人生に責任を持つようになって初めて、自分には運命を切り拓いていく力があるのだと自覚できた。実際これまでもずっとそうしてきたのだし、だからこそ私たちには自由意志が与えられているのだ。このことに気づくまでにどれほど多くの経験を要したかを考えると、むしろ滑稽なくらいだ。こうして原因を自分に求めるようになると、状況は劇的に変化した。直面する状況や経験について、外のものや誰か他の人を責めているかぎり、私たちはそこから抜け出すことはできない。誤解しないでほしい。私たちが外部の物事をすべてコントロールできると言っているのではない。だがそれが私たちの人生に対して持つ意味や、それにどう反応するかを決めることはできると言いたいのだ。

運命はめぐり合わせなどではない。運命は選択するものだ。じっと待つのではなく、進んでつかみ取るものだ（ウィリアム・ジェニングス・ブライアン）

これを実践した素晴らしいお手本のひとりが、ベサニー・ハミルトンという名の若い女性だ。彼女は友人たちと夜の海でサーフィンをしていたとき、サメに襲われて片腕を失った。将来を嘱望されたサーファーだった彼女は、それほどの苦難を経験した後も、夢を追い続けると心に決め、数々のタイトルを手にしていった。彼女の活躍は本や映画（ヘレン・ハントとデニス・クエイドが出演した）を通じて世界中の人々に勇気を与えた。ベサニーは自分の経験を不運と考えるのではなく、多くの人々に大切なことを教える機会が与えられたのだと考えた。彼女は、自分に起こったことを取り戻したいとは思わないし、何ひとつ後悔していないと語っている。

真理は私たちの人生の至る所に常に存在している。そして自由意志を与えられている私たちは、それをつかむこともできるし、それが存在することさえ知らずに生きることもできる。だが真理から外れて生きても、結局はいつもどおりの空しさが待っているだけだということは、誰もが知っていることだ。今おちいっている状況の責任を積極的に引き受け、それを自分の考えや言葉や行動と関連づけて考えることができるようになったとき、あなたは初めて、あなたの魂が真理を語るのを聞くことができるだろう。時には目を背けたくなることもあるかもしれないが、あらゆる経験を深く掘り下げれば掘り下げるほど、そこに隠された素晴らしい贈り物に近づくことができるのだ。

不確実性と確実性

人生では、何かが絶対確実だと思える瞬間があっても、すぐに確実でない要素も潜んでいるとわかってしまう。だが考えてみてほしい。人生は不確実だからこそ生きる価値があるのではないか？　もし何もかもわかっていたら、人生は平坦なものになってしまうだろうし、特別な経験も感情もなくなってしまうだろう。そこには、高揚も挑戦も愛も感謝も存在しないだろう。たとえて言うなら、映画を観にいくのに、すでにそれを観てしまった友人と行くようなものだ。あなたと友人はその映画についてさんざん研究し、テーマも理解したうえで、実際にそれを体験しにいく。そこで友人が次に何が起こるかを先取りして話し始めたら、あなたはどんなにイライラすることだろう。「黙ってくれ！　私は初めて観るんだから」。こんなふうに言うはずだ。私たちはすべての答えを知りたいわけではないのだ。もし知ってしまったら、人生は生きる価値のないものになってしまうだろう。

人生における不測の事態については、それが現れてくるまで考えないことだ。そのときがきたら、冷静に対処すればいい。たとえ不測の事態が起きたとしても、私はそこから何か確実なことを見つけ出せると考えている。だから何か起こるまでは落ち着いていればいい。心配しても無駄だからだ。何か起こる前にそのことを考えてもどう対処できるというのか？　生活の中の些細なことについても、人はあれこれ心配ばかりしている。それでは目標を達成できないのも無理はない。私たちはよく「たぶん」とか「やってみます」とか「かもしれません」という言い方をする。そのような態度では、何事もやり遂げることはできないだろう。何かを本気でやり遂げると決意すれば、必ず道は見つかる。私たちに必要なのは心を決めることだ。私たちは不安から「もし万が一……したら」と言ったり、あり得ないようなことを想像したりして、たったいましたばかりの決意に自分で水をさす。そして避けたいと思っていたはずのことを反対に引き寄せてしまうのだ。人生は不確定なものと初めから思っていれば、何か起こったとしても動揺しなくて済むではないか。それまではできるだけ確実な要素を増やすことに集中して、不必要な心の壁を取り除くようにしよう。

私たちはひとつ

平和が訪れないのは、私たちが互いの一部であるということを忘れているからです（マザー・テレサ）

人間はすべての答えを知っているわけではない。歴史から真理を見つけようとしても、人々の意見はそれぞれ違っている。多くの宗教団体や、科学者や、近所のコンビニで出会う男性までもが何らかの真理を語る。世界には4万5000以上の宗教団体がある。そして宗教対宗教はもちろんのこと、同じ宗教の中での争いも多い。キリスト教徒対キリスト教徒、イスラム教徒対イスラム教徒、ヒンズー教徒対ヒンズー教徒……。真面目な話、一体これはどういうことなのか？　人間への基本的な敬意はどこへ行ってしまったのか？　これが本当に神の計画なのだろうか？　特定の人々に、誰かが愛から作り出したものを破壊する権利を与えるなどということが。そんなはずはないと、私は思う。それはただ利己的な人間がしていることにすぎないのではないだろうか。

かつて誰かに尋ねられたことがある。「では、神とは何ですか？」。正直に言って私は、自分の探求の旅を通して、この問いに対する満足のいく答えを見つけることができたと思っていた。だからこう答えた。「私たちひとりひとりが発展途上の神です」。もちろん、私たちが変われば神についての私たちの考えも変わる。歴史上、多くの文明が複数の神を信じてきた。ローマ人、ペルシャ人、エジプト人、アッシリア人、その他の文明の人々がそれぞれの神々を信じてきた。彼らにとっては自分たちの神々こそが真理であったから、それらの宗教が世界を征服するために助力を惜しまなかった。もしあなたが当時の世界に行って唯一の神を説いたとしたら、おそらく頭がおかしいと思われただろう。ローマ帝国の力は信じがたいほど大きかったが、その力の大部分は、ローマ人が多くの異教の神々を信じていたことによる。今日の私たちから見ると、そのような信仰はとんでもないものに思える。私たちは進化したのだ！

私の予想では、今から何千年後かの人類が、私たちの時代を振り返ってこんなふうに言うだろう。「私たちと分離した唯一の神が存在すると信じていた人がいるなんて信じられるかい？」。私たちは誰もが神とつながっていて、神の創造の一部としての役割を担っているのだ。私たちは永遠に変化し、進化し続ける。そして人間とは何かを深く探求すればするほど、私たちと世界がひとつであることに気づくようになる。

真理とは何か？　誰が正しくて誰が間違っているのか？　すべての人に受け入れられる真理があるはずだ、今こうして生きている間に心の平安を得られるような真理が。心が完全に目覚めて、解き放たれると、真理がはっきりと理解できるようになる。そこには限界も制限もない。「私は正しく、あなたは間違っている」といった、エゴによる利己的な満足もない。あるのはただ真理だけだ。

その真理とは愛だ。それは特別な感情だ。真理はあなたの中にある。心の奥から聞こえてくるその声が、どうすればあなたがもっと多くの愛を与えることができるかを教えてくれる。心の声など聞いても成功のじゃまになるだけだと考える人もいるが、本当の意味で豊かな人生を送っている人たちは、まさにその声が彼らの夢をかなえてくれたのだと知っている。だが私たちの多くは、めったにこの声に耳を傾けようとしない。そんなことをすると、私たちがどれほど自分に嘘をついているかを思い知らされることになるからだ。

愛こそがあらゆる創造の本質であって、これが真理だ。虐げられた国民を率いて自由を勝ち取ってきたリーダーたちは、愛の力でそれを成し遂げた。ネルソン・マンデラ、マハトマ・ガンジー、マーティン・ルーサー・キング・ジュニア、そしてマザー・テレサといった人たちだ。彼らのメッセージは単純で明快だ。「振り上げた腕を下ろして愛を与えなさい」。これが実際に効力を発揮したのだ！日々の生活の中でもこれと同じことをして自由を見つけることができる。あなたが実際にやってみれば、これが真実であることがわかるだろう。

私たちを創造の一部から切り離すのは神の意図されたことではない。それは人間のプライドが原因だと私は思う。「私はこう思う」のに「あなたはそう思うのか」というような考えが、歴史上のあらゆる戦争や忌まわしい出来事を引き起こしてきた。愛は純粋でプライドなどとは縁のないものだ。そして愛は愛を内包する者同士が対立することを望んだりはしない。だから偉大な指導者は、特定の宗教の者だけをまわりに集めたりはしない。人が自発的に集まってきただけのことだ。偉大な指導者たちがしたのは、すべての創造物に対する愛を説くことだった。私は心から神を信じているが、神という高次の力が私や他の創造物から離れて存在するとは思えない。そんなふうに考えたら、創造者の存在を理解することも感じることもできなくなってしまうだろう。かつては、私もそのような遠い存在の神を信じていると公言し、しかもとても神を信じているとは思えない振る舞いをしていたからわかるのだ。それどころか、私の魂は安らぐことがなかった。それこそが万物の中に存在する高次の力の本質を私が見失っていた証拠だろう。

　万物はひとつであるから、世界もそこにあるすべてのものも私たちの働きかけに応じてくれる。
　私たちは万物に影響を与え、どんなことも実現することができるのだ！

　もしあなたが、神はどこかよその場所にいると言うなら、私は問いたい。「神はどこにおられるのですか？」と。本当に空の上におられるのだろうか？　だとしたらその「空の上」とはどこを指すのか？　どこまでも限りなく広がるこの空間のどこにおられるというのか！　もしあなたが高次の力（愛）を自分の中に感じるというなら、それはその力があなたの中にあるということではないのか？もし神が世界のすべてであるなら、それは私たちがすべての創造物とひとつだということではないのか？　もし私たちが、時に説明しがたい感情を抱いて、人生には目に見える世界よりはるかに深いレベルの何かがあると感じているなら、それはおそらく私たちの内部にあるのだ。私たちは誰ともどんな物とも切り離されてはいない。もしそうなら、私たちがそれらに働きかけることはできないはずだ。だが事実がそうでないことは、これまで学んできたとおりだ。すべては私たちの意識の領域に存在する。神という概念そのものも。だからこそ、私たちはあらゆるものに影響を与え、働きかけることができる。たとえそれが私たちに意識できる範囲においてだけだとしても。

意識の源はどこか？　それは誰にもわからないし、わからないからこそ世界のほとんどの人が、自分たちより大きな存在があるに違いないと感じているのだろう。この世界のすべてが神によって創られたと信じるしかないと私が思った理由はただひとつ、無から何かが生まれたとは考えられないからだ。もしあなたが世界の始まりを見つけたら、すぐにでも私に知らせてほしい。だがそのとき、おそらく私はこの質問を返すだろう。「では、それは何から生まれたのですか？」

科学者はビッグバン理論が答えだと言うだろう。では、何がそのビッグバンを起こしたのか？　すると彼らはまた別の答えを思いつくだろう。だがその答えになるものは何によって作られたのか？　このような問答が果てしなく続く。何とか答えを見つけようとしても、実際に納得できるような説明はないのだとわかるだろう。それはまるで「ニワトリと卵はどちらが先か？」と尋ねるようなものだ。人間にははっきりとした答えの出せない問題なのだ。もしあなたが創造主の存在を信じないというなら、私があなたにしてほしいことはただひとつ、思考がどこから生まれてきたのかを考えることだ！

ほとんどの人が人生で奇跡が起きることを期待して待っている。だが実は人生そのものが奇跡であることに気づいていない。

何かが作られるとき、被造物の中に創造者の一部が受け継がれることは明らかだ。これは私たちの誰もが理解できることだ。つまり、この世界が何かから生まれたとするなら（何もないところから何かが生まれてくることはあり得ないのだから、そうに違いない)、私たち全員の中に、創造主の一部が存在しているということだ。創造主を神、高次の力、アラー、ヤハウェ、エーテル、プラズマ……。どう呼ぼうとも、このことに違いはない。創造主は今もあなたの中におられ、私たち全員の中におられるのだ。それは、画家や彫刻家が、彼らの作品の中に永遠に生き続けるのによく似ている。作品は作者の情熱と愛から生まれる。そして何より大切なのは、作品が作者の表現手段だということだ。こうして作者から作品に受け継がれた特質は、いつまでもはっきりと残る。あなたは体内にあなたの母親のDNAを持っているのではないか? もちろん持っているはずだ。彼女はあなたを作った人間のひとりなのだから。だからこそ彼女の一部があなたの中にあるのだ。私たち人間同士のつながりについては、日常生活の中にもはっきりと見て取れる。一日に、あなたの行動がどれほど他の人たちから影響を受けるか、観察してみるといい。しかもその影響の多くは、言葉を使わずに伝えられるのだ。

科学的には、この世界に存在するものはすべて同じ起源を持っていて同じ要素でできていることがわかっている。その要素が物質(Matter)であり、物質はすべてのものの中に存在する。物質の一般的な定義は、質量と体積(空間の一部を占有する)を持つものだ。例えば、机は空間の一部を占有するし、質量も持っているから物質でできているといえるだろう。

物質は陽子、中性子、電子から成る。電子は微小で非常に軽い要素で、マイナスの電荷を帯びている。陽子は電子よりはるかに大きくて重く、プラスの電荷を帯びている。中性子は陽子と同様に大きくて重いが、電荷は帯びていない。私が素晴らしいと思ったのは、人体のプラス電荷がマイナスより大きいということだ。私はこれが、よく言われる「愛がすべてに打ち勝つ」とか「光が闇を駆逐する」「幸せが悲しみを消し去る」という表現と関係しているのではないかと思っている。

あなたもこの「物質」からできている。テレビや、車や、前庭に生えている木や、あなたが知っている人全員と同じように。この世界とそこにあるすべてのものが、もとを正せば同じものなのだ。すべてのものが地球から生まれてきたではないか。まわりを見てほしい。私たちは肉体から生まれ、その肉体もまた土に返っていく。私たちはすべての人とすべての物と永久につながっている。なぜなら万物が同じ要素によって共に維持されているからだ。宇宙空間で起こったことも、地球で起こることに影響を及ぼす。もしあるものが一瞬でもその役割を果たさなくなれば、何ものも生き残っていくことはできない。

主要な宗教のほとんどが、神は他のあらゆるものを超越すると述べている。ではあらゆるものの中に存在するものは何だろう？　そう、それはエネルギーだ。そしてもし神がこれ以上の存在であるなら、私たちの創り主もまたあらゆるものの中に存在し、そしてそれ以上の何者かなのではないだろうか？　私たちが万物とひとつであるということは、私たちがすべてのものに影響を与える力を持っているということだ。


ひとつにつながることのから生まれる光は、世界中を照らし出すほど力強い（バハー・ウッラー）

あなたは思うかもしれない。「では創造主とはどのようなものなのか？　どんな姿や形をしているのか？」。それを知ることはできない。意識について問うのと同じだ。誰もそれに答えることはできないし、量子物理学者でさえ、それはわからないままにしておいたほうが仕事がしやすいと言っている。歴史上最も知性ある人たちが、神が何者であるかをつきとめようとしてきたが、果たせずに終わっている。私たちは人間であるかぎり、最奥部に到達することはないだろう。なぜなら前にも書いたように、最奥部は存在しないからだ。だからこそあなたは、人生には何かもっと大きな意味があると感じるのだ。ではそのような神秘的な存在を、どうすれば感じることができるのだろう？　愛を表現すればいいのだ。あなたが愛を表現すれば、そのたびに神の存在を感じることができる。特にはっきりと感じられるのは、心から愛する人の隣にいるときや、感謝の気持ちでいっぱいのとき、あるいは誰かの役に立てたときに湧き起こるあのなんともいえない感情を経験しているときだ。一方で、私たちの創造主を知る一番の方法は、創造物を理解することだ。あなたがあなた自身やこの世界を理解したとき、神の圧倒的な素晴らしさが自らあなたの前に姿を現すだろう。

人生には決定的な謎がある。私たちがすべての答えを知っているわけではないからだ。空を見上げれば太陽が、月が、さまざまな惑星が、そして銀河が見える。誰もがその不思議を思い、その意味を求める。私たちは宇宙にあっては塵のような存在であって、人生には私たちが日々その中に自分をうずめている愚痴や不満より以上の何かがあるのだとわかるのだ。人生は存分に楽しむべきものなのだ。

私たちには、答えのないものにとらわれてしまう傾向がある。そうなると身動きがとれなくなって自分を疑うようになり、一番大事なこと、生きることを忘れてしまう。なかにはすべての答えを知ろうとして、わからないことがあることを欠陥のように考えてしまう人もいる。彼らは過去世や死後の世界に夢中になって、最も大切な時間である「今」をおろそかにしてしまう。私は、死後どこに行くかや、前世でどこにいたかがはっきりわからないほうが幸せだと思ってきた。それでもこの世界で愛に近づきつつあるのがわかるし、そのことは、来世がどうであれ、持ち越されていくと思うからだ。あなたの中には、目に見える以上の何かがあり、私たちが人生と呼ぶこの神秘には大きな目的があると知ることは、あなたが幸せになるためにきわめて重要なことだ。それがわかれば、あなたはより深く探求し、あなたの本当の素晴らしさを受け入れ、眠っていた力を使うことができる。さらには社会に張られたレッテルをはねのけて、無意味な人生に後戻りするのを防ぐこともできるだろう。一方で、こうした神秘にとらわれて一日中茫然としていることがないようにすることも重要だ。近くの物にぶつかってしまって痛い思いをするかもしれない。探求し続けることは良いことだが、常に今という瞬間の現実に意識をとどめておくことを忘れずにいよう。

現実的に考えて、あなたがすべきことはただ「さあ今ここで何をしよう？」と自分に問いかけることだけだ。そのときあなたは、今のあなたよりはるかに大きな可能性の領域へと投げ込まれる。それが何者であろうと、創造主がただ賞賛を受けるためにこの世界を作ったと、あなたは本当にそう思うだろうか。創造主はそんなに利己的なのだろうか？　万物の中に住んでいる神が、私たちに何かを要求していると考えるのは、神という存在を辱めることだ。人生は神からの贈り物だ。愛することを恐れて生きるためにあるのではない。最近の調査では、全世界の88パーセントの人が、高次の力を信じているという。アメリカ合衆国ではその数字はさらに高く、95パーセントにのぼるとされている。私たちには答えられない問題があり、人生には目に見えるよりはるかに大きな意味があると感じているからこそ、それほど多くの人が神を信じているのだろう。私たちは希望と信仰を持ち続けたいと願う。

神が人生のさまざまな場面で私たちをじっと見ていてくださるのを感じるからだ。私たちに必要なのは、私たちの中に住んでいる創造主の素晴らしい特質を、いかにして増幅するかを学ぶことだ。

賢者は万人の中に自分を見る。そして万人もまた彼の中に自分を見る（ブッダ）

つながりを見つける

世界中を循環している風は私たちが呼吸しているのと同じ空気だ。太陽は私たちにエネルギーを与えてくれる。私たちが住んでいるこの地球はほとんどが水でできている。あなたの体は何でできているだろう？　私たちが葉っぱに息を吹きかけるとき、風が通り過ぎるのと同じことが起きる。空から降ってくる水は私たちが生きるために飲んでいるのと同じ水だ。古い建物に入って、その歴史と室内に残るエネルギーを感じることができるのはなんと不思議なことだろう。あなたがアインシュタインでなくても、私たち全員が互いにつながっていて、本質的にひとつであることは理解できるはずだ。私たちは人々の痛みを、時には実際に見なくても感じることができる。付け加えておきたいのは、「universe（宇宙）」という言葉を作った人は、男性か女性かわからないが、集団的無意識から示唆を受けたに違いない、ということだ。universeの元になったのはラテン語で「（オリジナルから派生した）ひとつのバージョン」という意味の言葉なのだ。

この果てしない宇宙の一員として無限の知性によって創られた私たちは、高次の力を与えられている。だがほとんどの人はその力を眠らせたままだ。ある特定の人が他の人と比べてまったく異次元にいるように見えるのはこのせいだ。彼らは隠れた力の源泉を発見していて、自らの魂とつながる方法を知っているのだ。世界では素晴らしい奇跡が進行しているのに、私たちはそれに気づいていない。この気づきの最も重要な要素は、神は常にあなたとともにあるということだ。だが私たちはしばしば、心の奥深くからの叡知の声を無視することを選んでしまう。高次の力があなたの中に宿っているという考えに抵抗を感じるとしたら、あなたは決して人生の本質を見つけることはできないだろう。すべての創造物にひとつの愛を注ぐこともないだろうし、結果として心が安らぐこともないだろう。

あなたは鋭い牙で他者を脅かす。だがそうして人を痛めつけることで、あなたはただ自分自身を痛めつけているだけなのだ（ミラレパ）

私が得た次の気づきは、私自身が永久に変わるきっかけとなった事柄だ。私は考えてみた。世界やその中のすべてのものとつながっていることが、私の人生にどんな影響を及ぼすだろうと。そう、もし私があなたを傷つけるとしたら、そのとき私は、私自身を傷つけているということだ。言い換えれば、私が私自身を傷つけるとき、私はあなたや、この世界全体を傷つけている。私が環境をおろそかにするとき、私は私自身をおろそかにしていて、本来持っているはずの良い性質を見つけることからますます遠ざかっているのだ。

私たちがよくないことをしたり悪意から行動したりすると、世界からひどい仕返しを受ける。他人にひどいことをしても逃げられると思っている人もいるようだが、影響は即座にその人の人生に現れる。悪事をはたらくたびに、それが彼らの魂を貫き、心の平和を得ることが難しくなっていく。その行為が許されないかぎり、彼らは死が訪れるまでずっと、心の中の悪魔と戦い続けることになるのだ。反対に、あなたが悪事をなさず、他者を尊重し、愛し、真のあなたを惜しみなく与えるなら、世界もそれに答えてくれるだろう。

他の人をいじめたり騙したりする人たちが良い例だ。あなたは彼らがどんな気持ちでいると思うだろうか？　刹那的な満足と、真の幸福を得ることは、まったく違うことだ。彼らは常に恐れている。それはいつも理性や真理に反する決断をしているために、自分の本来の素晴らしさに気づくことができないでいるからだ。彼らは家に帰って、誰もいじめる相手がいないと空しさを感じるのだ。まわりの人たちはもちろんそういう人のエネルギーの脅威にさらされているし、そのエネルギーはまた、いじめている本人の人生にも影響を与える。例えるなら水に小石が投げ込まれて常に波立っているような状態だ。人生においてそのような人や状況を完全に無くすことは不可能だ。だが彼らが私たちの人生にどんな意味を持つかを決めるのは私たちだ。憎しみを返すことであなたが変わるだろうか？　反対にもしそういう人たちを思いやって、彼らは自分の行為が人生にどう影響するかを知らないのだと気づくことができれば、そのときあなたは、エネルギーの悪循環を止めることができるのだ。

私たちがばらばらなのは、全員がひとつだということを理解できないでいるからだ。

歴史上の偉大な人々はみな、はっきりとこの世界の合一について、そしてその効果について語っている。ヒンズー教や仏教において、カルマはきわめて重要な概念だ。カルマの主要な意味は行為だ。カルマはあなたの行為があなたの人生に及ぼす直接的な影響だ。あなたがある行為を特定の意図を持って行うと、すぐにその影響を受ける。良い影響か悪い影響かは、行為の内容とあなたの意図による。心理学者のウエイン・ダイアー博士はこれを見事に説明してくれている。「人があなたをどう扱うかはその人のカルマによる。そしてそれに対してどう反応するかは、あなたのカルマによる」。また、聖書の「ガラテヤの信徒への手紙」6章には「各自で、自分の行いを吟味してみなさい。そうすれば、自分に対してだけは誇れるとしても、他人に対しては誇ることができないでしょう。めいめいが、自分の重荷を担うべきです。……人は、自分の蒔いたものを、また刈り取ることになるのです。……たゆまず善行を行いましょう。飽きずに励んでいれば、時が来て、実を刈り取ることになります」とあり、これは明らかに死後のことではなくたった今この人生のことについて述べている。メッセージははっきりしている。それはあなたが発したエネルギーがあなたに返ってくるということだと私は思う。あなたのすることはすべて、考えることも含めて、エネルギーを発する。もしこれが信じられないというなら、あなたがたった今行ったばかりのことを思い出して、その態度（エネルギー）があなたの体験したことにどう影響しているか考えてみるといい。その際、あなたがどんな気持ちになったかに注目しよう。一時的に満足を得られたとしても、それが本当の意味であなたの人生や目的を満たすものになっただろうか、あるいはそれによって心の平安が得られただろうか。何か行為をした後にどう感じるかは、その行為の影響を知る最もわかりやすい手がかりになる。

あなたがされたいように他人を扱うだけではなく、あなたがされたいようにあなた自身を扱いなさい。

私がよく聞く悩みは、人に親切に愛をもって接しようとはしているのだが、このまま続けていると優しさにつけ込まれるのではないかと心配だ、というものだ。もしあなたがそんなふうに思っているとしたら、実はあなたは見返りを得るために与えているだけなのかもしれない。誰も、あなたが許可しないかぎり、あなたを踏みつけにすることはできない。だからあなた本来の良い性質を人に与えるときに、見返りさえ要求しなければいいのだ。もしあなたがただ見返りを受け取るために与えているのなら、そのときあなたは実は何も与えていないのだ。あなたがすべての人に対して愛と思いやりを示し、目に見える反応を一切期待しないなら、そのとき得られる報酬は明らかだ。相手から感謝されるのを待つのではなく、与えることから得られる満足感を思う存分味わうのだ。もしあなたが親切にした人からつけ込まれるような目にあったら、そういう人たちは愛のない心を抱えて自分自身を苦しめているのだと気づくことができるだろう。彼らの状況を思いやって、むしろ感謝の気持ちを表し、そして自分のした行為に誇りを持つことだ。あなたが許さないかぎり、何者もあなたの幸せを奪うことはできないのだから。

あなたの人生にとっては、他人にどう扱われるかより、あなたが自分をどう扱うかのほうが大切だ。

人が人生を罵っているのを聞くときほど、私がビジョンの実現や使命の遂行にむけて奮い立つことはない。私は体験から、人生を敵に回して生きるのがどんなにつらいことかよく知っている。そういう考え方でいるとき、私たちは絶対に自分の能力を発揮できないし、夢見ている人生を生きることもできない。そういうときできることは、あなたの意識を何か大好きなものに向けることだ。そうすれば、とらわれていた思考や感情から、どれほど簡単に抜け出せるかわかるだろう。そしてやがてこう考えるようになるはずだ。「私たちはゆっくりと死に向かっているのか、それとも今まさに生きようとしているのか？」と。世界中が死を回避する方法を見つけようとやっきになっているように思える。死は避けがたいことであるのに。私たちは、死を治療する唯一の方法は生きることだ、という事実を忘れている。だから私たちは何より生きることを始めるべきなのだ。あなたが生きていると言えるのは、あなたが本来のあなたの人生を生きているときだ。そうあるべきだと思う人生を生きているときではない。

理解困難な概念

わたしたちは、わたしたちに対する神の愛を知り、また信じています。神は愛です。愛にとどまる人は、神の内にとどまり、神もその人の内にとどまってくださいます（新約聖書「ヨハネの手紙1」4章16節）

私たちはみなひとつだという理解に達すると、私たちの起源についての他の概念にも疑問が湧いてくる。一般的なものとしては、英語で神を表す代名詞として用いられる「he」だ。もしこの言葉を使うことで、高次の力が何かこの世界にはないもののように思われてしまうようなら、私はそれには賛成できない。ほとんどの人は「he」を字義どおりに受け取っている（その人に、では神は男なのですか？　単数なのですか？　私たちから離れた存在なのですか？　と尋ねると、そうではないという答えが返ってくるだろうが）。こういう混乱が起きるのは、神とは何かという決定的な説明ができていないせいだ。

多くの人が神の概念を、互いを引き離す道具として使っている。主要な宗教がこぞって愛の信奉者であると謳っていることを考えると、これは矛盾としかいいようがない。私に言わせれば、「神」という言葉を、互いを引き離すために使うのは最もひどい神への冒涜だ。あなたの宗教が何であろうと、他の人間をごみのように扱ったり、自分より劣るものと考えたりしていい理由などどこにもない。もしあなたがそのような考えを支持しているなら、悲しいことだがあなたはだまされてきたのだ。そしてこの先、本当の意味で心が満たされることは決してないだろう。

スピリチュアルな人が「私は無宗教です。だって宗教は世界から孤立しているから」と言うのをよく耳にする。そういうとき私はすぐに、自分をスピリチュアルな人間に分類するのも孤立の一種ですよ、と指摘する。もしあなたが、自分は他の人より上だと考えていて、あなたの宗教を自分のエゴの言い訳に使っているとしたら、自分が守ると宣言しているまさのその宗教を、否定しているのだ。真の教えが私たちの一部だけを世界から分離したり、他の人から一段高い所にいると考えたりするだろうか？　それは一種の他者への嫌悪の表れといえるのではないか？　私は、偉大な教師たちがこの地上にやってきたのは、愛を教えるためだと信じている。だがその偉大な教えを、自分たちの利己的な欲望のためや、満たされない感情を埋めるための手段として使っている人もいる。

人が私の宗教を尋ねて、まるで肉に部位の名前をつけるように、私をいずれかのカテゴリーに分類しようとして待ち構えているとき、私はいつもこう答えることにしている。「私は私です」と。どの団体に属しているのかと訊かれたときは、「人生という団体です。そして私の宗教は愛です」と答えることにしている。なかには、私が変になったと思う人もいるが、そういう人たちの表情を見るのも楽しいものだ。

多くの人が、神は恐ろしいものだと思っている。私は、神を恐れることほど、神に対して無礼なことはないと思っている。もしあなたがあなたの父親を恐れていたら、彼の望むことをするだろう。自分が本心からそうしたいと思うからではない。そうしなければいけないと感じるからだ。実際はそういう行為であなたの父親を満足させることはできないし、もし父親が聡明な人なら、子供に自分を恐れてほしいとは思わないだろう。反対にあなたの父親が愛情を示してくれて、あなたも同じように父親への愛から何かをするとき、それはあなたの心からの行為となるだろう。そういうときにこそ、行為に意味と深みが加わるのだ。

私たちはときおり、ひざまずいて大声で神に呼びかける。私も何度もそうしていたからよくわかる。そんなふうに神頼みするだけでいいのだと思って育ってきた人もいる。私たちは「神様、どうか私の可哀想なおばさんをあなたが慰めてあげてください」とか「どうか私にもっとお金をください」と神に願う。しかしこれでは、私たちの中にある根源的な力を完全に忘れてしまっているではないか。その力を使えば自分の祈りをかなえることができるのに。結局そのような祈りだけで、望みがかなえられることはなく、挙げ句の果てに、私たちは神の存在自体を疑い始めるのだ。あなたは心の声に言われたことがないだろうか。もしあなたがすでに持っている特質を使って努力するなら、これまでに望んできたものは全部手に入れられると。そのとき、さあ立ち上がって進めと言われたのではなかったか？　そして何度あなたはその声を無視したことだろう。ただひざまずいて祈るだけで魔法のように欲しいものが手に入ることを願って。だが、あなたが無視したその声こそが、神の声なのだ。神の声が、あなたはすべてを手に入れることができる、しかしそのためには、あなたの持っている力を使わなければならないと告げているのだ。成功できない人たちが頼み事ばかりしている間に、偉大な成功者たちは行動している。なかには欲しいものや願望をすべて自分で実現してきたという人たちもいるだろう。まさに私たちがここにいるのは、すでに与えられている才能を使って希望を実現するためなのだから。

私たちの社会では、人は神のように何でもできるわけではないと考えるのが一般的だ。だがこの世界のすべてを神とともに作ってきたのは、私たちなのだ。私たちはお金やチャンスや幸福などを神に祈ってから、ふと、人生がそう簡単にうまくいくはずがないと気づく。あなたの祈りや夢を実現するチャンスを作るために、あなたが自分でできることは本当に何もないのだろうか？　ここで私が思い出すのは、いつか見たジョン・コンテのインタビューだ。ボクシングの元世界チャンピオンである彼は、この中で自身の成功のスピリチュアルな側面について語っている。彼は、神は自らを助けるものを助けるということを意識するようになってからは、人生に対する態度が変わって、夢に向かって積極的に取り組むようになったそうだ。ここで少しの間、あなたが日に何度、神に祈ったり自分自身と対話したりするか考えてみてほしい。そして「私は日に何度『ありがとう』と言う代わりに『ください』と言っているだろうか?」と自分に問いかけてみてほしい。

私たちの人生を開く鍵はすべて与えられている。マスターキーは愛だ。祈りのとき、私たちはすべてがそこに与えられていると信じる必要がある。叡知や力、エネルギー、愛、尊敬、幸福、忍耐力、そして成功が。ただしこれらの特性を、スーパーで品物を買うように手に入れることはできない。私たちがそうした特性を発揮するのを妨げている要素を、ひとつひとつ取り除いていかなければならない。しかしありがたいことに、私たちの心の声が行く手を照らしてくれる。その導きに感謝し、起こりくる出来事が自分の行動の結果だと信じることだ。出来事は現象的に見れば、必ずしも思いどおりのものではないかもしれないが、それが人生にもたらす意味を決めるのは私たちだ。さまざまな状況は、私たちがそれを学びや成長に役立てるためにやってくる。特にあなたが人生のどん底だと感じるときこそ、チャンスなのだ。自分を信じて、そして何よりも感謝の祈りと瞑想を忘れないようにしよう。

人生の目的が学ぶことだとわかると、いわゆる天国とか地獄に関する考えも変わってくる。私には、無条件の愛そのものである神が私たちを地獄に突き落とすとは、どうしても思えない。人間は天国や地獄を自分たちの都合で解釈しているだけではないのか? 誰か地獄や天国を実際に見てきた人がいるのだろうか? 私が知っていることはただひとつ。私たちが真理に気づかず、より大きな愛を見つけることができなかったとき、この地上はまさに地獄になるということだ。それは私が実際に身をもって体験して学んだことだし、今私が取り組んでいるのもそのことだ。

神は恐れるものではなく、愛そのものとして抱きしめるべきものだと、私は思う。あなたが神を恐れるとき、あなたは自分自身を恐れているのだ。そこに人生はない。あなたは罪を犯すと走って逃げ、地面が口を開けてあなたを飲み込むのではないかと恐れる。人生はそんなものであってはならないのだ。私たちは人間で、人生は自分を見つける旅なのだ。私たちはさまざまな出来事を学びの機会と考えて、恐れをできるだけ有効に、新たに行動するためのきっかけとして使うべきなのだ。

愛には恐れがない。完全な愛は恐れを閉め出します。なぜなら、恐れは罰を伴い、恐れる者には愛が全うされていないからです（新約聖書「ヨハネの手紙1」4章18節）

神が自分の仕事をさせるために特定の人たちを選ぶという考えがある。だがもし神が誰かをその人の自由意志を無効にしてまで選ぶとするなら、なぜすべての人を選ばないのだろうか？　そうすれば私たち全員が永久に幸せに暮らせるのに。まさにそのとおり。実はすべての人が選ばれているのだ、なぜなら素晴らしい特性がすでに全員に与えられているからだ。ただほとんどの人がそれを使わない選択をしているだけなのだ。神は特定の個人を選んだり、求めたりはしない。特定の人を好んだり、他の人を嫌ったりもしない。神はただ、すでに完全なものとして存在するだけだ。では神はなぜ私たちを創ったのか、私たちから何かを得る必要があったからなのか？　それは神にエゴがあるということを意味するのか？　神はどんな外見をしているのか？　神は選ぶこともないし、必要や人格といった人間固有の概念に押し込めることもできない存在だ。そのような考えは、本来の神に対する冒涜だ。神は私たちに何も求めてはいない。

あなたが世界的に有名な講演家や作家や、人から成功者と見られる人になる必要はない。日々愛を表現し、真理の声の導きにしたがって生きてさえいれば十分だ。そうすれば世界に愛と真理を呼び戻す手助けをすることができる。ひとつの微笑みに何ができるか、実際に試してみるといい。スーパーマーケットかどこかに行って、そこで出会った人にただ微笑んで特別愛想よく接してみれば、その威力がわかるはずだ。もしかしたら拒絶する人もいるかもしれないが、そういう人のことを気に病む必要はない。彼らは人生そのものを拒絶しているのだ。あなたの人生をどのようなものにするかを決めるのはあなただ。そしてそれが正しいかどうかを判断するのも基本的にはあなた自身だ。だがこれだけは忘れないでいてほしい。神から送られた素晴らしい特性が、これまでも、そして今もあなたの中にしっかりと存在しているということを。

私たちは神を信じるべきだ、と人は言う。だがほとんどの人が忘れているのは、神もまた私たちを信じているということだ。神を信じる唯一の方法は、あなた自身を信じることだ。私は「神が愛する」などということは信じない。神は愛そのものだと信じているからだ。神と愛を切り離して考えることはできない。私たちが心に愛を感じるとき、それが神だ。神は愛であり、愛が人生だ。この真理が世界をひとつにつなぎ、私たちが本来の素晴らしい自分を見つける手がかりとなる。愛（高次の力）は目でみることも定義することもできない。愛は姿形を持たず、すべてのものの中に存在する。

そして永遠に消えることのない完全な充足であり究極の真理でもある。だが何よりもまず愛は、私たちがよく知っているあの特別な感情だ。

美しい目がほしければ、他の人々の良いところを探しなさい。美しい唇がほしければ、思いやりのある言葉だけを使って話しなさい。心の平和がほしければ、あなたは決してひとりではないと信じて人生を歩みなさい（オードリー・ヘップバーン）

ステップ ⑦

心の充足

真の成功とは何か

本当の幸せ

もし砂漠に住むアラブ人が、自分のテントの中に泉を発見していつでもふんだんに水を飲めるようになったとしたら、彼は自分をどんなに幸運だと思うだろう。同じように人は、肉体を持つ存在として常に外部に気をとられ、幸せが自分の外にあると思っているが、最後には内面に目を向けて、すべての源が自分の中にあることに気づくのだ（セーレン・キルケゴール）

幸せは長続きしない、と言われている。そのせいで私たちは、不安になったり疑心暗鬼におちいったり、永遠の幸せを探してさまよったりする。いずれにせよ本当の幸せがどこかにあって、私たちはそれを手に入れることができるという考えが背景にあるように思う。

ところであなたは、新しい車や時計を買って1カ月かそこらで、それがただの車や時計にすぎないと気づいたという経験はないだろうか？　そうした物質的な欲望は、満たされてしばらくは満足を感じても、すぐまた次のものが欲しくてたまらなくなる。私たちは幸せを求めて旅行に出かけたり、恋人を探したり、おいしいものを食べたり、座り心地の良い椅子を買ったり、金儲けをしたりする。だが、稼いだ金を使ってしまったり、旅行から戻ったり、食事が終わったりすると、その幸せも失われてしまう。そのうえ人生のこうした外面的な要素はどれも、他人の反応やあなた自身の環境、社会的地位、自由にできる時間、外見などによって大きく左右される。こんなに条件が多くては、あなたのいわゆる「幸せ」が、思いどおりに機能しないのも不思議はない。

タイに行ったとき、私は数カ国で12もの会社を順調に経営している大富豪と出会った。彼はその他にも国内にスーツの店をいくつも持っていて、たまたま休暇中に店舗を視察してまわっていたところに出くわしたのだった。経験したことのある人ならおわかりだと思うが、タイでスーツ店の店員から逃れるのはたやすいことではない。だがその日はとても楽しかった。彼らとも仲良くなれたし、3着もスーツを買えたのだから。

そのとき私は、店員のひとりと、本当の幸せについて話していた。彼は言った。「あれが手に入れば幸せになれますよ」。彼が指さしたのはコンピューターの画面に映っていたランボルギーニだった。すると近くいた男性が（私は彼が店のオーナーでランボルギーニの所有者だとは知らなかったのだが）、こうつぶやいた。「あんなものでは幸せにはなれなかったよ」。これをきっかけに話がはずみ、一緒に昼食をとることになったのだった。

彼と話してわかったのは、莫大な資産を持つこの立派な成功者が、かつて私が出会ったなかで最も不幸な人のひとりだということだった。彼はずっと幸せだと思うものを追いかけて生きてきたが、結局は空しさしか残らなかった。何を手に入れようと、彼の心が満たされることはなかったのだ。私は彼に、意識をそれまでとはまったく別の方向へ向けるよう勧めた。幸せが、実はずっと彼自身の中にあったことに気づいてもらいたかったからだ。新車を買うときと同じ態度で毎日の生活に向きあってごらんなさい。嬉しいことに、彼はこれを実践してめざましい進歩を遂げ、今では生まれて初めて国のために貢献しているそうだ。

このことを考えると、大富豪たちが、アジアの貧しい子供と同じようにドラッグに溺れているなどという話も理解できる。両者の違いは何だろうか？　何もない。どちらも幸せから自分を遠ざけている点ではまったく同じだ。ドラッグに関して知っておいてもらいたい大切なことは、ドラッグを服用しても幸せは見つからないし、服用していないときはさらに不幸になるということだ。ここでもまた原因は、幸せが外側にあると思い込み、いつでも幸せを作り出すことのできる内面に目を向ける選択をしないことなのだ。

本当の幸せへの唯一の道は、それがもう手に入っていると気づくことだ。何か特別なものや出来事が、あなたを幸せにするのではない。それらに対してあなたがどんな態度をとるかで、幸せかどうかが決まるのだ。もしあなたの幸せが特定の状況やものにあるなら、同じ状況やものであなたが苦しむことがあるのはどうしてなのか？　買ったばかりの車のエンジンから異音が聞こえたり、新しい時計に傷をつけてしまったり、食べたものが思ったほどおいしくなかったりすると、それらに対するあなたの見方がたちまち変わってしまうのではないだろうか？

内面に向かった人がそこで見つける最大の贈り物は、自分にはいつでも好きな感情を作り出せる力があるのだと気づくことだ。もちろん幸せも作り出せる。例として休暇旅行を考えてみよう。私たちは旅を計画し、人に話し、そのときのことを考えてワクワクする。面白いのは、まだ実際に旅が始まってもいないのにそんな気持ちになるということだ。つまり私たちの幸せは、旅そのものにあるのではないかもしれないのだ。出発の日が近づいて1カ月前ともなると、よりいっそう幸せを感じるだろう。仕事もさほどつらく感じない、些細なトラブルは気にならなくなり、最悪の事態ばかり考えることもなくなる。だってもうすぐ旅行に行くのだから。将来実現したいビジョンや計画、あるいは何か楽しみなことを考えよう。そうすると意欲が湧いてきて、そのわくわくする気持ちが、途中で出会うさまざまな困難を乗り越えたり、違う目で見たりすることを助けてくれるだろう。

幸せな人とは、ある特定の状況にいる人のことではない。ある特定の態度を持った人だ（ヒュー・ダウンズ）

ようやく旅が始まると、あなたには何もかもが素晴らしく思えるだろう。人々は今まで経験したことがないほど親切だし、建物の美しさも格別だ。出会うものすべてが気に入って、あなたは帰りたくないとさえ思う。実は、それらは世界中どこででも見られるような建物や人々なのだが、特別に思えるのは、人生に対するあなたの態度がいつもとは違っているからだ。

やがて旅が終わり、家に帰ってきたあなたは、地元の街で旅行者を見かける。彼らは口々にあなたの街を褒めるのだが、あなたには何のことやらさっぱり理解できない。実はあなたの内面の感じ方が変わったことで、外の世界もそれに応じて変化していたのだ。私たちが常に、内面で決めた感じ方に従って外のものを見ていることは、誰もが認めることだろう。つまりあなたはもうとっくに幸せを手に入れていて、いつでもどこでもそれを使うことができるということだ。旅行しているときのように辺りに関心を向けて、幸せな気分で地元の街を歩き回ってみるといい。たちまちその気分が外の世界の見え方に反映されるのがわかるはずだ。もし今あなたに「目を閉じて、人生で一番幸せだった場所にいると想像してください」と言ったら、あなたはきっとそのときと同じ気持ちになれるだろう。そのときあなたは本当にそこにいるのか？　私にはわからない。目を開けてあなたが私に教えてほしい。ここで言いたいのは、あなたがどこへ行こうと、人生でどんな状況にいようと、悲しみや喜びの気持ちは常にそこにあって、あなたがつかまえるのを待っているということだ。

私は悲しい気分になりそうなときは目を閉じて、大好きな場所にいると想像したり、特別に気に入ったものを思い浮かべたりする。意識を幸せに向ければ、エネルギーもその方向に向かって流れ出すのだ。

人生で経験した最悪のことを考えるとき、あなたは不幸になることを選んでいる。反対に人生の素晴らしさに注意を向けるとき、実際には困難に直面していたとしても、あなたは注意を向けたものに応じた感情を作り出すことができる。これを続けていくと、あなたはますます強くなり、そして賢く感情をコントロールできるようになる。しかしそれでも、対処しきれないこともあるのが人生だ、それは誰もがよく知っていることだ。幸せに関する私の公式は簡単だ。人がいつも楽しい気分でいられるとは限らないし、私はそれでいいと思っている。それが私の考える幸せだから！

私は今では幸せというものを、社会が作りあげたような典型的な幸せとは違うものだと思うようになった。社会的には、幸せな状態でいるということは、陽気でエネルギーにあふれた気分でいることを意味する。少なくとも一般的にはそう思われている。だからもし私たちがそういう気分でないと、悲しんでいるということになる。だがそれは事実とはまったく違っている。例えばあなたが完璧な集中状態にあって、誰にも邪魔されたくないと思っているときはどうだろう？　そのときあなたは不幸せだろうか？　私は幸せだ。なぜなら人生には、幸せか幸せでないかという2つの感情しかないわけではないからだ。もっとわかりやすい例をあげよう。あなたがただ座っているだけなのに、友人や家族から「どうかしたの？」と訊かれたことはないだろうか。たった5分間ひとりで座っていただけで、悲しんだりどこか具合が悪かったりすると思われてしまうのだ。幸せとはこういうものだと社会が考えたことなど捨ててしまうべきだ。そしてどんな感情も人生の一部として受け入れようではないか。

私たちの使命は、幸せの形にしがみつくことではない。自分の価値を探し、それを見つけることだ。あなたの心の奥には、あなたに愛されることを待っている魂がいる。その泉は一度見つければ決して枯れることはない。たとえどんなに不幸なときでも。

愛が心に満ちるとき

愛はそれ自身を与えるだけで、他からは何も求めない。愛は所有せず、所有されることもない。愛はそれ自体で充足するからだ。愛するとき「神が私の心におられる」と言うのは誤りだ。「私が神の心にいる」のだ。愛の行く道を決められると思ってはならない。あなたがそれにふさわしければ、愛のほうがあなたを導くだろう（カリール・ジブラン）

本書で私たちはまず、変化を起こす力に目覚め、その後、愛の気づきが訪れる足音を聞いた。どうか心を開いて、この気づきを受け入れてほしい。なぜなら愛こそが真の人生であり、その最も純粋な形だからだ。あなたはもうおわかりだろうが、目覚め（自己発見）が始まると、私たちは人を社会的レベルではなく意識レベルで判断するようになる。これは、あなたが人生を原因と結果として見るようになるからだ。「意識の目覚め」という言葉を聞いたことがあるだろうか。言葉としては単に自己覚醒を意味するだけのものだが、これを得ることで、いずれあなたは自分が、自分の人生だけでなく世界全体に対しても計り知れない影響力を持っていると気づくようになる。

もしあなたが「オプラ・ウィンフリー・ショー」のファンなら、この番組がホーク一家の手助けをしたエピソードを覚えているだろう。ホーク家は家族全員（2人の息子と父と母）がヘロイン中毒だった。一家にはもうひとり、赤ん坊がいて、彼らは何とかしてこの子の面倒を見ようとしていた。父親のマイク・ホークはリハビリ施設に入ることになり、その間、家族から離れることになった。そして数カ月後、再び番組で取り上げられたときには、驚くほど変化していた。そこには心の平安を得て覚醒したひとりの男がいた。私はそれがマイクだと気づいて、息をのんだ。彼は真に悟りをひらいた人のように、まるで生まれつきの聖人のように話をしていた。だが実際は……施設に入ってからたった数カ月しか経っていなかったのだ！　彼が語ったことの多くが、私たちが本書で行ってきたワークと同じだった。彼もやはり内面の旅を経ることで、外の世界を完全なものにしたのだ。マイクは誘惑に負けないことを証明するために、なじみの麻薬ディーラーの前をわざと通り過ぎて見せたりもしていた。彼は、人生に意味と目的を加えることによって、夢に見た人生を実現したのだ。長年ヘロイン中毒だった男が数カ月ですっかり人生を変えられるなら、誰にでもできるはずだ。あなたが持っている本来の力に気づくことが、魂を解放して真の成功を手に入れるための唯一の道だ。

私の場合、目覚めはそう……たとえて言うなら、突然頭からバケツの水をかけられ、長年の夢遊病状態から叩き起こされたようだった。それからは、世界を望遠鏡でのぞくように見るのをやめた。心を開いたことで、すべての経験に意味があると気づくことができた。携帯電話を忘れるたびに部屋に取りに戻らなければならなかったことや、ドラッグで幻覚を見たこと、大切なチャンスを逃したこと、さまざまな苦しい経験、そして幸せな経験も……すべてが私をここに、今という瞬間に導くためにあったのだと考えるようになった。私はようやくパズルのピースを並べて、人生の意味を理解し始めたのだ。

こうした気づきを経験すると、外に出かけていって近くにいる人を片っ端から揺り起こしたい衝動に駆られるだろう。それはあなたの中から愛が湧き出てきた証拠だ。そこからさらに深く探求を続けるなら、いつの日かあなたは完全に目覚めることができるだろう。人を判断しなくなると、ひとりひとりが違うということを尊重するようになる。自分が他の人より上のレベルにいると思う代わりに、まわりの人を自分のレベルに引き上げるようになる。だから気づきは、まわりの人に伝染しやすいのだ。気づきはあなたの心を、長年とらわれていた精神的、肉体的、感情的な制限から解き放つ。そしてあなたは恨みや嫌悪を手放す方法を見つけて、人生を本来意図されたとおりに見ることができるようになる。

目覚めを経験したとき、そこでやめるという選択肢もあった。本当の自分に気づくだけでも人生は十分生きる価値のあるものになる。だがさらに進んで愛に目覚めることができれば、私たちは最高の充足を得ることができる。愛は人生のすべての扉に通じるマスターキーだからだ。

私はさらに深く探求することを選択し、人生のあらゆることに疑問を投げかけていった。それは何カ月も続き、出口がまったく見えないと感じる夜もあった。それまで現実だと思っていたすべてのことが揺らぎ始める。愛の大海原に飛び込む決意をすると、激しい荒波が世界全体をもみくちゃにする。ずっと信じていたことを手放し、以前は笑い飛ばしていたことを大声で叫び、初めて人生を体験する子供のようになる。だが、ときとともに心が重く沈み込むのをやめ、あたりの闇が晴れていく。海が鎮まるとあなたの心は愛の光と、そこから湧き出る泉で満たされる。もうあなたは二度と渇くことはないのだ。そしてその光と水があなたからあふれ出して、周囲のあらゆるものに、人に降り注ぐ。そしてあなたは、自分の中にあるのと同じ愛が万物の中にあることに気づく。あなたは世界の一部であり世界はあなたの一部であることを理解するのだ。

愛は忍耐強い。愛は情け深い。ねたまない。愛は自慢せず、高ぶらない。礼を失せず、自分の利益を求めず、いらだたず、恨みを抱かない。不義を喜ばず、真実を喜ぶ。すべてを忍び、すべてを信じ、すべてを望み、すべてに耐える。愛は決して滅びない（新約聖書「コリントの信徒への手紙1」13章4～8節）

驚いたことに、私は毎日、目覚めるごとに、不思議なほど新たな気づきを得て、強くなっていった。心に圧倒的な平安が訪れて、人生に対する態度がすっかり変わった。自分と世界がひとつであることがわかり、魂と力を合わせて理想の自分を実現していった。途中の道のりはとても刺激的で、飽きる暇がないほど魅力的だった。探求が深まれば深まるほど、私は畏敬の念に圧倒されていった。あなたも、しばらくの間、自分の思考を観察してから、それを愛に向け直してみるといい。常に何かしらの成長を経験できるだろう。そしてそのたびにあなたは、新たなレベルに到達するはずだ。

歴史上多くの人が、聖書に書かれている、神が隠したという生命の木を見つけようとして命を落とした。彼らは生命の木が実在すると思っていたのだが、その木が見つかることはなく、失意だけが残った。彼らは生命の木が私たちの中にあるということを知らなかったのだ。それが私たちに見えないのは、私たちが愛から離れ、創造主とのつながりを失っているからだ。生命の木を見つけることは、あなたの魂と神が、そしてエゴと高次の自我がひとつのものであることに気づくことだ。

人が自分の存在の本質を見つけ、それを世界のために役立てようと決意する過程は、歴史上さまざまな名前で呼ばれてきた。いわゆる「覚醒」と言われる現象で、アッシジの聖フランチェスコや、アビラの聖テレサ、聖アウグスティヌスといった聖人たちもそうした現象について語っている。他にもマハトマ・ガンジー、マザー・テレサ、オリソン・スウェット・マーデン、アルバート・アインシュタイン、マーティン・ルーサー・キング・ジュニアなど世界に影響を与えた人々のほとんどが、私たちの持つ高次の力について語っている。これはまた、すべての主要な宗教の中心的メッセージでもある。実際にこれを経験するのは、稀少な宝石を見つけるくらい難しいことではあるが、あなたが自分を見つけるための探求をやめなければ、新たな答えを手にすることができるだろう。

自己発見の旅の途中で、私はこのような体験をした人が他にもいるかどうか知りたいと思うようになった。自分が世界から孤立しているように感じたからだ。ある日家の廊下を歩いていたとき、その思いが強くなった私は、百科事典があるはずの場所を見上げた。もう何年もそこで上を見上げたことなどなかったのだが、この日に限ってなぜか注意を向ける気になったのだ。するとそこに、大きな本の間に挟まれて1冊だけ、小さな白い本があるのを見つけた。セットになっていないのはその本だけで、手のひらくらいの大きさしかない。表紙絵も大きなタイトルもない、ただ真っ白な本だった。私はその本を開けてみた、そしてすぐにその内容に圧倒されて座り込んだ。それはまさに自身の魂とのつながりを経験した聖人たちについての本だった。彼らの中には、起こったことを言葉で説明できなかったために、迫害されたり殺されたりした人たちもいた。私はそうした状況がよくわかったので、自分のことのように彼らの苦しみを思った。説明などできるわけがない、あの体験の素晴らしさは言葉をはるかに超えたものだ。純粋な愛は、言葉という限りあるものでつかまえることのできない感情なのだ。それは神の目で世界を見ること、世界が美で取り囲まれることなのだ。

自分についての理解を深めるにつれて（もちろん本書の課題をすべて終えたあなたはめざましい進歩を遂げているはずだ）、私たちは自己成長の永続的なサイクルに入っていく。その上昇スパイラルの中で、私たちは愛に導かれ、愛を目指して進んでいく。

あなたはいつでも好きなときに、たとえどんな苦しみの最中でも、目を閉じて愛を心に取り戻すことができる。そして再び目を開けてその愛で世界を見れば、すべてが無限の力の表現としてそこに広がっているだろう。

私が心から愛しているのはただひとつ、愛を感じることだけだ。私はあらゆるものに対して、そのような愛を感じてきた。

人生の始まり

私の道を照らし、いつも人生に立ち向かう勇気を与えてくれた理想は、思いやり、美、そして真理だ（アルバート・アインシュタイン）

何年もかかって、私はようやく生き始めた。そして、それまでは少しずつゆっくりと死んでいたのだと気づいた。ほとんどの人は、肉体的に成長するにつれて、どんどん死に近づいていくと信じている。痛みや不調を感じることが多くなると、年をとるのを恐れるようになる。過ぎゆく1年ごとにこの地上を去る日が近づいてくると感じて悲嘆に暮れる。だが、生きている間に大切にしなかった人生が終わるのを、なぜそんなに悲しむのか？　自分のしていることを考えれば、それがまったくの矛盾だとわかるはずだ。そして年を重ねるごとに、1年また1年と、新たに生き方を学んでいるのだとわかるはずなのだ！

私たちはストレスや心配、利己心、悲しみ、嫌悪など、私たちを死に至らしめる感情（肉体的な面だけでなく、精神的、経済的、そして魂までも追い詰めるさまざまな感情）に取り囲まれて暮らしている。それらは直接的または間接的に私たちの人生のあらゆる部分をむしばみ、まわりの人たちにまで影響を与える。この人生が一度きりのものであると思うなら、どうしてベストを尽くさないのか、できるかぎり素晴らしい人間になろうとしないのか？　あなたはただ生まれてきたから生きているのではなく、生きるために生まれてきたのだ。そのことをしっかりと受け止めるべきだ。命があるというだけでは生きているとは言えない。だからこそ多くの人が、死に直面して初めて本当の意味で行き始めるのだ。

私は今では人生のあらゆる面を感謝して受け止められるようになった。人生の喜び、悲しみ、不確かさ、笑い、涙、そして愛。私はこれらすべてを尊重し、心から大切に思っている。こんなふうに人生をまるごと受け止められるようになるのに長くはかからなかったし、その後、私の人生の向かう方向はすっかり変わった。今はこの経験を、できるだけ多くの人にできるだけ長く伝え続けなければならないと思っている。なぜならこれが人生のすべての扉を開く鍵だからだ。

本書で説明したことは、私の魂から導き出した、究極の充足を見つけるための方法だ。この先も旅は続いていくが、私はあなたが必ずやり遂げると信じている。本書の課題を行ったあなたは、私が本当の意味で人生と呼ぶものの素晴らしさを、すでにいくらか味わったはずだ。成功に効く一番のクスリは成功そのものであり、あなたが今すぐに充足を見つけることだ。何よりもまず心の平安を見つけることだ。そのためには本書を読んで、この中に書いたさまざまな課題を、必要なら10回でもやり通そう。本書をあなたのガイドとして、ともに歩んでいってほしい。決して「読んで終わり」にはしないこと。本書はそのたぐいの本ではないからだ。

あなたの心にひらめいた人生をあきらめてはいけない。それはあなたが進むことを創造主が望まれている真の道だからだ。私たちは素晴らしい人間になるため、かつて経験したことのない感情を味わうため、どんな困難に遭っても成長し続けるために生まれてきた。私たちはどんな人生でも実現できる力をもって生まれてきた。しかも私たちの中には、いつでも汲みあげることのできる叡知の泉があるのだ。

あなた自身を愛し、他の人々を愛し、人生を愛すること。そうすれば世界はあなたのものになる。

本書で行ってきた課題をこれからもあなたの人生のあらゆる部分に応用してほしい。うまくいかなかったことを思うのをやめて、常に成功について考えよう。あなたはどうかわからないが、私自身はどんな状況にあっても、犠牲者として人生を生きたりはしないと決めている。憎んだり、批判したり、利己的な考えをしたりして時間を無駄にしたくないからだ。それより自分のため、まわりの人々のため、世界のため、人生に勝利したい。あなたも自分を信じ、鼓舞して、大胆に思い描いた夢の人生を手に入れるのだ。望みのお金を手に入れたとき、理想の人と愛し合うとき、心の平安が得られたとき、そのときにあなたが感じるだろうと思う気持ちと態度をそっくりそのまま感じることができれば、その夢は現実になるだろう。

選択はこれまでも、今も、これからも、常にあなたの手に委ねられている。自分に正直であること、そして実現したいビジョンがどんなものであれ、それに向かって努力を続けることだ。時には間違うこともあるだろうが、人生と真摯に向き合い続ければ、やがてはそのこと自体があなたの目的になる。

一方で人生には、説明のつかないこともあると知っておくことも大切だ。なぜ地震で何千人もの人が亡くなるのか、なぜ誰かを助けようとして刺されて死んでしまう人がいるのか、なぜ生まれつき体が不自由な子供たちがいるのか。こうした出来事に遭遇すると、私たちは深く考え込んでしまう。だが私たちにできることがあるとしたら、それは、より良い人間になろうと努めることだろう。

人生からカーブボールを投げられたとき、大切なのは素早く逃げることではなく、どうやってホームランを打つか学ぶことだ。経験はすべて私たちを形作るためにある、たとえそれが、時には耐えがたいほど苦しい経験であるとしても。むしろつらい経験ほど多くの学びを与えてくれるのではないだろうか？　なぜそんなことが起こったのかも、時が経てば理解できるようになる。たとえ永久に理解できなかったとしても、最高の自分でいる努力を放棄する理由にはならない。

誰かが私につらく当たっても、私は気にしない。彼らが私の人生でとても大切な役割を果たしてくれていることに気づいたからだ。だから私は彼らを嫌わず、彼らを愛する。

特別な人生を生きたいと思うなら、あなたは２つのものを持っていなければならない。しっかりとした心の状態と感情をコントロールできる力だ。

本書ではこの両方を手に入れるための知識を示したつもりだが、あなた自身の探求の旅はこの先も続いていく。あなたが描く人生の設計図は、指紋と同じようにあなただけのものだからだ。

最後に、あなたがあなたの探求の旅路を楽しんで歩いていかれることを、私は心から願っている。そしてできれば私にもその様子を知らせてほしい。そもそも本書を書くきっかけとなったのは、たくさんの人が、自己発見の旅を実際どのように進めていけばいいのかわからないと話してくれたことだった。どこから手をつければいいのかもわからない人がほとんどだったので、本書がその導きになればと思ったのだ。

本書を読み終えたあなたに、心からおめでとうと言いたい。大きな、とても大きな達成だ。だが、ここで止まることなく、この先もっともっとたくさんのことを経験し、多くの困難にぶつかっていってほしい。そしていつかあなたと会って、私たちがどんな旅をしてきたか話し合いたい。本書を読んでいる間、あなたの感情はジェット・コースターのように激しく揺れ動いたことだろう。私自身もそうだったからよくわかる。あなたがこの世界のどこにいようと、私たちは友人だ。そして友人としてともに助け合いながら、私たちのこの大切なメッセージを世界に広めていこう！　私たちがこうして出会うことができたことを本当に嬉しく思っている。不思議なのは、あなたに会ったことがないのに、あなたを知っているように感じることだ。あなたもきっと同じように感じてくれているのではないだろうか。私たちの道がまたどこかで交わる日まで、大きな夢を描き、志を持って行動し、目的を見失わずに生きてほしい。

今私は、かつて探求の旅の初めにしたのと同じことを、よりいっそう高い意味を求めて自分に問いかけている。

このすべてが一体何なのか？　どんな意味があるのか？　私はここで何をしているのか？　すると新たな確信が湧いてきて、自分が万物の本質の中にいると感じられるのだ。私は世界の一部であり、世界もまた私の一部だと。最後に最高の答えをあなたに贈ろう。

人生はあなたが創るものだ。

謝辞

これまでの人生で私を支えてくれたたくさんの素晴らしい人たちを思うと胸が熱くなる思いだ。こんなとき人はどんなふうに気持ちを表現すればいいのだろう。今私が感じているみなさんへの感謝の大きさを大海原に例えるなら、ここに記す言葉は、そのほんのひとしずくにすぎない。

無条件の愛を注いでくれた母と父へ。人として最善を尽くすよういつも励ましてくれたことに感謝します。あなたたちが私を信じ支えてくださったおかげで、私は自分が夢見ていた場所に到達することができました。

兄であり助言者でもあるマシューへ。いつも私を支え、話し相手になってくれてありがとう。私たちの絆は永遠だ。

妹のジェニーへ。可愛い甥っこたちと過ごした楽しい週末は忘れることのできない思い出だよ。子供たちを育てる君を見ていると、君がどんなに素晴らしい人になったかがよくわかる。

第二の母である叔母のヘレンに。今の私があるのは、あなたのおかげです。あなたの存在がどれほど私にとって大きなものであるかは、あえて説明はしません。あなた自身が知っていらっしゃるだろうから。

祖父母と叔母のアデルに。いつも応援してくれてありがとう。祖父はずっと前に亡くなったが、彼の魂が今も私を勇気づけてくれている。

そしてすべての友人に。良いときも悪いときも友達でいてくれてありがとう。私が誰であるかを一番よく知ってくれているのは君たちだ。

ここに名前をあげられなかった家族みんなに。ありがとう。私たちは、人として大切にすべきことを教わって育ってきた素晴らしい家族だ。これからもそれを忘れずにいよう。

そして私に「いや、君にはできないよ」と言ってくれたすべての人にも感謝したい。私に、できると証明してみせようと思わせてくれたからだ。

最後に、「できない」という言葉を投げ捨てて、永遠に成長し続ける人生の旅へと乗り出したすべての人に。人生を自分の手に取り戻そうとするあなたの勇気に心からの敬意を表したい。

私たちが経験してきたことの本当の意味は、私たち自身が学びに生かすだけでなく、広く他の人たちにも伝えていくことにある、そう私は信じている。

■著者紹介

ダニエル・チディアック（Daniel Chidiac）

オーストラリア・メルボルン出身の著作家。自分の意志で人生を生きようというメッセージを広く世界に伝える活動をしている。人生を決めるのは自分だと気づいて以来、自己発見の旅を続け、その過程で明らかになったことを他の人々と分かち合うために書き上げたのが本書。原書は2012年に出版され、その後、８カ国のアマゾンでベストセラーになった。世界中の多くの人々の人生を変え、今もインスタグラムを通じて勇気を与え続けている。

メール：info@danielchidiac.com
ホームページ：danielchidiac.com
インスタグラム：@Whosaysyoucantyoudo

■訳者紹介

堀口典子（ほりぐち・みちこ）

英日翻訳者。東京大学文学部フランス語フランス文学専修課程卒業。劇団や映画関連団体を経て、翻訳者に。

2020年４月３日 初版第１刷発行

フェニックスシリーズ ⑩⑩

「できない人《ひと》」って誰《だれ》が言《い》った？ あなたの成長促進《せいちょうそくしん》ガイダンス

著　者　ダニエル・チディアック
訳　者　堀口典子
発行者　後藤康徳
発行所　パンローリング株式会社
〒160-0023　東京都新宿区西新宿7-9-18　6階
TEL 03-5386-7391　FAX 03-5386-7393
http://www.panrolling.com/
E-mail　info@panrolling.com
装　丁　パンローリング装丁室
印刷・製本　株式会社シナノ

ISBN978-4-7759-4226-0